VOYAGE

DANS UNE PARTIE

DE LA FRANCE.

IMPRIMERIE DE J. TASTU,
RUE DE VAUGIRARD, N° 36.

VOYAGE

DANS UNE PARTIE

DE LA FRANCE,

OU

LETTRES DESCRIPTIVES ET HISTORIQUES

ADRESSÉES A M^E LA COMTESSE
SOPHIE DE STROGONOFF,

PAR M. LE C^{TE} ORLOFF,
SÉNATEUR DE RUSSIE.

Tome Premier.

Paris.

BOSSANGE PÈRE, LIBRAIRE,
RUE DE RICHELIEU, N° 60.
BOSSANGE FRÈRES, RUE DE SEINE, N° 12.

1824.

VOYAGE

DANS UNE PARTIE DE L'INTÉRIEUR

DE LA FRANCE.

LETTRE PREMIÈRE.

Départ de Paris. — Environs de la capitale : Mont-Rouge, Sceaux, Fontenai-aux-Roses, Long-Jumeau, Montlhéry, Étampes, etc.

Vous désirez que je vous écrive, ma chère cousine, vous me demandez une description des pays que je viens de parcourir; empressé de vous plaire, je vais m'acquitter le mieux possible d'une tâche aussi agréable.

Vous partagerez avec moi l'idée que, de tous les plaisirs réservés par la Providence à notre faible et inconstante espèce, qui balancent nos maux, ou du moins nous aident à les supporter, le plus vif et le plus irréprochable, sans doute, est celui que procurent les voyages.

Le désir de connaître, d'apprendre est naturel à l'homme; on l'éprouve dans toutes les classes de la société : de-là notre goût pour les voyages; les Anglais ne le partagent pas moins que nous. Les uns, il est vrai, ne voyagent que pour leurs affaires; mais alors même quelques plaisirs les dédommagent de leurs fatigues. C'est le besoin de distractions, l'ennui souvent qui porte à voyager les riches, les grands : quant aux savans, aux philosophes, ils voyagent pour s'éclairer et éclairer les peuples, comme faisaient jadis les sages de la Grèce; enfin il est des hommes qui, ne pouvant voyager eux-mêmes, créent, à l'aide de leur esprit, des voyages purement imaginaires qui sont loin d'être sans vérité, sans intérêt et sans morale.

Pour moi, moins heureux que toutes ces classes de voyageurs, je n'avais pour principal but dans mes courses, comme vous le savez, que d'aller pour une autre moi-même frapper à la porte d'un dieu qui, lorsqu'il ne nous sourit pas, est loin d'embellir la vie, et auquel on sait souvent peu de gré de nous la conserver s'il n'y rattache de ses mains bienfaisantes le trésor dont il est dépositaire, la consolante et vivifiante santé.

Vous sentez, ma belle cousine, que, dans

une telle disposition d'esprit, on est peu propre à écrire un voyage; cependant je ne puis me refuser à l'attrait de vous dépeindre l'aspect d'un des plus riches pays de la France, des campagnes couvertes des plus précieux trésors de la terre, fruits d'une culture qui journellement se perfectionne, des villes où brillent l'industrie et les arts. Tous ces tableaux, mille fois décrits, j'en conviens, mais dont on ne peut se lasser, me feront peut-être trouver grâce auprès des lecteurs. J'y joindrai de plus de rapides aperçus sur l'histoire des pays que nous allons parcourir ensemble.

Ce fut au commencement de juin (1822), que je me décidai à partir pour les Pyrénées. Je profitai de la fraîcheur salutaire de la nuit pour me mettre en route; mais comme dans cette saison les ténèbres sont de courte durée, j'étais à peine hors de Paris, que déjà l'aube nuançait l'azur sombre du ciel de ses teintes douces et consolantes. C'est toujours avec un plaisir nouveau que nous voyons renaître le jour. Peu à peu ces teintes se délayant dans l'horizon, firent place à celui qui, tous les matins, vient redonner aux cieux un air de jeunesse et de fraîcheur.

Je n'entends encore que le bruit assourdissant des roues de ma voiture, et la voix rauque et enfumée de mes postillons, qui de temps en temps, non contens de presser de leurs éperons leurs chevaux, les excitent par des juremens qu'ils accompagnent du claquement aigu de leurs fouets.

Mais déjà l'aurore paraît; le soleil montre son disque d'or et de perles; il s'élance tout entier sur l'horizon. Mes yeux ne tardent point à jouir du plus beau des panoramas : les cieux étincelans de toutes les pompes de l'astre, inondent de lumière les airs et la terre, les remplissent de vie, de chaleur et de fécondité. A la langueur de la nuit, succède cette activité de l'homme, qui anime les champs et les villes. Je n'avais jusqu'alors rencontré sur ma route que quelques voitures solitaires, je n'avais entendu que les cris de mes postillons : soudain tout se remplit de bruit et de vie. Là, un pasteur conduit des troupeaux; ici des laboureurs, chargés d'instrumens aratoires, traversent la plaine; une foule de gens à pied, à cheval, de chars, de voitures, se croisent ou cheminent de compagnie, tout respire autour de nous cette félicité qui naît du travail, la source des vertus.

Nous ne tardâmes pas à dépasser le village de Mont-Rouge; et parmi les maisons que je distinguais au jour naissant, je remarquai celle qui, jadis le séjour du luxe et de l'opulence, est maintenant l'asile de la modestie. Charmant réduit qu'habite un homme (1) non moins recommandable par ses talens que par l'usage respectable qu'il en sait faire. Je saluai, d'un regard vivement ému, cette retraite d'un sage qui, lorsqu'il suspend les travaux philosophiques qui le fixent dans la capitale, vient goûter dans les champs et au sein de sa famille les plaisirs de la nature.

Non loin de-là, dans le même village, est la maison du célèbre docteur Gall, à qui l'on doit de si importantes découvertes sur la structure et les fonctions du cerveau, et qui est connu par des écrits qui seuls porteraient son nom à la postérité. Son système de cranologie, ou plutôt d'organologie, si vanté par quelques-uns, si critiqué par d'autres, prouve, ainsi que ses ouvrages, l'ardeur de son imagination, ses méditations profondes et ses connaissances inépuisables dans la plus difficile des sciences. C'est là, au milieu des jardins plantés par ses mains, dans les momens de ses

---

(1) M. Amaury-Duval de l'Institut.

loisirs, qu'il a fait construire une chaumière où, retiré après une journée laborieuse employée à soulager l'humanité de ses cruelles souffrances, que ce médecin célèbre, ce philosophe intéressant, se livre à des méditations profondes et consacre le reste de sa journée et les veilles de la nuit à rédiger les écrits qui transmettront à la postérité ses découvertes, ses observations et le résultat d'une longue et heureuse expérience.

Je traversai plusieurs endroits moins célèbres sans doute par leur importance sur la carte que par les souvenirs qu'ils rappellent. J'entrevois le village de Bourg-la-Reine où ce roi, dont la gloire et surtout la bonté, ont fait le Titus des Français, trouvait, auprès de la belle Gabrielle, le bonheur et la paix qui seuls pouvaient le consoler des erreurs de son siècle et du fanatisme qui ne cessa de le persécuter que lorsqu'il l'eut précipité dans la tombe. Dans cette même maison que jadis habitait Gabrielle, Louis XV vint plus tard recevoir l'Infante d'Espagne.

Les environs d'une grande ville, et surtout d'une capitale telle que Paris, sont toujours embellis par des lieux consacrés aux plaisirs si doux et si purs de la campagne. Il en est un sur les points que je parcourais, sans contredit le plus illustre en ce genre, de tous ceux qui avoisinent cette métropole. Je veux parler de Sceaux, embelli par les souvenirs les plus brillans de la cour de Louis XIV. Acheté par ce roi au plus grand de ses ministres, il en fit don à son fils le duc du Maine, qui le consacra à l'éducation de ses enfans ; ce château magnifique, orné de parcs et de jardins où la duchesse du Maine rassembla long-temps tout ce que Paris offrait de plus distingué par les dons de l'esprit, est plus célèbre encore par les vertus et la bienfaisance de son dernier possesseur, le vénérable duc de Penthièvre. Rien de tout cela n'existe plus ; tout a disparu, non par l'effet du temps, mais par la tourmente révolutionnaire, par la hache anarchique, qui n'a pas même respecté le séjour de la vertu.

De ce parc jadis si vaste et si ombreux, il ne reste que quelques bosquets dont l'antique consécration, à la joie, n'a point changé, tandis que tout le reste a disparu. Là, se rassemblent, dans les jours de fête, une foule de Parisiens qui, réunis aux jeunes filles des villages voisins, se livrent avec ardeur à l'exercice de la danse, et font de Sceaux un lieu célèbre par d'innocens plaisirs.

Mais avant d'arriver à Sceaux, je saluai ce charmant village bien moins connu par les vers de l'épicurien Chaulieu, que par son nom qui rappelle tout ce que chérissent le printemps et Flore. Le lecteur qui connaît les environs de Paris, sait que je veux parler de Fontenay-aux-Roses. Cette fleur charmante croît en plein champ autour de ce village, même dans ses rues, sur ses places. Svelte, sa tige monte au sommet de ses maisons, de ses édifices; elle s'attache avec ses épines à leurs murs, et forme une frise aussi élégante et fraîche qu'elle est nouvelle et brillante : tandis qu'elle ombrage les maisons de ses feuilles et les embellit de l'incarnat de sa couleur, elle embaume leurs habitans de son odeur délicieuse.

Ma voiture franchit rapidement les distances. J'ai changé de chevaux dans un lieu qui rappelle le nom célèbre de cet homme qui, tour à tour abbé et diplomate, courtisan et poëte, par la flexibilité de son caractère plus que par son mérite, s'éleva, des derniers rangs de l'Église, aux premiers, et fut aussi ministre en France dans des temps difficiles. Je veux parler du cardinal de Bernis.

La route, jusqu'à Longjumeau (*Mons-Gemellus*), second relai, est plantée de beaux arbres et traverse des champs qui annoncent la fertilité et l'abondance. Chez les nations dont la civilisation date d'une époque reculée, les lieux les plus obscurs comptent souvent des hommes illustres dans plus d'un genre. Celui-ci fut habité long-temps par Théodore de Bèze, l'un des plus éloquens défenseurs de la religion réformée. Commendataire d'un riche prieuré de chanoines réguliers de Saint-Augustin, qui existait à Longjumeau, Théodore le quitta pour abjurer sa religion et suivre la réformée. Doué des agrémens de la figure comme de ceux de l'esprit, poëte brillant, il succéda dans Genève à l'austère Calvin, après avoir chanté la volupté comme Catulle et la licence comme Pétrone, et mourut nonagénaire, appelé par ses partisans *le phénix de son siècle*; titre sans doute exagéré, mais du genre de ceux que l'on donnait alors aux érudits et aux hommes de lettres.

Avant d'arriver à Linas, gros bourg, je passe devant Montlhéry (*Mons-Lethericus*), petite ville, si riche en souvenirs intéressans. Je vois cette tour, seul reste de l'ancien château, qui s'élève sur une montagne, et est aperçue de sept lieues à l'entour. Réduite à un état de dégradation voisin d'une ruine complète, elle ne sert plus que d'abri aux oiseaux nocturnes, et c'est de-là que Boileau a fait sortir le hibou qui vint se placer dans le lutrin de la sainte-chapelle. Ce château est le berceau de cette maison célèbre de France connue sous le nom de Montmorency. Thibaud, surnommé le Fil-d'Étoupe (1), fut le premier baron de ce nom qui le fit construire. Cette tour, les ruines du château qui l'environnent, la petite chapelle gothique, la situation pittoresque de ce lieu, tout cela donne au paysage cet aspect grave et mélancolique, local, si propre à inspirer la Calliope de nos jours, la muse romantique.

D'autres souvenirs plus intéressans se rattachent encore à ces lieux. C'est dans les obscurs souterrains de cet antique château qu'un des monarques les plus vaillans et les plus religieux de la France trouva un asile contre ses propres vassaux, les barons du royaume, mutinés contre lui dans ces temps d'anarchie féodale. Ce roi fut sauvé par ses fidèles Parisiens, qui coururent s'armer pour un souverain aussi équitable que bienfaisant. Ils le délivrèrent, et le mettant en sûreté dans leurs rangs, le

---

(1) Filium stupus, ce qui signifie qu'il avait les cheveux blonds (V. Amoin, lib. v).

ramenèrent à Paris en criant que Dieu lui donnât bonne vie (1).

Les descendans de Thibaud faisaient de ce château, que l'on considérait alors comme inexpugnable, le foyer de toutes les cabales et l'asile des rebelles. Les efforts de Philippe Ier contre ce lieu si bien fortifié, furent sans succès, et il ne put l'obtenir que par échange.

La joie que ce prince éprouva de cette acquisition, est exprimée dans une lettre à son fils où il lui recommande de ne jamais s'en dessaisir (2) : on y voit l'importance qu'il y attachait, et les inquiétudes qu'il avait éprouvées lorsque cette forteresse était au pouvoir de ses ennemis.

Mais les malheurs de ce pays n'étaient point encore à leur fin. Pendant les troubles qui affligeaient la France, les Bourguignons et les Orléanais se disputèrent successivement ce point important. Enfin les champs de Montlhéry furent le théâtre d'une bataille dont les causes n'étaient ni moins affligeantes ni moins mémorables que la révolte contre saint Louis, dans le temps de la fameuse guerre dite du *bien*

---

(1) Histoire de saint Louis, par Joinville, p. 15 et 16.
(2) *Voyez* Monstrelet, c. 198.

public. Cette victoire fut remportée par Charles, duc de Berri, contre son propre frère Louis XI, que, malgré tous ses talens, l'histoire a flétri du nom de Néron de la France.

Le vainqueur avait pour auxiliaires, dans cette victoire, les armes des ducs de Bourgogne et de Bretagne, tournées, pendant cette guerre fratricide, contre le sein de la patrie, qu'ils déchirèrent après l'avoir accablée sous le règne de Charles VI.

Lorsqu'on voyage, ma belle cousine, il est une sorte de paysage que j'appellerai *historique*, dont les couleurs se lient merveilleusement à celles du paysage *matériel* que l'on parcourt; ce qui forme une succession de tableaux aussi piquans par les contrastes, que brillans et grandioses par leur dessin.

Je m'explique : je viens de quitter Montlhéry, qui m'a rappelé plusieurs des déplorables scènes de la féodalité, un temps de chaos politique, et le premier lieu que j'atteins après Arpajon, qui n'offre rien d'intéressant, c'est Étampes, qui rappelle, grâces à la belle marquise à qui elle a donné son nom, ces temps plus heureux où la France, ayant alors pour monarque François Ier, qui, accueillant les arts et les artistes que lui transmettait l'Italie, semait sur le sol de la France les germes féconds de la civilisation. On voit donc que les souvenirs que rappellent les lieux, sont une source de réflexions sur les mœurs passées autant que sur les mœurs présentes, et que les voyages sont dès-lors un cours de l'histoire politique d'un pays, sans que l'on doive pour cela négliger la connaissance de son sol, de ses sites et de son produit.

La ville d'Étampes était très-ancienne, et existait sous les rois de la première race. Jadis elle s'appelait *Étampes-la-Vieille* (*Stampæ*). Sous Gontran elle faisait partie du royaume de Bourgogne, jusqu'à Clotaire II, qui la réunit au domaine royal. Saint Louis accorda cette seigneurie à la reine Blanche, et depuis elle composa le douaire de sa femme Marguerite. Sous Philippe-le-Hardi, des princes du sang royal la possédèrent à titre de comtes, jusqu'à ce que, comme nous l'avons vu, François Ier en disposa en faveur de la dame de ses pensées.

Il paraît que le sort destinait cette ville à passer des mains des reines dans celles des maîtresses des rois; car Henri IV lui-même, après l'avoir donnée à sa femme Marguerite, suivit l'exemple de François en la donnant à

Gabrielle d'Estrées, dont hérita son fils, le duc de Vendôme.

La ville d'Étampes est loin d'être belle. Manufacturière, elle ressemble à toutes les villes de ce genre, même les plus opulentes, telles que Lyon, Manchester, Leeds, Glasgow, et beaucoup d'autres, tant en France qu'en Angleterre.

Éminemment utiles, elles ne sont point l'ornement du pays par l'élégance des édifices, la propreté des rues, la beauté des places publiques; leur population même se ressent du genre d'occupations des habitans. On n'y voit que des figures blêmes et maigres, des hommes déplorablement contrefaits, des ouvriers laborieux, mais misérables, tandis que l'homme des champs, l'utile laboureur, quoique courbé sous le poids du travail et des ans, quoique exposé à l'ardeur brûlante du soleil et à toutes les intempéries des saisons, montre un corps robuste autant qu'une ame énergique. Des économistes, des savans, ont recherché les causes d'un contraste aussi commun qu'il est affligeant; ils ont cru les découvrir dans la vie sédentaire que passent les ouvriers dans des habitations fermées et privées d'un air pur et sain, tandis que la vie des cultivateurs s'écoule dans les campagnes vivifiées par une atmosphère chargée de l'émanation de végétaux bienfaisans, qui communique à leur corps cette vigueur, cette santé dont ils ne cessent de donner des preuves.

Si Étampes se fait remarquer par ses nombreuses manufactures, et par le nerf de la richesse des villes, le commerce et l'industrie, ses environs ne le sont pas moins par plusieurs produits qui figurent honorablement dans les annales de la géologie. Les eaux de quelques-unes de ses campagnes paraissent avoir la même propriété que celles qui forment le Travertin à Rome, c'est-à-dire de transformer en pierres, les objets qui y séjournent. J'ai vu de ces pétrifications remarquables. Cette sorte de travail de la nature annonce assez généralement un sol accidenté : aussi gravit-on ici ce qu'on appelle une montagne, qui ne serait qu'un coteau ailleurs.

Le grès, si utile pour l'infiltration, et plus encore pour le pavement des voies publiques, est un autre des produits d'un sol qui, comme on voit, réunit l'agréable à l'utile. On le tire en gros blocs du flanc de la prétendue montagne, et bientôt façonné en cubes, il est appelé à rendre aussi solides que spacieuses les rues de la capitale et les routes de ses environs.

Une des gloires de la ville d'Étampes est d'avoir donné le jour à plusieurs savans illustres, au nombre desquels on compte Descurain, Guettard, et surtout l'érudit Geoffroi de Saint-Hilaire, dont les travaux immenses ont enrichi la science de la zoologie.

LETTRE II.

Orléans. — Son Commerce; ses Monumens.

Vous avez vu par ma première lettre, ma chère cousine, que j'ai déjà franchi le département fier de renfermer Paris, et qui porte le nom du fleuve qui l'arrose. En quittant le territoire de cette métropole, qui offre tous les bienfaits de la civilisation, et qui est le centre des lumières, on craint de s'en séparer; mais Paris étend les branches bienfaisantes de l'instruction, dont elle abonde, sur toute la France. Je vais sous le plus beau ciel de ses provinces, où le climat de l'Ausonie et sa langue harmonieuse semblent s'étendre jusqu'à ces Pyrénées, barrières de l'Hespérie, qui me rappelleront et les sommets sublimes des Alpes, et les sites ombreux et mélancoliques des Apennins. Je retrouverai la terre natale des sciences et des arts, et ces grandes et nobles inspirations qui donnent à leurs ouvrages une éternelle durée.

Les chaînes des montagnes célèbres sont, comme on le sait, le laboratoire des savans et l'atelier des artistes : la métropole devient ensuite comme un vaste musée où se groupent les monumens de leurs talens et de leurs veilles.

Volons donc à la source de tant de prodiges.

Je faisais ces réflexions lorsque j'entrai dans l'une des villes de France la plus propre à n'en pas rendre le voyage stérile. C'est la capitale de l'Orléanais, qui porte le nom des princes les plus voisins du trône de France, dont, il faut le dire, puisque c'est le langage de l'histoire, plusieurs des ancêtres sont devenus célèbres par de grands talens et par des vices. Majestueusement assise sur les bords d'un de ces fleuves qui traversent dans toutes les directions la France, et contribuent si efficacement à sa fécondité par leurs émanations, et à son commerce par la facilité de leur navigation, Orléans joint à cet avantage de position, l'un des plus grands sans doute, celui d'être entourée d'un des plus fertiles et des mieux cultivés territoires, et celui d'échanger sans peine, avec les contrées voisines, l'exubérance de ses produits agricoles : enfin, comme si le dieu du commerce eût voulu lui prodiguer tous ses bienfaits, tandis que la Loire porte d'un côté à l'Océan le produit de ses manufactures d'indiennes, de porcelaine, de cristaux, de coutellerie, de laine; de l'autre, le canal auquel elle a donné son nom, qui communique à la Seine par l'intermédiaire de celui de Briare, porte dans Paris ses bois, ses vins et ses eaux-de-vie.

Frappé d'une situation si propre à tous les genres de prospérité, et n'ignorant pas les droits qu'a cette ville à la célébrité, je la visite avec attention.

Les temples sont les premiers monumens des villes, et je cours voir cette cathédrale placée dans le nombre des plus remarquables qu'ait la France en ce genre. L'architecture en est, comme on sait, du style *saxon-gothique* le plus estimé. Je ne vous redirai point ici ce que tous les voyageurs rapportent des impressions que leur font ces églises. Rien ne ressemble moins sans doute à celles qu'inspirent les temples antiques, ou Saint-Pierre à Rome, ou Sainte-Marie à Florence, monumens qui donnent tant de grâce et de beauté à ces villes; mais si les basiliques gothiques repoussent les regards de l'observateur par le nombre, la maigreur ou le trop d'embonpoint de leurs colonnes, par l'irrégularité des formes et l'imperfection générale de l'ensemble et des détails, on sait qu'elles balancent par la hardiesse de leurs voûtes, la hauteur immense et le jet de leurs aiguilles, l'imposant et ravissant effet des temples de l'antiquité et de ceux que l'Italie doit au génie des Vignole, des Palladio et des Bramante. Voilà l'impression qu'elles produisent sur le goût et la vue. Quant à celles qu'elles produisent sur l'ame, qui ne sait qu'elles ne rappellent que des souvenirs mélancoliques et douloureux, bien dignes des temps de barbarie qui les virent s'élever, tandis que sous ce rapport les temples d'Athènes, de Poestum, d'Agrigente et de Rome, radieux comme le beau ciel sous lequel ils se montrent encore, sont aussi majestueux que brillans? Il existe, s'il nous est permis de le dire, autant de différence entre l'architecture gothique et l'architecture antique, qu'il en existe en littérature entre le genre romantique et le genre classique, et c'est sans doute en dire assez. Cet antique temple d'Orléans qu'on fait remonter à saint Euverte, mort vers la fin du quatrième siècle, porte le nom de *Sainte-Croix*, qu'une tradition populaire lui a fait donner d'après la croyance que Dieu lui-même l'avait consacré à sa première fondation (1). Depuis, cette église, plusieurs fois rebâtie et ruinée pendant les guerres, avait été réédifiée par Henri IV; mais elle fut de nouveau dévastée pendant les troubles de la révolution. Le gouvernement fait terminer de nos jours ce monument antique, encore inachevé, et ce soin l'honore; d'aussi grandes entreprises ne sauraient être abandonnées. C'est ainsi qu'en a agi cet homme extraordinaire qui a passé sur la France comme un astre éclatant, et sur l'Europe comme la foudre dans un long orage; et qui, exemple mémorable des vicissitudes humaines, précipité du faîte des grandeurs, est mort prisonnier sur un rocher. A sa voix la cathédrale de Milan, commencée avec le treizième siècle et abandonnée depuis ce temps, a été terminée dans le dix-neuvième sur les mêmes dessins qui avaient servi à sa construction primitive, et le compas et le ciseau des artistes de nos jours, dignes des temps des Chersiphron et des Scopas, ont bien voulu descendre, pour la terminer, à des conceptions gothiques.

Je ne dirai rien d'une foule d'autres édi-

---

(1) *Voy.* Hist. de l'église et diocèse d'Orléans, par Guyon.

fices, ordinairement attachés à la capitale d'une province, tels que les tribunaux, l'évêché, un des plus anciens de la France, et le collége, nombreux en étudians de cette ville. Il en est peu de remarquables sous le rapport de l'art, et en général on est difficile en architecture lorsqu'on a vu l'Italie. Tous les autres pays sont encore plus ou moins empreints, à cet égard, de traces indélébiles de barbarie. Mais il est des monumens qui nous intéressent par leur consécration seule, indépendamment du plus ou moins de talent, de goût et de génie que l'auteur a mis à leur exécution. Il en est un dans Orléans qui parle vivement à tout cœur sensible, et excite au noble amour de la patrie. Cette ville fut le théâtre des exploits d'une femme plus étonnante qu'aucune des héroïnes de la Grèce et de Rome; et pour peu qu'on connaisse la France, l'histoire de ses guerres sanglantes et prolongées, on sait que je veux parler de Jeanne d'Arc. C'est ici en effet que, remplie de l'esprit de Dieu qui semblait ne l'inspirer que pour délivrer son pays du plus redoutable de tous les fleaux, d'un ennemi implacable, une jeune fille simple comme les champs qu'elle habitait, et qui, jusque-là étrangère aux mœurs martiales des camps et ignorant l'art des combats, n'avait, modeste bergère, conduit que des troupeaux au lieu de soldats, saisit tout-à-coup d'une main le saint oriflamme, et de l'autre le fer glorieux des batailles, et appelant d'une voix héroïque les Français à la victoire, les fait rougir d'avoir laissé envahir par les Anglais presque tout le beau royaume de France. C'est ici que, revêtue de la cuirasse et coiffée du casque des guerriers, elle entre en triomphe malgré l'ennemi, dans ses remparts de toutes parts cernés, et que montant sur une brèche déjà faite et dont elle défend l'entrée, elle arrose de son sang précieux le sol sacré de la patrie qu'elle délivre. Le siége d'une ville au salut de laquelle est attaché celui de la France entière est levé, et ses citoyens sont libres.

Jetons un voile sur le triste destin qu'eurent tant de vertus, de vaillance et de prodiges. Jeanne périt, et, pour combler son malheur, c'est par la main d'un vil bourreau et non dans les champs de la gloire, le noble berceau de sa valeur.

Mais, ombragée des palmes patriotiques des martyrs et des héros, sa tombe devient un monument impérissable élevé dans les cœurs des citoyens de toutes les nations, des défenseurs de toutes les patries. Reproduits par le pinceau, le ciseau, le burin et la poésie, l'une des plus grandes dispensatrices de la gloire, l'image de Jeanne est l'objet de l'admiration de la postérité, comme le modèle fut l'étonnement de ses contemporains. Orléans qui lui dut sa délivrance, aurait montré de l'ingratitude si elle n'eût honoré d'une manière éclatante sa mémoire. Elle lui éleva un monument, d'abord mais peu digne d'une telle héroïne, de la France et des progrès qu'ont faits les arts. Ce monument n'existe plus; il a été détruit pendant la révolution. Un nouveau se montre à sa place; c'est celui que je viens de contempler. Je sens que l'artiste aurait pu être mieux inspiré; ce n'en est pas moins un témoignage de la gratitude des concitoyens d'Orléans. Jeanne est représentée dans cette statue comme on vient de la signaler, tenant l'oriflamme d'une main et une épée de l'autre. Son casque est orné de plumes, et imité, dit-on, d'un portrait de cette héroïne; elle a la figure inspirée et paraît conduire ses guerriers à la victoire. Il est surtout à regretter que ce monument, posé sur une place très-vaste, ait été fait sur de si petites dimensions.

LETTRE III.

Suite de la Lettre précédente. — Quelques traits de l'histoire d'Orléans.

Après vous avoir fait une description, ma chère cousine, de la ville d'Orléans et de ses monumens, il me reste à vous dire des choses que je trouve très-intéressantes encore.

Je commencerai par vous faire connaître les hommes illustres que cette ville et sa province ont donnés à la France, tels que le laborieux Secousse, le P. Petau, Jacques Bongart et Poluche, Nicolas Thoynard et Beauvais, l'illustre jurisconsulte Pothier, Amelot de La Houssaye et l'abbé Gédoin, traducteur de Pausanias. Mais parmi les divers écrivains nés dans l'Orléanais, n'oublions pas de rendre hommage surtout à la mémoire de ce respectable ecclésiastique qui, sensible aux grandeurs de Dieu, chanta dans une prose aussi douce que celle de Fénélon, et quelquefois aussi magnifique que celle de Bossuet, de toutes les grandeurs la plus éclatante et la plus bienfaisante sans doute! L'abbé de Reyrac est ce digne citoyen. Il célébra, comme on sait, l'éclat, la majesté, la bienfaisance de l'astre du jour; et, pour n'être pas versifié, l'hymne, dépositaire de ses sentimens de reconnaissance et de gratitude envers ce fécondateur de la terre, n'en est ni moins beau ni moins poétique. On y reconnaît moins de verve et d'enthousiasme que de douceur et de sensibilité; mais cet ouvrage, quel qu'il soit, mérite à son auteur la réputation dont il jouit dans la mémoire de ses concitoyens, par ses talens comme par ses vertus.

Déjà célèbre du temps de César, comme on le voit par ses Commentaires, Orléans d'abord sous la domination des Carnutes, un des premiers peuples de la confédération des Gaules, qui occupait tout le pays chartrain, et auquel elle doit, dit-on, sa fondation, passa sous le joug des Romains à l'époque de la plus importante et de la plus difficile des conquêtes du peuple-roi. On l'appelait alors *Genabum* ou *Cenabum* (1). Elle était le lieu d'un des principaux marchés (*emporium*) des Gaules. Les habitans furent ensuite appelés *Aurelia-*

---

(1) César, *de Bell. Gal.* VII. — 2.

ni (1), dénomination qui lui fut peut-être donnée par l'empereur de ce nom, qui, comme on sait, s'illustra comme César dans leur pays, et d'où probablement est dérivé le nom d'Orléans.

Les destinées d'Orléans ne s'abaissèrent point par la chute de l'empire ; elle trouva dans ses ruines les principes de son élévation. De tributaire qu'elle était, elle fut, après la mort du fondateur de la monarchie française, la capitale d'un royaume, exprès formé pour composer l'héritage d'un de ses fils. A la mort de Thierry, elle fut réunie à la couronne, et gouvernée ensuite par des comtes ou seigneurs suzerains. Dès le berceau de la féodalité, elle devint, par les progrès toujours croissans du chaos politique, le patrimoine, de ces comtes, jusqu'à ce que Hugues-Capet, l'un des rois de France qui semble avoir le premier connu l'importance de protéger et d'affranchir les communes, la réunit de nouveau à la couronne (2), de laquelle elle n'a plus été détachée depuis ce temps, si ce n'est pour devenir l'apanage des enfans de France ; on voit que la date de son ad-

---

(1) Strabon, *Emp. Carnutum.* IV. — 3.
(2) En 987.

mission dans le sein de ce beau royaume est des plus anciennes. Son importance et ses richesses l'ont exposée diverses fois à tous les maux qu'enfante la guerre, qui semble les concentrer dans les horreurs d'un siége. César fut le premier qui la prit, et lui fit subir l'humiliation des vaincus. Attila la menaça de toute sa puissance et de toute sa colère féroce. Il précipita autour de ses murs des flots de soldats; mais des citoyens surent l'arrêter par ce courage indomptable qu'ont toujours ceux qui défendent la patrie, et l'évêque d'Avignon y participa plus que les autres. Le dernier siége dont elle eut à souffrir, et qui n'est pas un des moins mémorables, fut celui des Anglais (1) pendant le règne de Charles VII : ils étaient au moment de voir tomber sous leur glaive ce dernier boulevart de la France, lorsque la ville fut si miraculeusement sauvée par l'héroïne dont nous venons de rappeler les vertus, la gloire, les malheurs; elle la rendit à la liberté, à la France et à son roi.

Les guerres de religion, qui ajoutent l'horreur des discordes civiles à la fureur des conquérans, furent une nouvelle cause de désas-

---

(1) En 1429.

tres pour Orléans : elle fut prise par les calvinistes (1), qui, oubliant dans l'ivresse de la victoire qu'ils étaient Français, ravagèrent une ville française.

C'est pendant les préparatifs d'un siége plus déplorable encore, que l'un de ces Guises (2), qui, dans une monarchie héréditaire depuis une foule de siècles, offrent le phénomène d'une dictature exercée pendant plusieurs règnes, par tout ce que l'héroïsme a de noble et l'ambition a d'atroce, fut tué par Poltrot, dont le nom, presque l'homonyme de celui dont on appelle en français un lâche, semblait faire prévoir l'action. Il assassina son ennemi au lieu de le combattre selon les lois de l'honneur, et priva la France d'un héros, quoiqu'il la délivrât d'un factieux.

Les habitans d'Orléans embrassèrent la réforme; mais comme la morale des peuples s'altère toujours dans les guerres de religion, entreprises toutefois sous le prétexte de l'épurer, celle des Orléanais se détériora tellement, qu'ils embrassèrent ensuite le parti de la Ligue, jusqu'à ce que le plus humain et le plus philosophe des rois, Henri IV, abjura, pour

---

(1) En 1567.
(2) Le duc François de Guise.

la paix et le bonheur de tout un peuple, la religion dans laquelle il avait été élevé par ses ancêtres, et pour laquelle il avait combattu avec ses amis.

Personne n'ignore la célèbre entrée de mademoiselle de Montpensier dans cette ville, lorsqu'elle fut envoyée par Monsieur, duc d'Orléans, pour enlever cette ville au parti Mazarin, et l'adresse et le courage avec lesquels elle s'acquitta de cette commission aussi périlleuse que difficile (1).

Orléans a vu successivement cinq conciles se tenir dans ses murs (2).

Le droit d'assises en faveur des criminels, que les évêques s'attribuaient sur tous ceux qui étaient détenus dans les prisons de cette ville, était un triste abus qui se prolongea jusqu'à la moitié du dix-huitième siècle, où le roi revendiqua la plus belle de ses prérogatives, celle de faire grâce à ses sujets (3), et

---

(1) *Voyez* les Mémoires de mademoiselle de Montpensier, tome II.

(2) Le premier en 533, le deuxième en 536, le troisième en 538, le quatrième en 541, et le cinquième en 549.

(3) En 1753.

ordonna que sa sanction devînt nécessaire pour consommer l'œuvre de la clémence. La révolution étant survenue, mit un terme à cet ordre de choses; mais les nouvelles lois restituèrent dans toute sa latitude, au monarque, un droit qu'il exerce aujourd'hui partout en France.

LETTRE IV.

Beaugency. — Blois ; ses Monumens, etc.

Je quitte Orléans après avoir admiré son superbe pont, sur la Loire. En longeant ce fleuve, on ne voit que des campagnes fécondes, des villes florissantes.

Beaugency, connu sous le nom de *Belgenciacum* dans le douzième siècle, ville dans laquelle j'entre, présente les ruines du vieux château, qui se marient avec un paysage jeune de toute la vigueur de la végétation, et beau de toutes ses richesses, un tableau digne des Brills ou de l'Orizonte. Cette ville, long-temps le domaine de comtes indépendans, vit ses habitans marcher sous les bannières féodales. Elle ne fut réunie que sous le règne de François Ier. Il appartenait à ce monarque, qui avait vu dans ses courses fréquentes en Italie, sans parler de ce qu'il avait pu observer dans son propre pays, les maux qui résultent de l'anarchie, et les traces de toutes parts fumantes de la faction des Guelphes et des Gibelins; il lui appartenait de s'efforcer, sinon d'étouffer le monstre qui pesait alors sur l'Europe entière (entreprise trop forte pour lui), du moins de l'enchaîner, et, autant qu'il lui était possible, de l'affaiblir.

Beaugency, participant de la position commerciale d'Orléans, jouit de ses avantages. Elle fait un trafic lucratif des productions de son sol fertile, surtout de ses vins qui sont très-estimés. Limite d'un département, elle ouvre au voyageur la route de celui de Loir-et-Cher, dont Blois est le chef-lieu, et dans lequel j'entre après avoir quitté cette ville.

Ici commence une succession de sites et de scènes que je pourrais comparer à ceux de la plus vaste et de la plus brillante galerie de tableaux de paysages, existant soit en Italie, soit en Flandre, si la nature, original inépuisable et sublime, n'était pas au-dessus de toutes les copies qu'essaye d'en faire même le génie.

A la fertilité du sol à laquelle contribue la Loire, à l'industrie que sa navigation favorise, s'unit le spectacle de cent coteaux aussi variés dans leurs formes que dans leurs productions. Les beautés des arts s'y groupent avec celles de la nature. Partout des coteaux que décorent des châteaux, des maisons de campagne et des édifices élégans et pompeux, séjour de l'opulence, où les mœurs simples des champs font alliance avec celles des villes pour les épurer, et rendre meilleurs ceux qui viennent y goûter le calme et la paix.

J'arrive à Blois, et j'avoue que ce n'est point sans éprouver quelque émotion que j'entre dans cette ville, une de celles de France qui rappelle les souvenirs les plus déplorablement célèbres de son histoire. Cette impression contraste avec l'aménité des lieux, qui sont aussi gais que les souvenirs sont tristes. Ma vue est réjouie par le paysage le plus pittoresque, et mon ame est affligée par les forfaits de l'ambition et les crimes de la politique. Ne pourrait-on pas comparer cette situation à celle où l'on se trouve souvent lorsqu'on assiste, dans l'un de nos spectacles, à la représentation de quelque drame tragique : tandis que, dans un palais superbe, on entend déclamer les vers enchanteurs de Racine, tout-à-coup on voit briller un poignard qui, conduit par la trahison ou la vengeance, perce sans pitié quelque grande victime sacrifiée au repos des nations ou à l'intérêt des princes?

En effet, Blois doit plaire à tout voyageur, non-seulement par sa situation, une des plus romantiques de la France, et par son territoire qui offre un si grand nombre de ces sites charmans, dignes du pinceau de Locatelli et de Claude le Lorrain, mais il a un charme de plus pour le voyageur instruit et sensible : le prestige de l'ancienneté, et la mémoire des graves événemens dont il a été le théâtre.

Un des plus célèbres historiens des Gaules, Grégoire de Tours, nomme cette ville *Blesa*. Elle était déjà considérable sous le règne de Charles-le-Chauve, ce qu'on voit par un des capitulaires de ce prince, dont l'insigne faiblesse occasiona tant de maux à la France (1).

Pendant les guerres de la féodalité, Thibaud, comte de Chartres, un des grands suzerains de la monarchie, en fit la conquête ainsi que de tout son territoire, et la transmit ensuite à l'illustre maison de Châtillon, qui la posséda pendant plusieurs siècles. Vendue comme le plus ignoble héritage, après avoir été le prix de la victoire, Guy II la céda au duc d'Orléans, qui fut depuis un monarque que la France a compté au nombre de ses meilleurs princes, puisqu'elle lui a donné le plus flatteur de tous

---

(1) Histoire de Blois, par Bernier, in-4°; publiée à Paris en 1682.

les noms des rois, celui de *père du peuple.*
Louis XII la réunit à la couronne.

Mais c'est du château de Blois, c'est du fond de ses voûtes obscures que sortent en foule d'effrayans souvenirs, comme ces fantômes qui nous apparaissent et nous troublent dans un rêve sombre et mélancolique.

Séjour d'un grand nombre de princes, qui tour à tour se plurent à l'embellir et à l'augmenter, les fondemens de ce château furent jetés pendant la domination de ces suzerains dont nous avons parlé. Réédifié et reconstruit plusieurs fois, il ne lui reste de gothique qu'une tour qui semble n'être encore debout, malgré le poids des siècles et les invasions de l'architecture moderne, que pour rappeler que là fut le théâtre des plus sanglans excès du pouvoir.

La façade du château, au levant, est du temps de Louis XII; celle qui est à droite fut élevée sous François Ier, dont on voit encore le chiffre sculpté et les armes où figuraient, comme on sait, des salamandres.

Dans le nombre considérable d'événemens remarquables dont les murs de ce château furent les témoins, compte sans doute la mort de cette intéressante et vertueuse Valentine de

Milan, qui, nouvelle Cornélie, demanda à la France entière justice du sang si indignement versé de son époux, Louis d'Orléans, et n'ayant pu l'obtenir, vint déplorer dans le silence de ces paisibles murs, qui nourrissaient sa douleur, la plus cruelle des pertes.

Après avoir servi de retraite à la vertu, ce château sert de prison au crime. Isabeau de Bavière, cette Messaline des Français, y pleure non son époux plus malheureux que Claude et non moins déshonoré, mais le chevalier Bourdon, son amant. C'est peu de ces scènes d'une douleur tour à tour vertueuse ou criminelle; c'est peu de ces souvenirs des passions de deux princesses, qui se sont rendues immortelles, l'une par sa tendresse conjugale, l'autre par l'oubli qu'elle en a osé faire : ces lieux ont été postérieurement le théâtre d'événemens plus tristement célèbres.

Les guerres de religion dont j'ai récemment parlé à l'occasion du siége d'Orléans, pendant lequel l'un des Guises fut tué, désolaient la France; les États connus sous le nom d'États de Blois, furent convoqués dans ce château pour qu'ils cicatrisassent, s'il était possible, les blessures profondes du royaume. Henri III ce prince qui n'eut que des vices après avoir montré des vertus, et qui, s'il ne rappelle Néron par ses fureurs, le rappelle par ses débauches, les présidait. Les Guises, artisans et chefs de la Ligue par leur ambition, mais l'idole de tout un peuple par une bravoure et une grandeur d'ame qui n'appartient qu'à l'héroïsme, s'y rendirent. C'est en vain que des avis secrets avaient appris à l'un d'eux, comme à César (1), qu'on en voulait à ses jours; c'est en vain qu'un de ces pressentimens secrets, avant-coureurs certains et presque jamais écoutés, de la mort des grands hommes, l'avertit lui-même de ne pas obéir aux ordres qu'ils avaient reçus, il n'écouta point ce que César, dans Rome, et Brutus, dans Philippes, dédaignèrent aussi d'entendre; et réuni au cardinal, son frère, il va pour assister à une séance de ces États tumultueux. Mais en s'y rendant (2), il voit la garde renforcée et les cent-suisses rangés sur les degrés : il entre dans la première

---

(1) Henri de Lorraine, duc de Guise, surnommé le Balafré, trouva sous sa serviette, en se mettant à table, la veille de sa mort, un billet par lequel on lui marquait que son dernier moment approchait. Il répondit : *Ils n'oseraient.*

(2) Le 23 décembre 1588.

salle du château, et la porte en est aussitôt fermée sur lui. Il prend, sans affectation, la contenance la plus ferme, et salue, avec cette grâce et cette dignité qui lui étaient familières, tous les personnages rassemblés ; et c'est, lorsque appelé par ordre du roi il veut entrer dans son cabinet, qu'il est percé, en soulevant la tapisserie, de plusieurs coups de poignard, sans pouvoir même porter la main à la garde de son épée. Il meurt en s'écriant : *Mon Dieu, ayez pitié de moi!*

Quoique revêtu de la pourpre romaine, si puissante dans ces temps, puisque la Ligue avait pour principal levier la cour de Rome, son frère n'en fut pas plus respecté. On le conduisit le lendemain, avec l'archevêque de Lyon, dans une salle obscure de la tour du château. Là, des soldats les massacrent à coups de pertuisane, une des armes alors en usage ; ils jettent le corps du cardinal dans le large foyer d'une des cheminées, et lorsque le corps est consumé, ils en dispersent les cendres dans la crainte que les ligueurs n'en fissent des reliques. Tels furent les coups d'état des États de Blois.

Malgré toutes ces horreurs, on veut voir les lieux témoins de ces divers meurtres et de ces assassinats politiques ; on ne peut se refuser à ce désir insatiable que l'homme a de vives émotions, qui ne sont ni sans intérêt pour son imagination, ni sans fruit pour son cœur; on parcourt, avec une sorte de saisissement, ces lieux où se célébrèrent de sanglantes saturnales sur les cadavres de deux ennemis redoutables, il est vrai, mais que l'on devait autrement punir, et dont on devait différemment se venger. Henri IV, alors roi de Navarre, en apprenant la mort de Guise, dit: « Si Guise fût tombé entre mes mains, je l'aurais traité autrement. » On retrouve toujours le cœur de ce prince : rien n'altéra jamais sa bonté.

Des traités solennels, des fêtes éclatantes, de brillans tournois, dont ces lieux ont encore été les témoins, ajoutent leurs joyeux souvenirs à des souvenirs aussi sombres. Le mariage de Charles, duc d'Alençon, avec Marguerite d'Anjou, fut célébré dans ce château ; et les pompes du mariage bien plus célèbre encore du grand Henri avec Marguerite de Valois, s'y préparèrent.

Tels sont les faits qui immortalisent à jamais ce château, et le rendent sans contredit un des plus dignes d'être vus de tous ceux qui couvrent la France.

Blois n'offre plus ensuite d'édifices remarquables, que le palais de la Préfecture et celui de l'Évêché. C'est dans ce dernier que, de nos jours, une jeune princesse, si illustre par sa naissance, apprit qu'elle devait renoncer au trône et à la régence qui lui avait été confiée par son époux, et qu'elle devait perdre par son acte d'abdication. C'est en effet à Blois, qu'entourée de ministres et de sa cour, Marie-Louise apprit qu'elle était séparée à jamais de son époux, et qu'elle devait quitter cette résidence, d'où elle partit accompagnée d'une suite peu nombreuse, et alla rejoindre son auguste père.

Des fontaines qui, de toutes parts, dispensent la fraîcheur et la propreté par des eaux abondantes autant que limpides, et qu'alimente un aqueduc que l'on croit être un ouvrage des Romains, ainsi qu'un jardin botanique fondé par l'indigne fils de Henri IV et le digne frère de Louis XIII, Gaston, duc d'Orléans, qui fut aussi dans le nombre des exilés dans le château de Blois, achèvent la nomenclature des monumens remarquables de cette ville.

Bernier, dans son Histoire, a donné la vie des personnages illustres à qui Blois a donné le jour, au nombre desquels sont Louis XII, le célèbre théologien Pierre, le garde-des-sceaux Morvilliers, Paul et Raymond Philippeaux, tous deux secrétaires d'Etat, le P. Vignier, le P. Morin, et plusieurs autres encore.

On prétend que la ville de Blois est celle de tout le royaume où l'on parle le mieux français. Cette opinion s'était surtout accréditée à cause du séjour des rois dans cette ville. Rien ne m'a prouvé qu'elle soit fondée.

LETTRE V.

Châteaux de Chaumont, Chanteloup, etc. — AMBOISE.

La même succession de sites romantiques, de tableaux ravissans et de paysages rians, qui devance Blois depuis Orléans, continue, s'enchaîne et m'accompagne au-delà de cette ville, soit sur l'une, soit sur l'autre des rives du fleuve qui en fertilise et embellit les campagnes. Mais le pompeux amphithéâtre que forment de nombreuses collines, où l'œil parcourt cette immense galerie, est ici moins rapproché des flots qui réfléchissent comme un miroir les arbres, les fleurs et la verdure. D'autres châteaux, d'autres demeures paisibles, douces retraites des amis des champs, auxquelles se groupent d'humbles cabanes qui relèvent, par la simplicité de leur construction, le luxe de l'architecture et de l'opulence, se montrent de toutes parts ombragés par des vergers, des vignobles et des bois, qui prodiguent à l'envi les bienfaits de Bacchus, de

Pomone et de Palès, à l'une des plus riches provinces de la France.

Parmi ces châteaux on distingue, sur une hauteur, celui de Chaumont, où Catherine de Médicis a séjourné long-temps. On remarque surtout celui qu'habitait dans son exil glorieux ce ministre de Louis XV, qui tenta l'un des premiers de balancer, par un traité éminemment avantageux à la France, l'influence déjà formidable de l'Angleterre sur le continent. Tout Paris, malgré sa disgrâce, venait visiter cet homme d'État abandonné de la faveur, et l'on vit s'exercer à son égard cet attachement consolateur qui est rarement le partage des hommes qui, après avoir eu un grand pouvoir, ne sont plus que les égaux des autres.

Un autre ministre d'un temps et d'un pouvoir bien différens, a succédé à M. de Choiseul dans le château de Chanteloup; c'est M. le comte de Chaptal, aussi habile chimiste que bon patriote : il est le promoteur de l'industrie française, qui ne cesse de faire des progrès immenses sous sa direction savante.

L'origine de ce château est aussi remarquable. Ce fut la célèbre princesse des Ursins qui, pendant sa plus haute faveur en Espagne, songea à le faire élever, se préparant ainsi un asile contre les disgrâces de la cour, qu'elle éprouva peut-être plus tôt qu'elle ne le pensait.

Couverts de fruits, ces coteaux creusés, dans leur intérieur, par la main de l'industrie, après avoir étalé les trésors de l'automne, servent ensuite à les renfermer lorsque l'heureux cultivateur les a recueillis, de sorte qu'ils sont en même temps les caves et les greniers de leurs propres produits. Ces caves offrent aux regards charmés du voyageur une image de ces grottes où la mythologie et la féerie ont tour à tour placé, l'une ses nymphes et l'autre ses puissans magiciens.

On croirait voir les jeux des nymphes dans les danses auxquelles se livrent, les jours de fête, les jeunes filles de ces lieux, comme on croit voir les miracles de la baguette des fées à l'aspect de toutes les richesses de la nature et des bienfaits de la civilisation réunis. Tel est le spectacle flatteur sans cesse offert à mes yeux jusqu'à Amboise, où j'arrive sans m'être aperçu, comme on peut facilement le croire, des neuf lieues que j'ai faites pour franchir la distance qui sépare Blois de cette ville.

Située au confluent de la Loire et de l'Amisse, Amboise le dispute aux villes que je viens de visiter, non-seulement par ses riantes et fertiles campagnes, mais par les souvenirs qu'elle rappelle, lesquels se lient avec la plupart des précédens, et continuent de faire une suite d'histoire muette de la France dans ce qu'elle a de plus mémorable.

Selon d'antiques traditions, qu'aucun témoignage écrit toutefois ne consacre, Amboise aurait été, sous le nom d'*Ambasiensis*, un fort qu'aurait fait construire César, après la prise de Bourges, et lorsqu'allant camper devant Tours, il voulut s'assurer, par ce nouveau moyen de succès, sa prochaine conquête.

Sulpitius Severus, ainsi que Grégoire de Tours, sont les premiers à donner à ce lieu, en leur qualité d'historiens, le nom de *Vicus Ambasiensis;* et le dernier parle même d'un pont de bateaux qu'on y passait sur la Loire.

Depuis, Charles-le-Chauve donna Amboise à l'un des seigneurs de sa cour, nommé Adelandus, qui la posséda jusqu'au moment où l'un de ses vassaux ambitieux et turbulens, qui ne craignaient pas de déchirer l'État et de s'en partager les lambeaux, s'en empara, ainsi que de la Touraine entière. Il s'appelait Marcel. Enfin, plus tard, Amboise fut, ainsi que la plupart des provinces de France qui rentrèrent dans le sein du royaume, réunie à la couronne par Louis XI, qui du moins sut balancer les maux qu'il causa, par la salutaire guerre qu'il fit à la féodalité.

Placée au-delà du fleuve, la ville proprement dite communique par un pont à son faubourg. La ville es tbâtie dans une île que l'Amisse forme dans son cours, et où l'on dit que Clovis et Alaric eurent une entrevue dont l'objet était de prévenir la guerre (1).

Amboise est aussi mal construite qu'elle est admirablement située; et, tandis que ses environs sont des plus rians et des plus fertiles, ses rues étroites et tortueuses, ses places publiques petites et encombrées, ses maisons, et jusqu'à ses manufactures de drap, de tannerie et de mégisserie, qui répandent des exhalaisons malfaisantes, enfin son aspect confus et sombre, en font un séjour où l'agréable est loin de se joindre à l'utile. Mais le tableau imposant et agreste que présente le château qui la domine, dédommage amplement le voyageur d'un spectacle aussi peu flatteur. Je m'empressai de visiter cet édifice, ainsi que j'avais

---

(1) *Voyez* Ségur, Histoire de France, t. 1.

visité celui de Blois, car des souvenirs à peu près du même genre m'y appelaient.

J'arrivai, en parcourant un chemin tracé en spirale, au haut d'une tour, et par une pente tellement douce, que les voitures y vont ainsi que les gens à pied, et que les rois qui si long-temps ont habité ce château y allaient et en venaient à volonté, sans descendre de leurs carrosses.

Le neuvième siècle vit construire, dit-on, cette forteresse, qui dès-lors doit être placée au nombre des ouvrages gothiques. Les Normands, dans les fréquentes invasions qu'ils firent dans les provinces du nord de la France, s'en emparèrent et la détruisirent; mais un seigneur nommé Ingelgue la fit rebâtir. Là Charles VIII, ce vainqueur éphémère de l'Italie, naquit et vint mourir après sa passagère conquête, plus onéreuse qu'elle ne fut utile à son pays; là Louis XI séjourna long-temps, méditant plus d'une fois des sujets de tyrannie et de vengeance; mais là aussi, pour tempérer les effets de son caractère soupçonneux et sanguinaire, le génie de la France lui fit instituer l'ordre de Saint-Michel, destiné à récompenser les talens et le mérite, sans avoir égard à la naissance.

Mais le plus important des événemens qui se soient passés dans ce château, est sans doute celui que l'on désigne par le nom de *conspiration d'Amboise*; conspiration pendant laquelle François II, qui séjournait dans ce château, faillit être enlevé par les protestans, ayant à leur tête l'intrépide La Renaudie. Formée contre les Guises, elle avait pour objet de faire triompher la cause du protestantisme en France, et de se venger de ces dictateurs dont le châtiment, comme nous l'avons vu, fut terrible, et infligé par d'autres mains que celui des réformés. Étranges événemens, faits qui, joints à mille autres, attestent combien, presque dans tous les temps, les peuples sont les instrumens et souvent les jouets des passions ou des opinions, quelles qu'elles soient, de ceux qui les dirigent!

Dévasté pendant la révolution, le château d'Amboise, qui appartenait à la vertueuse duchesse d'Orléans, décédée il y a deux ans, emportant dans sa tombe les regrets du pauvre et de l'orphelin, a été rétabli et magnifiquement meublé par elle. Il est maintenant compris dans l'opulent héritage du duc son fils.

Amboise ne compte d'autre édifice remarquable que celui qui servait autrefois de couvent aux frères Minimes, et dans lequel sont trois caves ou grottes, dont la construction est incontestablement antique. Vastes greniers, ces grottes étaient destinées à recevoir et à conserver, pendant des siècles, exempts de toute détérioration, des grains. Taillées dans le roc, elles communiquent toutes entre elles, et s'élèvent sous terre au niveau du château. Elles étaient enduites d'un ciment conservateur et qui en éloignait l'humidité, qui aurait pu corrompre les denrées qui y étaient déposées. Ces constructions éminemment utiles, et qui attestent à la fois la prévoyance et l'humanité de ceux qui les établirent, datent du temps des Romains, puisque César en parle; elles rappellent et les greniers souterrains si abondans dans le royaume de Naples, et les silos des Espagnols, renouvelés de nos jours dans le parc de Saint-Ouen, par un des plus utiles citoyens dont s'honore la France, et conseillés par le comte de Lasteyrie, dont les travaux philantropiques ne l'honorent pas moins. On a lieu d'espérer que cette entreprise réussira, d'après l'exemple de pareils silos établis dans la Moldavie et la Valachie, où, construits sur les mêmes principes, ils sont les seuls greniers qui depuis des siècles y existent.

Je n'oublierai point, en quittant Amboise, de jeter quelques fleurs sur la tombe de ce digne ministre d'un roi populaire, qui rappela les vertus de Suger, et dont la probité est digne de servir de modèle à Sully. L'on sent que je veux parler de Georges d'Amboise. Sorti de l'illustre maison de ce nom, qui possédait la seigneurie de cette ville depuis la moitié du treizième siècle, ce ministre naquit au château de Chaumont, près d'Amboise même, et dont nous avons déjà parlé.

Sa première opération fut de faire abolir par le monarque la taxe que payait le peuple pour les frais de son couronnement, et les impôts furent bientôt, grâces à ses soins, diminués d'un dixième. Ses vertus suppléèrent à ses lumières; il ne posséda jamais qu'un seul bénéfice, dont il consacrait les deux tiers à la nourriture des infortunés.

Il réforma les tribunaux avilis par la corruption et dégradés par la chicane. Les procès furent abrégés, et dès-lors moins onéreux; enfin, avec les vues bienfaisantes d'un ministre, il eut toutes les vertus qui ont signalé les évêques du premier âge de l'Église. Le cardinal d'Amboise mourut à Lyon en 1510.

LETTRE VI.

Les rives de la Loire. — Navigation sur ce fleuve. — Tours.

Je quitte Amboise, ma chère cousine, comme j'ai quitté Orléans et Blois, c'est-à-dire plus charmé des champs qui l'environnent que de la ville. Ce tableau séduisant, d'une nature aussi riante que fertile, est toujours devant mes yeux; on dirait que, comme dans un de ces spectacles si surprenans par le jeu inaperçu des machines, ou bien dans ces songes heureux où nous sommes séduits par de douces illusions, où tour à tour passent devant nos yeux une foule d'objets imaginaires, on voit non de riches réalités, mais de charmantes fantasmagories.

Le même enchantement qui m'a surpris depuis que j'ai atteint les rives de la Loire, ne discontinue pas; il se prolonge et semble devoir se perpétuer.

Toujours des collines charmantes, ornées des mêmes objets, de villages, de moissons, et de rochers çà et là parsemés, dont l'aspérité contraste avec la teinte douce et riante du paysage, et qui semblent avoir été placés là exprès pour mêler la fierté à la grâce et l'âpreté à la mollesse. Je suis étonné, à l'aspect d'un si grand nombre de beautés champêtres, que la muse qui inspira Théocrite et Virgile, n'ait pas, depuis l'auteur d'Astrée, depuis Racan et Segrais, si peu dignes d'imiter ces modèles de la pastorale et de l'idylle, inspiré les poëtes du siècle passé et du nôtre, de ce siècle où la poésie n'a pas moins été perfectionnée que tous les autres arts; que la France enfin n'ait pas son Théocrite ou même son Guarini, comme elle a depuis long-temps son Euripide et son Sophocle; on n'aurait plus à lui reprocher d'avoir pu supporter les fades bergers et les bergères fardées de Fontenelle (1).

Mais tandis que tout est vivifié, que tout est animé autour de moi, pourquoi ce vaste fleuve, dont les eaux embellissent et fertilisent les campagnes, n'est-il pas rendu lui-même plus fertile

---

(1) André Chénier me paraissait digne d'une telle vocation; mais outre qu'il a été moissonné jeune encore par la mort, ce sont des idylles grecques et non françaises qu'il se plaisait à inventer.

par les mains utiles et laborieuses de l'industrie? Cette opposition, ce manque d'harmonie dans un si suave tableau de la civilisation perfectionnée, fatigue autant qu'il étonne. Pourquoi, au lieu de quelques bateaux pesans, d'une forme aussi lourde que surannée, dont la proue fend lentement une onde paisible, ne vois-je pas ce fleuve couvert de barques aussi nombreuses que légères, quoique richement chargées, qui sillonnent, croisent, descendent, remontent à la voix du commerce, et vont porter au loin, comme sur le Rhin, la Tamise, le Danube, la Neva et le Volga, l'abondance et la prospérité? De nombreux attérissemens, des bas-fonds fréquens sont-ils la cause de cette langueur de la navigation et de l'industrie? Mais dans un pays où les sciences comme les arts sont également cultivés, et où l'on n'ignore aucun de leurs procédés, il est possible de détruire de tels obstacles.

Nous ne voulons pas dire cependant que la Loire n'est pas utilisée; nous observons seulement que sa navigation demande des perfectionnemens. Déjà une digue aussi forte qu'immense (1), ouvrage digne de Charlemagne, à

(1) La hauteur de cette digue ou de ces levées, est de vingt-cinq pieds sur quarante en largeur.

qui l'on attribue son commencement, s'étend depuis Blois jusqu'à Angers, empêche ce fleuve de se déborder, et refoulant ses eaux dans leur propre lit, s'oppose à ce qu'elles ne dévient. Il est vrai que le sable qu'il roule forme des bancs et rend sa navigation incertaine. On cherche à prévenir ces inconvéniens en plaçant sur ces bancs des branches de saule, pour avertir le nautonnier du danger qu'il court; mais, pour plus de précaution encore, les grands bâtimens se font devancer par un pilote sur une nacelle légère qui sonde les endroits du fleuve où ils doivent s'engager. Mais c'est surtout de l'inconstance des vents, dont on ne peut déterminer la durée, qu'on se plaint dans cette navigation.

C'est donc les bateaux à vapeur qui manquent à la Loire, ces bateaux qui marchent malgré l'opposition des élémens, ces bateaux qui depuis long-temps hâtent les progrès de la civilisation de l'Amérique, et augmentent les richesses de l'Angleterre elle-même, qui a couvert de toutes parts ses fleuves de ces diligences nautiques. Quand à son tour la Loire en sera-t-elle couverte pour exploiter ses riches produits, depuis les lieux où elle est navigable jusqu'à son embouchure dans l'Océan?

Quand se servira-t-elle de la drague française ou de la drague anglaise, de nos jours établie à Paris, pour nettoyer son lit?

On s'intéresse trop à un si beau pays pour ne pas lui souhaiter toutes les prospérités qu'il mérite. C'est acquitter au moins par quelques idées utiles, lorsqu'on est étranger, la dette de l'hospitalité; et puissent bientôt d'autres voyageurs contempler la Loire chargée d'autant de richesses que ses bords en étalent.

Je m'aperçois, ma belle cousine, que j'approche d'une des villes de ces contrées dont on vante le plus l'aménité de la situation. La Touraine est le jardin de la France, comme l'Italie est celui de l'Europe; aussi a-t-elle été justement surnommée le paradis de la France. C'est aux bords du Cher plutôt que sur ceux de Lignon, que Durfé, ce père de la pastorale française, eût dû placer les héros de son gothique et langoureux roman. Rien n'est frais, rien n'est riant comme les environs de la capitale de cette province, dans la saison où Cérès livre l'or de ses moissons aux mains du cultivateur, et c'est sous les plus heureux auspices de la plus abondante des récoltes que j'entre dans ses murs.

Turoni, civitas Turonorum, civitas Turonum, urbs Turonica, ou même *Cæsarodonum,* tels sont les noms différens que divers écrivains ont successivement donnés à Tours. Elle est située dans une plaine unie, vaste et fertile. Les antiquaires, qu'aujourd'hui on appelle plus convenablement archéologues, toujours prompts à rechercher des origines aussi invraisemblables qu'elles sont quelquefois ridicules, prétendent (et de ce nombre est Nicolas Gilet), que le nom de Tours vient de celui de *Turnus,* que l'on croirait d'abord être le héros opposé par Virgile à Énée; mais, selon cet écrivain lui-même, c'était un autre Turnus, neveu de Brutus, dont ne nous parle il est vrai ni Tite-Live ni aucun historien connu; de sorte qu'il faut, je crois, faire justice de cette fable archéologique par la plus opiniâtre incrédulité. Mais un fait certain est que Tours a porté autrefois le nom de Turone, témoin les monnaies du temps des Carlovingiens, et les premiers historiens de la monarchie française. Il vient d'un peuple de la Gaule, qui portait ce nom, et dont le territoire s'étendait depuis les limites du pays des Pictavi, leurs voisins, jusque sur les bords de la Loire.

Vous savez que, déjà du temps de César,

Tours, célèbre parmi les cités de l'Armorique, jouissait des priviléges attachés aux villes municipales, à l'égal d'Angers, qui était pour le Mans ce que Tours était pour la Touraine. Mais le colosse de l'empire romain s'écroula, sappé par le temps et rongé par la corruption, bien plus fatale, qu'il traîne toujours à sa suite. Les Visigoths passent comme un torrent dévastateur dans les Gaules, ayant l'un des deux Alaric à leur tête. Tours, aisément vaincue par ces barbares, fut soumise à leur puissance jusqu'à la mort de ce roi. Clovis réunit alors les membres épars de la confédération gauloise pour en former la monarchie française, et Tours est rendue à ses antiques destinées, lorsque la féodalité vint encore la séparer de ce royaume, sous Thibaud, surnommé le *Trichard*, comte de Blois, qui l'enleva aux souverains de la Neustrie, descendans de Charlemagne. Geoffroi Martel, comte d'Anjou, la lui ravit à son tour, et, comme héritage des Plantagenets, elle passa, sous Henri I et Henri III, à l'Angleterre. Enfin elle revint à perpétuité à la couronne de France, sous un de ses plus héroïques appuis, le vertueux Louis IX.

Il serait trop long sans doute de rapporter

ici la foule d'événemens mémorables dont Tours a été le théâtre. Un voyage ne saurait être une histoire ; mais je ne puis m'empêcher de vous rappeler ces temps si désastreux pour la monarchie française et si honteux pour son roi, où Charles VII, endormi par la volupté sur un trône qui tombait en poudre sous les efforts redoublés des Anglais, oubliait dans les bras d'Agnès Sorel à Chinon (1), son honneur, ses devoirs et ses sujets. C'est ici qu'il fut surnommé le roi de Tours, de la seule ville qui lui restait; et sans l'intrépide Jeanne, qui vint l'arracher à la plus fatale et la plus honteuse apathie, il perdait peut-être même cette ville, et avec elle tout son royaume.

Pendant la Ligue, Tours éprouva encore des malheurs aussi nombreux que funestes à son repos.

Cette ville fut considérablement augmentée par la réunion opérée dans le moyen âge, de Martinopolis, autrefois éloignée d'un quart de lieue de ses murs. L'histoire de cette agrégation est trop remarquable pour n'être pas brièvement rappelée ici. Elle fait voir que,

---

(1) Agnès Sorel naquit à Loches, près de Tours.

dans les temps où la société sembla se dissoudre par sa vétusté, la mollesse des mœurs et la présence des Barbares qui envahirent l'empire romain, et où la civilisation de l'occident et du midi de l'Europe s'anéantissait pour jamais peut-être sans la morale philantropique de l'Évangile, la religion bienfaisante a présidé à la formation et à l'agrandissement des villes, comme la nécessité les créa presque toutes aux temps primitifs du monde..

On sait que, d'abord, excellent soldat et meilleur prêtre ensuite, saint Martin, nommé évêque de Tours dans le quatrième siècle, fit construire une église célèbre (elle a été détruite de nos jours, et il n'en reste plus que deux tours), à laquelle les peuples donnèrent son nom en reconnaissance de ses vertus. Sa dépouille mortelle y fut déposée, et après sa mort, ce temple, devenu doublement fameux et par sa consécration, et par le tombeau qu'il renfermait, attira de toutes parts un grand nombre de fidèles. Les pélerins, au dixième siècle, y accouraient en foule en allant ou en revenant de la Palestine, ou de Saint-Jacques de Compostelle, lieux que l'on visitait avec tant de vénération et d'affluence, dans ces temps où la société, pour se retremper, semblait se revêtir de la simplicité de l'enfance. Une petite ville fut bâtie autour de l'église pour loger les adorateurs du culte triomphant. Une forteresse y fut jointe par Richard, roi d'Angleterre, ce qui, selon l'historien Froissard, causa une guerre sanglante entre ce monarque et Philippe-Auguste; et, dans le quatorzième siècle, on voit par des lettres-patentes données par le roi Jean, que cette ville, qui, comme nous l'avons dit, s'appelait Martinopolis, ne formait plus avec Tours qu'une seule et même cité. Voilà quelles sont les causes de l'agrandissement de la capitale de la Touraine.

Propre, riante, et l'on pourrait même dire belle, si l'on ne considère que sa principale rue bordée des deux côtés de maisons régulières et d'une architecture agréable, telle est maintenant cette ville, qu'embellissent encore sa cathédrale consacrée à saint Gratien, regardé comme l'apôtre de la Touraine; son magnifique pont, un des plus beaux de la France; ses beaux quais sur la Loire; la vaste avenue hors de la porte de Bordeaux, une de ses plus belles promenades.

Mais ce qui ne la rend pas moins intéressante à mes yeux, ce sont ses manufactures, qui en font une des villes les plus commerçantes de

France, et qui rivalisent avec celles de Lyon pour les tissus en soie, avec celles de Rouen pour les cotonnades; c'est aussi son trafic de comestibles et de fruits qui s'étend dans toute l'Europe; enfin, et surtout c'est la foule d'hommes illustres que cette province a produits, au nombre desquels figurent avantageusement (quoique leurs écrits soient loin d'être recommandables par leur morale) Rabelais, qu'on peut considérer comme le Diogène français, et Grécourt, qui en est sans contredit le Pétrone par ses poésies licencieuses. Il est remarquable que ces écrivains aient été tous les deux ecclésiastiques, l'un curé et l'autre abbé; c'est-à-dire de la profession qui, de toutes, exige le plus de décence et de mœurs.

Mais si la morale a droit de s'affliger d'avoir vu naître dans la Touraine deux hommes dont les écrits licencieux l'ont violemment outragée, elle montre par une heureuse compensation, avec orgueil, deux autres de ses concitoyens bien faits sans doute pour effacer ce tort par leurs vertus et leur génie. L'un est ce sage et pieux évêque auquel sa ferveur fit donner l'épiscopat, et ses talens le nom de *Père de l'Histoire* : il est en effet dans le moyen âge ce qu'Hérodote fut dans l'ancien, puisque les Gaules ne connaissent guère avant lui d'autre historien. Le second, aussi surprenant par la hardiesse de son génie que par la nouveauté de sa doctrine, est ce philosophe qui sut, par sa lumineuse métaphysique, jeter les fondemens de la bonne physique et de la saine morale, et établir l'existence de Dieu par l'une, et le règne d'une foule de vérités par l'autre. L'auteur de l'Application de l'algèbre à la géométrie, et par sa Dioptrique de la géométrie à la physique, l'immortel Descartes, n'est pas seulement l'honneur de la Touraine, il est la gloire de la France.

Si nous joignons aux grands hommes que cette belle province a produits, les femmes illustres qu'elle vit naître, nous mettrons au rang de ce que ce sexe eut de plus sensible, de plus délicat et de plus beau peut-être, cette jeune femme qui, devenue la maîtresse d'un des plus brillans monarques de la France, sut couvrir du voile de l'austère pudeur tous ses torts et toutes ses faiblesses, et donner par son repentir à ses fautes le pur et saint attrait de la vertu. Sincère et pieuse amante d'un roi aussi volage qu'elle lui fut fidèle, la sensible La Vallière ne put donner son cœur à d'autre qu'à

Dieu lui-même : elle lui consacra comme on le sait, dans un cloître, sous la haire et le cilice, une vie qui, si l'on en excepte les tendres faiblesses de l'amour, ne cessa d'être tout entière le partage de la bienfaisance et de la bonté (1).

Terminons notre récit sur Tours par quelques observations qui n'honorent pas moins cette ville que ses concitoyens.

Cette cité a vu depuis la paix sa population se doubler (2) par les Anglais, qui enchantés de sa beauté, de sa situation, de son climat, rival dans la plus belle saison, par son ciel, de celui de l'Italie, et dans tous les temps par sa fertilité, et sages appréciateurs de la facilité avec laquelle on s'y procure à peu de frais les

---

(1) Un écrivain, presque contemporain, l'abbé Baudeau, considéré comme un des chefs des économistes; et plus anciennement l'abbé Marolles, le maréchal Bucicault, l'historien Duchêne et le poëte Racan, dont nous avons déjà fait mention, et dont Boileau a dit :

Malherbe d'un héros peut vanter les exploits,
Racan chante Philis, les bergers et les bois,

naquirent tous en Touraine, ainsi que d'autres savans et littérateurs.

(2) On compte, dans la ville comme dans la province, plus de quarante mille Anglais.

commodités les plus douces à la vie, qu'on paie si cher aux bords de la Tamise, sont non-seulement venus y résider, mais s'y sont fixés en grande partie, et y ont acheté des propriétés rurales qui, cultivées avec l'art et les soins enseignés par les Young et les autres célèbres agronomes de l'Angleterre, augmentent et perfectionneront encore les produits agricoles d'une des provinces de France les plus opulentes en ce genre de richesses. Ainsi la paix, cette divinité bienfaisante, en réconciliant les nations entre elles, leur fait échanger leur savoir, leurs trésors, leurs plaisirs, et jusqu'à leur patrie. Loin d'animer les hommes les uns contre les autres, d'aigrir leur cœur comme leur esprit, et de semer parmi eux la défiance, la haine et la discorde, elle fait régner la tranquillité au lieu du désordre, la fécondité au lieu de la destruction, et le bonheur au lieu de la misère et du désespoir. Heureux quand les gouvernemens, touchés par ce tableau de la félicité humaine, s'efforcent de perpétuer, dans l'intérêt véritable des peuples, et sans nuire aux droits et à l'indépendance d'aucun d'eux, un état de choses qui honore autant la grande famille humaine qu'il la rend fortunée ! Ce sont les souhaits que forment sans doute tous les hommes qui, loin de se complaire dans un honteux et triste égoïsme, ne sont heureux eux-mêmes que par le spectacle consolant du bonheur de leurs semblables, que lorsqu'ils les voient délivrés de ce fléau de la guerre, qui démoralise, mutile et décime des générations entières.

Adieu, charmantes rives d'un des fleuves les plus bienfaisans! Adieu, riantes collines qui les embellissez de tous les bienfaits, de toutes les grâces de la nature! Je vous quitte; il ne m'est pas permis de suivre plus long-temps le cours des flots qui vous fertilisent, et vont majestueusement porter leur tribut à l'Océan; il me faut prendre une direction différente. Je vais parcourir d'autres pays, d'autres champs qui n'ont ni votre parure ni vos charmes; mais en abandonnant Tours, je jette un dernier de ces regards qui peignent les doux regrets de l'ame.

Je vous quitte aussi, ma chère cousine, mais vous ne tarderez pas à avoir de mes nouvelles.

LETTRE VII.

Le Poitou. — Richelieu.

Je poursuis ma route, ma chère cousine; et le pays que je parcours, m'offre, tant par le mouvement du sol et la variété des sites, que par sa fécondité et la richesse de ses moissons, un spectacle toujours intéressant. Je m'achemine vers une province qui, si elle est moins brillante que la Touraine, n'est pas moins célèbre; vers le Poitou, aux frontières duquel les chevaux des meilleures postes de France m'ont bientôt porté. C'est une contrée qui rappelle les souvenirs les plus importans de l'histoire.

Gouverné d'abord par ses comtes particuliers, dans les temps malheureux de la féodalité, Éléonore, l'opulente héritière d'Aquitaine, après avoir été répudiée par Louis VII, le porta en dot à l'Angleterre; et Henri II, son nouvel époux, devint par cette riche et double possession, souverain dans cette France, éternel objet d'envie et de rivalité pour Albion. Des guerres sanglantes furent le fruit de cette union si déplorable pour la France, jusqu'à l'époque où Philippe-Auguste, auquel ce nom a été donné, non pour rappeler des crimes heureux, des forfaits récompensés par la fortune, mais parce qu'il eut toutes les vertus d'un monarque et les brillantes qualités des héros, la conquit sur Jean-Sans-Terre, le plus abject et le plus cruel des tyrans. Ce roi la fit rentrer dans le sein maternel; mais cédée de nouveau, par le fatal traité de Bretigni (1), aux Anglais, ce fut le sage Charles V qui la réunit pour toujours à la couronne (2).

Une foule de beaux villages et plusieurs petites villes sont tour à tour l'objet de ma curiosité depuis que je suis entré dans cette province. Saint-Maur, dans lequel je passe rapidement, m'enchante par la vue pittoresque de son vieux château en ruines et l'aménité de ses campagnes. A peu de distance de ma route et du relais des Ormes, on me fait voir l'église de Fierbois, où l'intrépide Jeanne trouva, sur un autel, le fer glorieux avec lequel elle sut bientôt venger sa patrie.

---

(1) Passé en 1360.
(2) En 1371.

J'entre dans le fertile territoire arrosé par la jolie rivière de la Vienne ; et la belle terre des Ormes, patrimoine de la famille d'Argenson, féconde en hommes d'État et en hommes de lettres, m'offre le spectacle de l'opulence champêtre. Je vois avec la plus vive satisfaction que le château qui la décore, véritable maison de plaisance, a résisté aux divers assauts qu'ont livrés aux édifices de ce genre, pendant la révolution, le brigandage et la fureur, et que, jusqu'ici du moins, ces spéculateurs aussi actifs qu'avides, aussi intéressés que peu délicats, qui menacent de changer les campagnes en déserts, et les villes en tombeaux, où l'on ne verra plus un seul jardin, un seul brillant hôtel, ne l'ont ni acheté à vil prix, ni abattu.

Sans doute le luxe, surtout en architecture, n'est pas la source de la véritable prospérité des empires ; peut-être des maisons commodes, saines, aérées et nombreuses, sont-elles préférables à des palais élevés à grands frais, demeures exclusives de l'opulence. Mais détruire de toutes parts des édifices qui le plus souvent sont des monumens du génie et des arts qui les ont décorés et embellis, c'est une barbarie; et ces édifices en tombant semblent entraîner les arts mêmes dans leur ruine. Quant à moi, je fais des vœux pour qu'un des droits les plus inviolables, celui d'user et même d'abuser de la chose qui nous appartient, ne soit pas plus préjudiciable aux grandes qu'aux petites propriétés; pour que les mains de l'autorité sauvent, s'il est possible, de celles de l'égoïsme des monumens d'autant plus précieux que tous les jours ils deviennent plus rares dans les villes comme dans les champs; et enfin pour que l'on ne conserve pas moins aux uns leurs châteaux qu'aux autres leurs hôtels (1).

Le château de la terre des Ormes fut construit par Lemot, sur les dessins de Wailly. Je m'arrêtai en vain pour voir le magnifique parc qui en fait l'ornement, ses divers établissemens d'agriculture, et l'intérieur dans lequel est,

---

(1) Je crois que nos lecteurs entendent bien que nous voulons parler ici de cette *bande noire*, destructrice de tout ce qu'il y a de beau en monumens. Un des plus beaux hôtels de Paris, rue d'Artois, que j'habitais, vient d'être la victime de son avidité. Abattu jusqu'aux fondemens, son beau jardin a été arraché; et il va être remplacé par quatre maisons pour de simples particuliers, partagées en petits appartemens.

La destruction des hôtels, et surtout des jardins, doit nécessairement altérer la pureté et la salubrité de l'air d'une si grande et belle ville.

dit-on, une collection de tableaux représentant les batailles livrées pendant le ministère qu'occupa un des d'Argenson, lorsqu'il était chargé du porte-feuille de la guerre. Le maître de ce lieu étant absent, je ne pus en obtenir l'entrée : n'ayant donc pu admirer ces objets de l'art, me voilà de nouveau parcourant le plus beau des musées, celui de la nature.

Du lieu où je me trouve, on est peu éloigné de la jolie ville de Richelieu, fameuse par le nom d'un ministre qui maîtrisa son maître, et sut, plus puissant que lui, en servant son pays, l'accabler du poids du plus pesant despotisme; je voulais y aller saluer, non l'ombre de l'émule de Ximénès et du modèle des Pombal, mais celle d'un ami que la mort vient de me ravir, et qui, bien différent de son ancêtre, ne rentra dans sa patrie, d'où, comme tant d'autres, il avait été obligé de s'éloigner, que pour donner des preuves de son respect pour ses lois, comme il en avait toujours donné de sa fidélité à ses rois.

Retiré, comme vous savez, ma cousine, pendant la tourmente révolutionnaire, en Russie qui devint sa seconde patrie, le duc de Richelieu sut reconnaître ce bienfait par la sagesse de son administration dans trois considérables provinces, composées de plus d'un million d'habitans de diverses nations qu'il gouverna avec une sollicitude paternelle, et qui béniront à jamais sa mémoire, son équité et son noble désintéressement. Honoré de la juste confiance de mon auguste souverain, et de l'estime générale de la nation, il a laissé dans la Russie d'impérissables souvenirs. Il avait été élevé dans l'opulence; mais privé à la révolution d'une fortune immense, il ne sut jamais transiger avec l'honneur; fidèle à ses principes, il refusa les offres les plus brillantes, qui ne pouvaient s'allier avec sa noble façon de penser, et se résigna sans peine à ne vivre que de privations dans son modeste asile, éloigné de ses parens, des amis de son enfance. Tel était le caractère de cette ame noble et généreuse.

Je ne parle point des services qu'il rendit à la France depuis la restauration; ils sont trop récens pour être rappelés, trop importans pour être oubliés.

Je fus détourné de mon projet d'aller visiter ce lieu célèbre par sa magnificence, en apprenant que le château bâti par le cardinal, l'un des plus beaux de la France, moins heureux que celui des d'Argenson, avait été atteint par la hache des spéculateurs que je viens de signaler, plus impitoyables peut-être que la hache révolutionnaire qui l'avait épargné. Elle a changé en poussière les marbres, les bronzes, les lambris dorés de ce pompeux édifice. C'est un motif de plus pour me consoler de ne point aller saluer le berceau de l'illustre famille dont le dernier rejeton a relevé l'éclat par ses rares vertus et sa philantropie.

Repose en paix, ame généreuse! L'amitié a pour autel le cœur qu'échauffe son feu sacré; et sans aller dans un lieu qui porte ton nom chéri, je puis partout révérer ta mémoire.

LETTRE VIII.

Chatelleraut. — Poitiers.

Chatelleraut est la première ville, ma chère cousine, que je traverse en entrant dans le département de la Vienne. J'aurais vu qu'elle est manufacturière par ce qui se passe autour de moi, si je ne le savais déjà par la statistique de la France : à peine ma voiture est-elle arrêtée, qu'une foule d'ouvriers, de femmes, d'enfans, m'environnent, me pressent, et m'offrent à acheter divers objets de coutellerie qui sont à un prix si vil que l'on ne conçoit pas comment la main-d'œuvre seulement peut être payée : et cependant la coutellerie de cette ville est estimée.

Cette industrie n'est pas la seule du pays. On y trouve des manufactures de serge, d'étamines, de tannerie, qui ajoutent à l'aisance publique dans Châtelleraut, dont la population est de sept à huit mille ames seulement. Le pont que l'on passe sur la Vienne, est remarquable par sa solidité, la commodité et l'élégance de sa construction.

Châtelleraut a son vieux château, comme plusieurs des villes que je viens de parcourir. Son histoire locale, ou, ce qui est mieux, sa chronique, apprend qu'un seigneur du nom de Héraut le bâtit, ce qui donna à la ville construite par la suite des temps, le nom qu'elle porte, composé des mots *Castel* et *Héraut*: étymologie qui, comme on voit, est elle-même une sorte d'histoire des lieux, et qui dès-lors porte un caractère de vérité qu'il serait à souhaiter qu'on trouvât dans toutes les étymologies.

Enfin me voici, après avoir traversé divers beaux villages, tels que Nintré, Barre et la Fricherie, dans la capitale du Poitou, où Pierre Corneille fait naître le héros de la meilleure comédie qu'il ait faite; héros que je n'imite point dans ses contes à perte de vue, car ce que je vous écris dans ces lettres, est bien certainement ce que j'ai vu, étudié, ou ce qui m'a été rapporté.

Comme la plupart des villes d'Italie, Poitiers rappelle des souvenirs qui embrassent à la fois l'ancien et le moyen âge. *Limonum*,

Pictavi, ce furent là ses noms pendant le rôle important qu'elle joua dans la grande confédération des Gaules. Des restes de monumens celtiques remontant à la plus haute antiquité, ainsi que ceux d'un amphithéâtre bâti par les Romains pendant leur domination sur le pays le plus vaste et les peuples les plus belliqueux que César ait conquis, sont les traces encore existantes de son importance dans des siècles éloignés. Ammien Marcelin dit que les Pictons furent d'abord soumis par Crassus, qui, les ayant traités avec humanité, les rendit reconnaissans envers leurs vainqueurs; reconnaissance qui ne tarda pas à se manifester, et fut même poussée au-delà de ses bornes naturelles, tant les Gaulois furent de tout temps sensibles, et naturellement portés aux extrêmes. Les Pictons embrassèrent la querelle des Romains contre leurs propres compatriotes, les Gaulois; ils s'armèrent contre les *Andegavi*, et soutinrent un siége rigoureux dans leur capitale, siége entrepris par Dumnacus, chef ou roi de ces Andegavi (*Angevius*). Toujours fidèle aux Romains, Poitiers fut depuis compris avec son territoire, dans la seconde Aquitaine, par le faible Honorius. Elle ne tarda pas de devenir, avec les Gaules entières, la proie des Barbares, qui l'envahirent tour à tour, et surtout des Visigoths, dont elle devint la conquête à leur passage dans les Espagnes.

Clovis la rendit à ses anciennes et glorieuses destinées, lorsque, vainqueur, il tua de sa main Alaric, et rétablit, sous le nom de monarchie des Francs, l'empire si long-temps indépendant des Gaules.

Poitiers ne cessa d'être le théâtre des plus sanglans combats et des événemens les plus mémorables. A peine jouissait-elle de ses nouveaux honneurs, qu'une puissance formidable qui avait pour berceau l'Asie, l'Afrique pour empire, et qui prétendait asservir même l'Europe, couvrit l'Espagne de ses armées, et les précipita, ayant Abdérame à leur tête, sur la France, gouvernée alors par Charles Martel. C'est dans les champs de Poitiers que les Français s'opposèrent à ce torrent qui, reversé sur l'Europe, en eût changé peut-être la religion, et l'eût soumise à l'Islamisme. Les épais bataillons des Maures, brillans de tout ce que l'Asie avait alors de luxe, et la valeur d'éclatant, furent enfoncés et renversés par l'impétuosité française; et ces hommes qui, couverts de fer, en avaient dans l'ame toute la dureté, furent défaits par Charles, qui acquit dans cette bataille, une des plus sanglantes du moyen âge, le surnom de Martel, du massacre immense qu'il fit lui-même avec le marteau de sa hache d'arme, des ennemis du nom chrétien.

Plus tard, ces mêmes champs après avoir été témoins de tant de vaillance, le furent encore d'une bataille aussi désastreuse pour la France, que celle d'un héros avait été glorieuse.

C'est dans le village de Maupertuis, à deux lieues de Poitiers, que Jean, roi de France, atteignit le fameux prince Noir, commandant l'armée de son père Edouard III d'Angleterre, et lui livra un combat qui, malgré sa bravoure et celle des chevaliers français, lui devint tellement funeste qu'il fut fait prisonnier et conduit à Londres.

Enfin tour à tour le théâtre des efforts belliqueux des Romains, des Arabes, des Normands et des Anglais, les champs de Poitiers ont été arrosés par le sang des héros et des peuples; cette ville a eu successivement pour maîtres, depuis Clovis, les enfans amollis de Charlemagne, lorsque l'Aquitaine formait un royaume indépendant, les grands vassaux de la couronne, et les enfans de France auxquels elle fut donnée en apanage avec la province dont elle porte le nom.

Faisons trève, ma chère cousine, aux souvenirs, aux récits belliqueux : s'ils élèvent notre ame par le sentiment de la gloire, ils affectent péniblement notre sensibilité ; et le spectacle des nations se baignant dans le sang à la voix de leurs maîtres, est un des plus affligeans sans doute.

Poitiers ne brille pas seulement dans les annales de la guerre ; elle figure avec non moins d'avantage dans celles de la paix, et l'olivier y vit fleurir, sous son tutélaire ombrage, les sciences et les arts, ses fruits les plus précieux. La jurisprudence, si utile aux hommes, fit d'immenses progrès, et cette ville est à la France à cet égard ce que Bologne et Padoue sont à l'Italie. L'étude des lois n'y est pas moins ancienne qu'elle y fut toujours florissante.

Me permettrez-vous de vous raconter une anecdote qui, ridicule par les mœurs qu'elle rappelle, ne l'est pas moins par le contraste qu'elle offre avec celles de nos temps? Voici le fait tel qu'il est consigné dans l'histoire de la ville de Poitiers.

Parmi les nombreuses églises que cette ville possède, il en est une qui, fondée, dit-on, sous Constantin, avait un chapitre qui jouissait d'un des priviléges sans contredit le plus extraordinaire de ceux qu'avait usurpés le clergé pendant les temps d'ignorance. Ce chapitre avait le droit d'exercer exclusivement la justice souveraine dans la ville de Poitiers, depuis le lundi des Rogations, à l'issue des vêpres, jusqu'au mercredi à la même heure, et de délivrer des prisonniers. Un tel privilége avait eu pour cause un miracle opéré par la sainte Vierge (1), à laquelle l'église du chapitre était consacrée : touchée des prières du maire de Poitiers, auquel les clefs de la ville avaient été prises pendant qu'il dormait, elle était venue les lui rendre elle-même. On voit que les chanoines ne manquèrent pas de mettre à profit cette cir-

---

(1) On prétend que ce miracle eut lieu en 1206, lorsque les Anglais étaient devant Poitiers : ne pouvant s'en emparer de force, ils gagnèrent un clerc du maire, qui s'engagea à leur livrer une porte de la ville et qui, dans cette intention, alla, à quatre heures du matin, demander les clefs au maire, sous prétexte de faire sortir un officier qui devait aller rejoindre Philippe. Le magistrat, qui gardait ces clefs sous son chevet, ne les trouvant plus, soupçonna qu'elles lui avaient été volées, et courut appeler les citoyens aux armes, ce qui découvrit la trahison; il alla ensuite se prosterner devant les autels de la sainte Vierge, en invoquant son assistance pour retrouver ses clefs. C'est alors qu'elle lui apparut, et les lui présenta.

constance. Mais un gentilhomme détenu pour d'énormes dettes ayant été délivré comme tant d'autres par suite de ce droit, ses créanciers, qui se trouvaient spoliés par cet acte, ne balancèrent pas à porter leur cause devant les tribunaux, et d'abord au présidial. A cette époque plus rapprochée de notre temps, les juges plus hardis, grâces aux progrès des lumières, n'écoutèrent que le sentiment de leur devoir et la voix de l'équité, et condamnèrent le chapitre à payer la somme que devait le prisonnier. En vain celui-ci porta plainte au parlement de Paris. Le parlement faisant droit à la sentence qu'on voulait infirmer, ajouta l'amende et les dépens à la condamnation du chapitre, qui depuis ce moment vit *ipso facto* son droit aboli.

La cathédrale de Poitiers, gothique comme l'église de Notre-Dame dont nous venons de parler, n'a pas un portail à beaucoup près aussi grandiose, et sa hauteur est loin d'être proportionnée à son étendue. Fondée et dédiée à Saint-Marcel, elle fut détruite dans le onzième siècle, et rebâtie sous le règne de Henri II et de ses successeurs. Le vaisseau en est vaste et simple à la fois; il contenait des tombes qui, violées à la plus désastreuse des époques, ont été mutilées, et le riche trésor que possédait le temple disparut en même temps.

On ne voit plus sous ces sombres voûtes, qu'un bloc de marbre dont l'inscription est effacée, mais qui, mausolée autrefois, renfermait, dit-on, les dépouilles de la fille du consul Claudius Varenus.

Je parlerai succinctement de l'église de Saint-Jean, objet des interminables discussions des archéologues et des savans du pays. Les uns prétendent que c'était un temple romain, jadis consacré à Diane; les autres, le mausolée de la fille du consul que je viens de nommer; d'autres enfin, se fondant sur la forme de cette église, qui est celle d'une croix grecque, prétendent qu'elle a dû de tout temps être une église.

Mais de tous les temples de Poitiers, l'église que sainte Radegonde, fille de Bertaire, roi de Thuringe, fit élever, est celui qui rappelle les plus intéressans souvenirs. Captive, dès l'âge de huit ans, de Clotaire et de Thierri, assassins de son père, et devenue l'objet de l'amour de ces deux princes, Radegonde le fut aussi d'un différend qu'occasiona le partage du butin, dans lequel elle-même était comprise. On eut recours au sort pour le partage. Le sort fut favorable à Clotaire, et Radegonde devint son épouse à l'âge de quinze ans. Épouvantée, pour ainsi dire, de son bonheur, et honteuse de partager le lit du meurtrier de son père, Radegonde s'en consola en s'efforçant d'adoucir son ame sanguinaire, et de lui faire aimer la vertu comme elle l'aimait elle-même. Mais ses vertus et ses efforts furent également dédaignés d'un monarque qui, loin de chérir la femme éclairée et pieuse qu'il avait pour compagne, ne voulait que des concubines déréglées, et ne se plaisait (sa passion pour son épouse étant assouvie) que dans des amours adultères. Radegonde profita d'un dégoût qui honore ses mœurs, se retira dans la solitude d'un cloître à Poitiers, et consacra à Dieu des jours écoulés jusque-là dans le tumulte et la pompe des cours et des villes. Là, le savant Fortunat et le pieux Grégoire de Tours furent les seuls témoins d'une vie entièrement employée à d'utiles méditations, à de savans entretiens (car Radegonde était savante dans ce temps de la plus grossière ignorance), et à de bienfaisantes vertus. C'est dans le couvent de Sainte-Croix qu'elle fit bâtir, que cette princesse termina une vie couronnée après sa mort par les récompenses de la religion, qui l'a justement mise au rang des saintes.

Sa tombe se voit dans un crypte ou souterrain placé sous le sanctuaire de l'église. Nous ne parlerons pas des miracles qu'on lui attribue. Nous révérons, comme on le doit, ces saints prodiges, et renvoyons aux légendes ceux qui sont jaloux de les connaître.

Nous ne dirons qu'un mot de l'église de Saint-Hilaire, dont les comtes de Poitiers, et ensuite les rois de France, prenaient le titre d'abbés. On y voyait le mausolée de la reine Éléonore, dans lequel était déposé son cœur; le tombeau du célèbre évêque Gilbert de la Perée, l'émule et le contemporain de saint Bernard et d'Abeilard, et le berceau de saint Hilaire, que l'on prétendait avoir la vertu de guérir les fous et les insensés qu'on couchait dedans. Tous ces monumens ont été détruits pendant la révolution, et même les portes de bronze de l'église, qui n'y ont pas résisté.

Je vais maintenant vous rendre compte d'une foule de savans et d'écrivains recommandables qui ont eu Poitiers pour patrie; de ce nombre sont : saint Maxime, saint Paulin, saint Hilaire, le poëte Rutilius, Gilbert de la Perée et Pierre de Poitiers, que l'on regarde comme le fondateur de la Théologie scolastique; les Renaudot, les Rapin, les Bouchet, les Poplinière, les Racan, les Vietta, et tant d'autres encore, tous savans distingués qui ont reçu le jour dans cette ville ; outre ces hommes recommandables par leurs vertus comme par leurs talens, elle a produit encore des femmes illustres, et dans le nombre la veuve Scarron : si la France a des torts graves, de l'intolérance à lui reprocher, si elle l'accuse d'avoir endurci le cœur d'un grand roi au nom d'une religion qui fait un devoir, une loi de l'humanité, elle ne lui refusera pas du moins l'esprit le plus solide et le caractère le plus persévérant.

Je ne crois point devoir quitter Poitiers sans vous parler de plusieurs monumens qui fixent dans ses environs la curiosité des archéologues et des voyageurs.

Le premier de ces monumens est à un quart de lieue de cette ville. Il consiste en une pierre longue d'environ 18 pieds, large de 14, et de 3 d'épaisseur. Elle était soutenue jadis par cinq piliers de cinq pieds de hauteur; un seul la soutient aujourd'hui. Une foule de traditions pieuses et ridicules (1) environnent, comme

(1) Une de ces traditions rapporte que sainte Radegonde apporta cette pierre sur sa tête, et les piliers dans son tablier; que le diable qui la suivait ramassa le sixième, que la sainte laissa tomber.

tant d'autres, ce monument; mais il en est une qui, différente des autres, porte avec elle quelque caractère de vérité. On croit que ce monument est une ancienne pierre tumulaire des Pictes, ou qu'elle est le débris d'un antique et agreste mausolée, tel qu'on en trouve dans plusieurs des provinces de France, et entre autres dans le pays appelé autrefois Chartrin. C'est cette pierre que Rabelais a signalée lorsque, pour donner une idée de la force de Pantagruel, il dit que, revenant de la promenade, il la prit et la porta sous un de ses bras.

Le second monument est une espèce de temple qu'on voit à Montmorillon. Beaucoup plus important que les autres, il est d'une forme octogone, et on l'a pris long-temps pour un des temples de ces prêtres qui, sous le nom de Druides, ont été dans les Gaules ce que les Mages étaient dans la Perse et la Chaldée, et les Brames dans l'Inde; c'est-à-dire les conducteurs et les instituteurs des nations, jusqu'à ce que le gouvernement monarchique eut remplacé le théocratique, ou qu'il s'en forma un troisième dirigé par ces deux pouvoirs. Mais le savant Millin, en sa qualité d'archéologue depuis long-temps exercé dans une science qui se nourrit d'observations et de faits comparés entre eux, détruit une telle opinion, et prétend que, loin d'être un temple de Druides, ce monument est tout simplement une église dont l'architecture, selon lui, est du dixième ou onzième siècle, temps auquel elle aurait été construite. Ainsi les longues dissertations faites sur cet édifice par le savant Montfaucon, et après lui par don Martin dans son Traité sur la religion des Gaulois, et par M. Thibaudeau dans son Histoire de Poitiers, ainsi que par d'autres auteurs plus ou moins érudits, tombent en ruines sous le poids de l'assertion de Millin. En vain a-t-on allégué que ce monument a des figures sculptées que l'on croit avoir été faites par des artistes gaulois : M. Millin soutient qu'elles sont du même style que celles des sculptures barbares des neuvième et dixième siècles, et qu'elles représentent les mêmes emblèmes que l'on voit sur les portails d'une foule d'églises des mêmes temps.

Enfin le troisième monument est un carré d'environ 200 pieds, que l'on voit à Civaux, et qui sert de cimetière à ce village, situé sur la grande route de Poitiers à Limoges. Cet emplacement est couvert d'un grand nombre de cercueils de pierre, et entouré de couvercles de cercueils placés verticalement. Au milieu de l'un des murs formés par ces cercueils, est une chapelle qui aujourd'hui est sans toit.

M. Millin est de l'avis du père Rhouth, qui pense que ces tombeaux sont du temps des chrétiens, et qu'ils ont servi à la sépulture des anciens habitans du lieu. L'abbé Le Bœuf, qui, comme Montfaucon, lui oppose en vain une opinion toute différente, allègue que c'était jadis un lieu où l'on fabriquait des tombes, et se fonde à cet égard sur la figure d'un homme que l'on y voit sculpté tenant un marteau; cette figure lui paraît être celle du chef de l'atelier. Cette allégation est repoussée par cette seule observation que de pareilles figures se trouvent sur la plupart des tombes des premiers siècles du christianisme, où des artistes grossiers sculptaient ordinairement, avec la figure du défunt, les signes ou instrumens de sa profession, ainsi qu'on le fait encore, mais avec plus d'art, de nos jours.

Il y a encore à Voussailes, à cinq lieues de Poitiers, un cimetière absolument semblable.

Mais quelle que soit l'importance des découvertes archéologiques pour l'histoire et la critique, il est temps de laisser les lieux qui leur offrent un tel aliment. Quant à moi, ma bonne cousine, je les abandonne pour continuer mon voyage, semé à chaque pas de souvenirs. Les monumens de l'enfance des arts sont comme un livre immense dont on ne peut, dans le rapide cours de la vie, lire que quelques pages, dans lesquelles nous voyons que, comme l'homme lui-même, les sociétés périssent, et, en se renouvelant, renouvellent les sciences et les arts, qui conservent, dans les premiers signes qu'ils donnent de leur nouvelle existence, l'empreinte de l'esprit ignorant et grossier de ces sociétés. C'est ainsi que ces produits du génie humain sont d'abord obscurs, imparfaits; mais ils préparent aux savans des siècles à venir de longs travaux pour parvenir à les interpréter ; et cependant sont souvent les seules annales qui ont résisté à l'action du temps ou des efforts que l'homme fait pour les détruire, et suppléent ainsi à l'histoire qui s'est tue faute de lumières suffisantes et de moyens pour l'écrire. Tout doit donc être précieusement recueilli, observé, dans les ruines de l'architecture et de la sculpture; elles sont, nous le répétons, les annales supplétives de l'humanité.

Il nous reste encore quelques mots à dire sur la ville de Poitiers. Elle est irrégulière, mal bâtie; et ses rues sont étroites, tortueuses et sales. C'est une des plus grandes villes de la France, par l'espace qu'elle contient, couvert de jardins, de vergers et même de terres labourables. Aussi ne contient-elle pas plus de 22,000 habitans. Avant la révolution, elle renfermait un grand nombre de couvens et de maisons religieuses; une partie a été détruite, et l'autre sert à différens établissemens et manufactures. Il n'y a pas un seul édifice public, pas un seul monument d'architecture que l'on puisse citer, ou qui donne de l'éclat à la ville. Ce qu'il y a de plus beau à Poitiers, est sa promenade publique, une des plus agréables de la France.

LETTRE IX.

Départ de Poitiers. — ANGOULÊME.

J'avoue, ma chère cousine, que je laisse Poitiers avec moins de regret que je n'en ai éprouvé à quitter les villes belles et riantes qui la précèdent. Cette cité, tant par sa grandeur que par sa solitude et sa tristesse, rappelle plusieurs de celles d'Italie, où, malgré leur beauté, et les monumens qu'elles renferment, l'herbe croît dans plusieurs rues (1).

Je suspends un moment mon départ pour aller voir le champ de bataille, déplorable témoin de la défaite du roi Jean, et de la gloire de ce prince de Galles qui, sous le nom singulier de prince Noir, nom qu'il tirait de la

---

(1) Tous ceux qui connaissent l'Italie ne contesteront pas cette vérité. Telles sont Ravenne, Pavie et diverses autres villes, dont plusieurs des quartiers ne sont que de vastes et mélancoliques solitudes. On sait que la population est loin d'être, dans cette péninsule, ce qu'elle était jadis et ce qu'elle pourrait être.

couleur de ses armes, cachait l'ame d'un héros de l'antiquité et la haute vaillance des preux. Comme si des héros naissaient toujours dans des temps où d'autres héros peuvent leur être opposés, Édouard trouva un rival dans Duguesclin, de tous les chevaliers français peut-être le plus brave.

Malgré les traces de sang qui semblent souiller encore ce champ de bataille après des siècles, je ne sais quel sentiment d'admiration saisit l'ame à son aspect. On dirait que les ombres des héros qui l'illustrèrent, planent invisibles autour de nous, et nous commandent le tribut d'hommages qui leur est dû. Et cependant un amas d'ossemens humains, voilà quels sont les trophées des guerriers. Les larmes des familles, la misère des peuples, voilà quel est le plus souvent le prix de leurs brillans exploits! O gloire! si la nature ne réparait tes sanglans excès de ses mains bienfaisantes, au lieu de ces graminées qui dorent aujourd'hui ces champs jadis couverts de cadavres, au lieu de ces abondantes moissons qui vont alimenter les générations qui ont succédé à celles que détruisit la guerre, je ne verrais partout que les traces fumantes qu'impriment tes pas sur la terre.

J'ai repris la route qui doit me conduire à ma destination, et franchi déjà plusieurs postes, toutes très-bien servies. Arrivant à celle de Maison-Blanche, je n'y trouve point le nombre de postillons nécessaires pour mes équipages. J'en demande au maître de poste, qui me dit d'être tranquille, et que lui-même va m'en servir. Je regarde cet homme, et je vois s'unir au langage le plus honnête une figure distinguée. J'accepte son offre, on attèle les chevaux, et nous partons. Je suis mené avec la rapidité de l'éclair à la poste voisine. Là j'aborde mon obligeant conducteur, lui témoigne les doutes que je formais sur sa véritable profession, et lui demande s'il avait toujours fait le même métier. Il me répond avec émotion que ce métier n'a jamais été le sien ; qu'il fut pendant vingt ans officier et capitaine de cavalerie, employé à la défense de son pays, et que couvert de blessures honorables, et rentré dans ses foyers à la paix, sans fortune, et chargé d'une nombreuse famille, il consacre désormais à sa vieille mère, à sa femme et à ses enfans, des forces naguère consacrées à sa patrie. Je me rappelle alors le champ de bataille que je venais de parcourir, et à tous les torts que je reprochais à la gloire, j'ajoutai celui de laisser, le plus souvent, sans récompense et sans appui, ceux qui se sont dévoués à son culte. J'ai serré vivement la main de ce brave vétéran; je l'ai vu ému, et je crois même avoir aperçu quelques larmes dans ses yeux; mais soudain il me quitte, s'élance sur son cheval, et part pour retourner à sa profession qu'il rend si honorable.

Ruffec est le nom de la petite ville où se trouve la poste que je quitte. Elle est entourée de forges qui contribuent par les plus utiles produits de l'industrie à l'aisance de ses habitans, dont le nombre ne s'élève pas à plus de 2,000, et située sur un ruisseau qui abonde en excellentes truites. C'est après avoir franchi son territoire fertile, que j'arrive dans la capitale célèbre de l'Angoumois.

Si les situations élevées des villes sont loin d'être propices, comme celles des plaines, au commerce, et aux rapports faciles et commodes des habitans, il faut convenir que leur aspect flatte, intéresse bien plus le voyageur, qui trouve toujours une grande variété de tableaux dans un sol accidenté, dans ses anfractuosités et ses mouvemens. Tel est le site agreste et pittoresque à la fois d'Angoulême, bâtie depuis les temps les plus reculés sur une montagne hérissée de rochers au bas desquels coule la Charente.

Angoulême s'appelait *Jealisna* sous les Celtes, les pères des Gaulois, et *Engolisma*, *Eccolisma*, *Civitas Eccolismensium*, sous ces derniers, d'où est venu le nom qu'elle porte aujourd'hui.

Ausone, meilleur poëte qu'il ne fut historien, est un des écrivains de la fin de l'ancien âge, qui le premier nous parle de cette ville. On dit même qu'il en fut évêque; mais c'est dans Bordeaux que, selon Trithème, il fut revêtu de cette dignité, bien opposée à celle de consul, que lui donna Gratien dont il avait été le précepteur.

Le faible Honorius céda Angoulême aux Goths (1) lorsqu'il aurait pu, s'il avait eu l'énergie de ses ancêtres, la conserver. Après la domination des barbares, elle passa sous celle des petits souverains, non moins funeste pour elle, qui pendant la féodalité exercèrent tous les abus, et prirent le nom de comtes d'Angoulême. Elle a eu jusqu'à dix-neuf de ces suzerains, dont quatorze étaient issus de la race chevaleresque des Taillefer, et cinq de celle

---

(1) En 839.

qui, dans l'île de Chypre, sut s'élever au rang des rois, sous le nom de Lusignan. Le comte Turpion est le premier qui, sous Louis-le-Débonnaire, commença cette série de tyranneaux qui formaient avec leurs voisins la vaste chaîne féodale sous laquelle gémissait la France entière. Après avoir été réunie à la couronne, elle fut cédée aux Anglais, qui en devinrent maîtres par la victoire d'Édouard dans les champs de Poitiers; mais ses habitans, indignés de passer sous le joug de l'étranger, chassèrent ses soldats de leurs murs. Une telle conduite eut pour récompense, sous le règne du sage Charles V, l'honneur de devenir l'apanage des fils de France, honneur que cette ville possède encore aujourd'hui; mais dans des temps plus rapprochés de nous que ceux des Valois, qui les premiers prirent le titre de ducs d'Angoulême, cette cité, toujours fidèle à ses rois, souffrit, pendant les dissensions religieuses qui armèrent les Français contre les Français, toute l'horreur des guerres civiles; et l'amiral Coligni, quelque grand homme qu'il ait été, eut à se reprocher d'avoir laissé, à la suite de la prise de cette ville, ses soldats s'y livrer impunément aux plus sanglans abus de la victoire. La cathédrale fut détruite par ces furieux, et n'a été rebâtie que dans le siècle dernier.

Angoulême n'est pas seulement agréablement située, elle est bien construite. Ses rues sont propres, ses maisons sont bien bâties, la promenade qui borde ses remparts offre un horizon des plus vastes par son étendue, et l'on peut dire des plus magiques par le tableau qu'il présente, dans un beau jour, de campagnes aussi riantes qu'elles sont fertiles, aussi belles qu'elles sont bien cultivées, où se trouvent en abondance les fruits que la main de l'industrie transforme ensuite en une liqueur connue et recherchée dans toute l'Europe, sous le nom d'*eau-de-vie de Cognac* : Cognac est une petite ville peu distante d'Angoulême, et qui partage avec elle le bénéfice d'un commerce aussi lucratif. Outre une foule de distilleries et diverses manufactures, Angoulême possède une fonderie de canons, des forges importantes, des usines de tout genre ; et l'on compte jusqu'à vingt moulins à papeterie. Sa population s'élève à peu près à 15,000 habitans. Sa salle de spectacle est des plus agréables ; et sa bibliothèque, à la fois riche de bons livres et de quelques manuscrits, en fait, avec une société d'agriculture des mieux composées, un séjour où s'unit l'aisance au savoir et le plaisir à l'instruction. Il serait à souhaiter qu'il en fût ainsi de toutes les villes de l'Europe. Angoulême est renommée par la bonne chère qu'on y fait; et ses jardins produisent des fruits exquis et des légumes parfaits.

L'aïeule de Henri IV, la mère de l'immortelle Jeanne d'Albret, si célèbre elle-même par son esprit, ses écrits et ses grâces, naquit dans Angoulême, ainsi que le poëte Gelaïs, nommé par des écrivains aussi prodigues d'éloges que d'autres le sont de critique et de blâme, l'Ovide français. C'est peu : cette ville est encore le berceau de Balzac, qui l'un des premiers signala, par la pureté et l'élégance de son style, l'aurore du grand siècle de Louis; heureux si cet écrivain eût dégagé son style de l'affectation et des antithèses qu'on trouve à chaque page dans ses écrits. Mais une action qui n'honore pas moins le cœur de Balzac que ses talens et son esprit, c'est le legs qu'il fit en mourant aux hospices de sa patrie (1).

Nous avons, en parcourant la féconde et belle Touraine, témoigné notre étonnement qu'elle n'ait pas, surtout de nos jours, produit

---

(1) *Voyez* l'Histoire d'Angoulême.

des émules de Théocrite et de Virgile. Les coteaux qui la décorent inspirent, à chacun de leurs aspects, des idylles; et ils en eussent inspiré au cygne des bords de l'Aréthuse comme à celui des rives du Mincio. Nous ne ferons pas, en le quittant, les mêmes reproches à l'Angoumois, quoique le poëte qu'il a vu naître soit aussi loin de Théocrite et de Virgile, que Pradon l'est de Racine, et que Roucher l'est de Delille; mais nous rendrons au rocailleux et gothique Ronsard la part d'éloges que sa muse grotesque mais féconde, son génie bizarre mais élevé, lui méritent. Ses églogues, peu dignes du charmant pays où il est né, sont privées de ce naturel qui font le charme du genre, et sont ampoulées comme ses hymnes et ses odes. Il ne lui était pas permis dès-lors de dire comme Virgile : *Engolisma me genuit.* Mais, plus tard, peut-être, et quand la langue française fut enfin fixée, il eût mieux chanté les champêtres attraits de sa patrie. Il est des écrivains qui, d'abord indociles aux lois inviolables du bon goût, ne savent pas s'en frayer eux-mêmes les sentiers; mais qui, dès que l'exemple et l'autorité leur en ont indiqué les traces, savent alors les reconnaître et les suivre. Ronsard eut du génie, mais il fut privé de ce dont le génie a voulu se faire un allié inséparable, du goût.

Les environs d'Angoulême sont plus remarquables que cette ville elle-même, par une de ces merveilles de la nature, digne de fixer l'attention des savans et des amis des arts. Ils offrent aux premiers d'immenses cavités creusées par la nature dans des rochers qui bordent le lit de deux rivières, et dans lesquelles sont des stalactites et d'autres produits géologiques; aux seconds des grottes pittoresques, des voûtes hardies et sombres, et des avenues prolongées dans des souterrains qui, se succédant les unes aux autres, rappellent les fameux labyrinthes d'Egypte et de Crête, et font penser que ces derniers monumens ont eu pour modèle la nature : et, en effet, elle sera toujours le premier type des monumens bâtis par la main des hommes. Aux lueurs des flambeaux, ces demeures souterraines brillent tout-à-coup des couleurs du prisme, et se changent en lambris magnifiques. Ici une source d'eau chaude réchauffe ce palais souterrain, et là une rivière se précipite avec fracas sur ses combles, malgré l'obstacle que lui présente une digue qui s'y oppose. Ce bruit effrayant des flots ajoute aux brillantes illusions de la vue : aussi les grottes de Rancogne, les plus vastes de ces souterrains, et les gouffres qui sont sur les bords du Bandia, n'intéressent pas moins que les grottes et les gouffres que l'on voit sous la fameuse cascade de Terni.

Indépendamment de ces intéressans phénomènes de la nature, il est un autre lieu qui, entièrement du domaine de l'histoire, appelle le voyageur aux environs d'Angoulême; mais loin de lui offrir de brillans souvenirs, il ne lui en rappelle que d'affligeans, on peut dire même d'ignominieux : je veux parler de la plaine où l'un des plus intrépides défenseurs du calvinisme, héros lui-même, et sorti d'une famille de héros, succomba sous les coups d'un assassin. Jarnac est, comme on sait, le nom de cette plaine où Louis de Bourbon, prince de Condé, fut lâchement tué après avoir été fait prisonnier par Montesquiou.

Un monument funéraire, qui signalait au voyageur l'endroit où était tombé le héros, a été détruit, ainsi que le château qui en était peu éloigné, et dont on ne voit plus que les ruines. Les arbres même qui protégeaient de leur ombre solitaire ce triste lieu, ont été abattus et déracinés pour en effacer le souvenir. Ni le monument, ni le château n'ont été

relevés, ni les arbres n'ont été replantés; et pourtant les souvenirs qu'ils rappelaient n'ont pu être effacés et ne seront jamais oubliés, malgré les vains efforts des hommes.

De tels souvenirs sont loin d'inspirer le plaisir et la gaieté. Rien n'est moins propre sans doute à nous réjouir que l'histoire des forfaits, quand surtout un grand homme en fut victime.

Remonté dans ma voiture, une foule de réflexions tristes m'y suivirent; mais je ne tardai pas à les voir disparaître à l'aspect des plus riantes et des plus fertiles prairies, entrecoupées de vallons et de coteaux, riches de bois et de vignobles. Toujours le spectacle de la nature nous console de celui qu'offrent les passions et les fureurs des hommes.

Je ne tardai pas d'arriver dans la petite ville de Barbezieux, bâtie en amphithéâtre sur une colline, et partageant avec Angoulême, qui en est éloignée de dix lieues, les agrémens d'une situation aussi saine qu'elle est jolie. Cette ville est fort ancienne; jadis elle s'appelait *Barbesil*. Dans les malheureux temps de la féodalité, les comtes de Barbezieux firent souvent, avec l'assistance des comtes de Cognac, la guerre aux seigneurs d'Angoulême. Successivement cette terre a passé dans l'illustre maison de La Rochefoucauld. Je n'y vois plus le château qui l'embellissait de ses tours et de ses pavillons, construit pendant le règne de François Ier, et qui donnait sans doute au paysage un aspect plus romantique que celui qu'il étale à mes yeux.

Plusieurs édifices, employés à des manufactures d'une toile justement estimée par la force et la durée de son tissu, m'en offrent un moins agréable, mais plus intéressant sous d'autres rapports. Ce qui fait fleurir le commerce et répand l'aisance et le contentement dans les campagnes comme dans les villes, vaut encore mieux que ce qui embellit un paysage.

Placée sur la grande route qui conduit en Espagne; riche par le sol qui l'environne et l'industrie de ses habitans, Barbezieux, comme on le voit, jouit d'avantages précieux quand le commerce entre cette puissance et la France n'éprouve ni les interruptions que causent des épidémies fatales, ni celles de la guerre, qui ne le sont pas moins.

Mais le pays que je traverse après avoir quitté Barbezieux est loin de m'offrir l'image de la fécondité : c'est un département dont le nom seul annonce l'indigence, mais que l'industrie laborieuse cherche à rendre autant que possible à la fertilité. On voit que je veux parler du département des Landes, où j'entre après le relais de Chiersac.

On ne sent jamais mieux la puissance des contrastes qu'offrent les diverses influences et les divers effets que produit la nature, qu'en voyageant, parce que c'est là que leur succession est à la fois plus rapide et plus fréquente. Je viens de voir cette éternelle et brillante fée parée, comme dans un jour de fête, de ses plus aimables atours, et je la trouve ici triste, mélancolique et rêveuse; les sujets qu'elle me présente sont d'un coloris pâle et monotone. Des sables arides, d'infécondes bruyères, des forêts solitaires, sont ici toutes les richesses de la nature; mais la main ingénieuse de la nécessité, la volonté puissante du besoin, le génie de l'homme, en un mot, font d'une terre marâtre une mère bienfaisante envers ceux de ses enfans qui la cultivent. Sur ces sables en apparence infertiles croissent le seigle et le millet, et s'élèvent des forges et des usines. Au milieu de ces monotones bruyères, on voit de rustiques fabriques; et ces pins résineux séparés des forêts dont ils augmentaient l'obscurité, changés en planches ou en mâts, voyagent sur les mers pour y chercher les biens refusés aux lieux qui les ont vu naître. C'est ainsi que l'homme sait suppléer à la nature lorsqu'il est guidé par le besoin, le travail et les vertus.

Nous nous retrouverons encore une fois dans ce pays inculte, je dirai presque demi-sauvage. C'est alors que je parlerai plus en détail de ce qui le concerne, et que je vous entretiendrai aussi, ma cousine, des mœurs et des habitudes du peuple qui est condamné à exister dans ces tristes lieux.

LETTRE X.

Bordeaux. — Ses Monumens, etc.

Je compare le plaisir qu'on éprouve en revoyant un pays fécond, lorsqu'on vient d'en parcourir un que la nature a frappé de stérilité, au retour d'un beau jour après la tempête, et du printemps après l'hiver.

Après avoir traversé cette partie des Landes qui conduit à Bordeaux, je vis bientôt reparaître les traces d'une fécondité, la plus riche dont s'applaudisse la France. En entrant sur un des plus beaux domaines de ce dieu qui soumet le monde à son empire, de ce commerce tout puissant, qui appelle, réunit, transporte les productions de plusieurs contrées, je reconnais tous les bienfaits de la civilisation, unis à ceux de la nature. L'industrie éclate de toutes parts; l'activité, la vie qu'elle répand, se communiquent à tout ce qu'on voit, à tout ce qu'on entend. Déjà les routes sont aussi fréquentées qu'elles étaient solitaires : partout des voitures, des cavaliers, des piétons allant, venant, ou retournant sur leurs pas. Les hôtelleries, les maisons de campagne, d'opulens villages, et la plus riche culture m'annoncent l'approche d'une grande ville. Les denrées qu'on y porte, les marchandises qu'elle envoie au loin et qui sortent de ses fabriques, de ses ateliers, se croisent sur des chars aussi grands que pesans, et arrêtent plus d'une fois mes voitures.

Le temps nous était très-favorable, nous passâmes facilement la Dordogne près de Cubzaac, sur un bac qui ne pouvait contenir plus d'une voiture. Plus tard nous parlerons encore de ce fleuve et de ses phénomènes.

Depuis les rives de la Dordogne, il n'y a guère plus d'une petite heure jusqu'à la Bastide ; mais avant d'y parvenir, nous eûmes une assez forte descente à faire.

Ce qui signale le plus l'existence d'une grande ville, est sans contredit la présence d'un fleuve navigable, qui s'unissant aux mers y porte et en reçoit en retour les richesses du commerce. Déjà j'aperçois les eaux d'un de ces fleuves bienfaisans couvertes de navires ; je vois s'unir aux pointes des mâts les aiguilles des clochers, les dômes des temples, les sommités d'un vaste amas d'élégans édifices, et bientôt je découvre devant moi, majestueusement assise aux bords des flots, et s'y dessinant sous la forme d'un immense croissant, la seconde des villes de la France.

S'il est un spectacle flatteur et consolant pour l'homme, c'est celui qu'offre l'aspect d'une ville opulente, qui ne doit ses richesses qu'au travail, à l'activité, aux vertus de ses citoyens, et que favorise une situation propice. Telles ont été toutes les villes qui ont brillé le plus dans l'antiquité et dans notre âge, et qui toutes furent le berceau d'Etats célèbres. Bordeaux est à la France ce qu'est Londres à l'Angleterre, Amsterdam à la Hollande, Gênes à l'Italie, Cadix à l'Espagne; ce que fut Venise (1) jadis à sa république. Quoique Bordeaux ait dû renoncer à la plus brillante part de sa prospérité, par la perte de la plus belle des colonies françaises, telle est cependant

---

(1) Venise en perdant son indépendance, et ayant passé des mains des vaincus dans celles des vainqueurs, a perdu en même temps son opulence et son commerce. On n'y voit plus que les tristes débris de son antique grandeur et de sa richesse.

l'influence de sa situation, du génie de ses habitans, et des richesses d'un sol inépuisable, que sa prospérité n'a point tardé à renaître.

Pour aller de la Bastide à Bordeaux, je traverse un pont qui est un des plus beaux et des plus solides de la France : édifice vraiment monumental ; c'est par lui que les eaux rapides, larges et profondes de la Garonne sont enfin domptées, et reçoivent la loi que, dans un siècle éminemment éclairé, le génie des sciences impose à la nature dont il modifie à son gré les effets les plus puissans. Ce pont long-temps projeté, toujours différé, et dont l'exécution jusqu'à ce jour n'avait cessé de présenter une foule d'obstacles jugés insurmontables, sert déjà d'ornement à la cité, et lui ouvre une communication aussi facile que durable : monument en quelque sorte triomphal, élevé au Commerce et à la Paix dans une ville dont ces deux divinités sont le génie tutélaire, il ne peut qu'en augmenter la prospérité. Il n'est en effet dans une cité de commerce aucun édifice, je ne dis pas plus utile, mais plus nécessaire à la fortune de ses citoyens (1).

---

(1) Le pont de Bordeaux est construit en maçonnerie

Bordeaux justifie, dès qu'on la voit, la réputation de beauté dont elle jouit, et sa célébrité, dès qu'on entre dans son enceinte. Des hô-

---

de brique et de pierre de taille; et telle est la solidité de sa construction, qu'avant de commencer les voûtes, chaque pile a été soumise à l'épreuve d'un chargement de près de 4,000 kilogrammes. Ce pont est composé de 17 arches, qui reposent sur 16 piliers et deux culées en pierre. Au-dessus des arches, règne une corniche à modillons d'un style sévère.

La longueur de ce pont est de 486 mètres 68 centimètres; sa largeur est de 14 mètres 86 centimètres. Il n'y a qu'un seul pont en France, celui de la Guillotière sur le Rhône, qui soit plus long, car il a 570 mètres de longueur, mais seulement 7 mètres 60 centimètres de largeur; le célèbre pont de Waterloo à Londres n'a que 377 mètres de longueur sur 12 mètres 80 centimètres de largeur.

Ce pont est encore remarquable par la profondeur des eaux à l'endroit où il est bâti, par leur rapidité, et surtout par la mobilité du lit de la rivière; c'étaient les véritables difficultés qui ont mis à l'épreuve le talent du constructeur. Les dégradations qui peuvent être occasionnées par les pluies, sont prévenues par une disposition ingénieuse, et dont aucun édifice n'offre de modèle.

Cette masse de voûtes en apparence lourde, est allégée par une multitude de galeries semblables à des salles de cloîtres, qui sont en communication entre elles d'une extrémité du pont à l'autre. On pourra donc en tels magnifiques, des quais immenses, de belles rues et de belles places publiques, et surtout le port le plus sûr et le plus grand qu'ait aucune

---

tout temps explorer l'état des arches sous la chaussée, et il sera facile de les réparer sans jamais interrompre la circulation des voitures.

Il existe même sous chaque trottoir garni de parapets, une galerie continue en forme d'aqueduc, par laquelle on pourrait amener les eaux de la rive droite et les distribuer dans la ville.

La Garonne a une profondeur générale de 6, 7 et de 10 mètres ; deux fois par jour le flux et le reflux gonflent ses eaux jusqu'à 4, 5 et 6 mètres de hauteur, et ses courans dans l'un et l'autre sens ont souvent une vitesse de plus de 3 mètres par seconde. Cette rivière coule sur un fond de sable et de vase difficiles à déplacer, et qui se rassemblent sous la forme de bancs en différens points de son cours, suivant le régime des eaux.

Un pavé général à pierres libres recouvre le lit de la rivière dans tous les cheneaux des arches. Ces enrochemens, enveloppés et agglutinés par la vase qui se rassemble dans leurs interstices, forment une couche impénétrable à l'action corrosive des eaux, et assurent la durée du pont.

Les travaux de ce pont furent commencés en 1810, mais suspendus pendant la guerre. A la restauration du Roi, on ne comptait encore que 6 piliers. Depuis son retour, les travaux furent repris avec une grande activité, et dès le 29 septembre de l'année 1821, le passage en a été ouvert au public, quoiqu'il ne fût pas encore enville commerçante en France: voilà quels sont ses droits pour intéresser vivement le voyageur.

Parmi les divers quais qui en font l'ornement par leur grandeur, et qui lui sont d'une si grande utilité, on remarque celui des Chartrons, qui, placé sur le port, est devenu pour ainsi dire l'entrepôt des marchandises qui arrivent par la mer, le fleuve ou la terre, dans la ville : ces marchandises consistent surtout

---

tièrement achevé. Un emprunt de deux millions, pour sa confection, fut sanctionné par une loi du 10 avril 1818.

La création de la compagnie du pont de Bordeaux, mérite d'être remarquée. C'est la première transaction soumise aux Chambres qui ait eu pour objet un monument d'utilité publique. Elle est entrée en jouissance le 30 septembre 1821, du péage qui lui est concédé pour 99 ans.

La dépense totale, au 1er octobre 1821, s'élevait seulement à la somme de six millions et demi de francs.

Quand on proposa au maréchal de Richelieu, qui était gouverneur de la Guyenne, d'attacher son nom à l'établissement d'un pont de pierre à Bordeaux, en lui disant qu'il aurait la gloire de poser la première pierre de l'édifice : « J'aimerais mieux, répondit-il, en voir poser la
» dernière ».

M. de Richelieu n'ignorait pas que le génie de Tourny s'était arrêté devant la pensée d'un tel édifice, et ce fut la cause qui lui fit craindre de s'engager dans une entreprise aussi hardie.

en vins, principal négoce de Bordeaux. En outre, les maisons qui bordent ce quai sont en grande partie autant de commodes et vastes magasins, auxquels on a donné le nom de *Chaix*, mot local qui signifie le lieu de vente de ce précieux liquide.

C'est là qu'on le mélange, le coupe et le combine de diverses manières, selon les climats qu'il doit parcourir, les pays où il doit être expédié et le goût des acheteurs. La quantité de blancs d'œufs employés pour le collage de ces vins est incalculable. Les eaux-de-vie et les vinaigres n'ont pas moins de débit.

Mais n'anticipons point sur ces détails, dont je vous parlerai plus tard.

Après le port de Bordeaux, qui sans contredit est avec le pont ce qu'on y doit le plus admirer, nous examinerons ses nombreuses églises, bien qu'elles soient loin de rivaliser par leur beauté avec ces ouvrages de l'art et du génie, que l'on voit en vingt autres villes; ni même de répondre, quoique grandes et spacieuses, à l'étendue et la beauté de la cité où elles ont été élevées.

La cathédrale, la première par son ancienneté comme par son titre, date, dit-on, du neuvième siècle; mais détruite depuis par les

Normands, le peuple le plus dévastateur du moyen âge, et qui à la fois conquérant et pirate, a été pour la France ce que les Maures, sous le nom de Sarrasins, ont été pour la Sicile et l'Italie; elle fut reconstruite d'abord par les soins d'un pape, et ensuite par les Anglais, qui l'achevèrent dans le treizième siècle, lorsqu'ils possédaient la Guyenne. Le vaisseau en est vaste, les voûtes hardies; mais les ornemens intérieurs et extérieurs de ce temple, bien que gothiques, n'offrent point la délicatesse et le fini recherché et précieux qu'avaient, à cette époque, l'architecture et la sculpture de ce genre. Une tour construite dans le quinzième siècle, et séparée de cet édifice, lui sert de clocher. Auprès de la cathédrale est le palais de l'archevêché, qui ne mérite l'attention, comme l'église elle-même, que par son étendue.

Si celle de Saint-Severin, que je visite ensuite, n'est pas plus remarquable que la précédente, par son architecture, elle l'est par ses sculptures et le cloître qui est de sa dépendance. Des sarcophages, reconnus pour avoir été construits dès les premiers siècles du christianisme, attestent l'ancienneté de cet édifice; et des colonnes torses, qui environnent la dernière demeure des fidèles qui y sont ensevelis, grossières par leur forme, et surchargées d'ornemens, rappellent ces temps où la sculpture antique, frappée d'un principe de décadence aussi rapide que déplorable, périt avec le polythéisme.

La tombe du saint protecteur du temple est sous le grand autel, et l'histoire de sa pieuse vie est sculptée d'un ciseau plus informe encore. Non loin de là, sous le chœur, est un autre cercueil; c'est celui de saint Faure. Le peuple pieux, mais peu éclairé, et qui, malgré les temps où nous sommes arrivés, est toujours fidèle aux vieilles habitudes, fait tourner neuf fois les enfans autour de ce tombeau, afin d'obtenir pour eux la puissante protection du Saint dont il honore les reliques. Le cloître de ce temple n'est point d'une construction contemporaine : on voit par une chapelle latérale qu'il est d'une époque du moyen âge, plus rapprochée des temps modernes.

L'église de Saint-Paul, qui, dans la série de cette sorte de monumens, vient après la précédente, n'est remarquable que parce qu'elle était autrefois aux jésuites, et qu'elle possède une statue de saint François-Xavier en extase, qui, bien qu'elle ne soit point un chef-d'œuvre, n'est toutefois pas sans quelque mérite. Un grand crucifix orne encore cette église; mais comme il est enveloppé d'une tunique de brocart depuis le cou jusqu'aux pieds (1), je ne puis voir les formes du corps. A en juger par l'expression de la figure, on ne doit pas regretter que le reste soit voilé.

L'église abbatiale de Sainte-Croix passe pour être la plus ancienne de Bordeaux, car on fait remonter l'époque de sa fondation à la moitié du septième siècle, sous le règne du second Clovis. Les Sarrasins détruisirent le monastère; mais Charlemagne le fit reconstruire.

Les Normands, leurs dignes émules, le détruisirent de nouveau; mais le duc de Guyenne, Geoffroi, réparant ce second désastre, le fit rétablir dans le commencement du onzième siècle, après l'avoir enrichi de plusieurs riches dons.

On a cru long-temps que la façade de cette église était la même que celle d'un ancien temple romain; mais l'érudit Millin, qui, dans

---

(1) C'est un usage généralement adopté dans toutes les églises de Bordeaux. Dans la Provence et dans le pays de Nice, on donne des caleçons aux statues du Christ; ici on les couvre de tuniques plus ou moins riches.

son ouvrage sur le midi de la France, a discuté une foule de questions archéologiques, et résolu plus d'un problème en ce genre, qui s'étaient élevés entre les savans nationaux et étrangers, a démontré que l'architecture de cette façade est évidemment d'un style anglo-saxon qui ne remonte pas au-delà du onzième siècle, et que l'on n'a pu errer à ce sujet, que faute de tact et de lumières. Il suffit en effet de voir cette façade pour partager l'avis du Mazzochi français.

On voyait autrefois dans cette église un bas-relief qui, d'après Venuti, représentait la victoire de Pépin sur Jean Waifre, duc d'Aquitaine, et, selon d'autres, l'entrée triomphante de Charlemagne dans Bordeaux, après qu'il eut vaincu Harold, autre duc d'Aquitaine; mais la révolution a détruit un monument qui, s'il n'était précieux sous le rapport des arts, l'était beaucoup pour l'histoire.

On pourrait comparer cette église à ces anciens temples de Neptune qui, placés sur les rivages des mers, étaient invoqués par les matelots, afin que leur navigation fût propice. En effet il y a dans l'intérieur une chapelle consacrée à la Vierge, qui est remplie d'ex-voto présentés en offrande par les marins qui partaient de Bordeaux, ou par ceux qui revenaient après de longs ou heureux voyages. L'homme est toujours le même dans tous les temps et dans tous les lieux. Si son adresse et son intelligence le rendent supérieur à tous les êtres créés, la faiblesse n'est pas moins son partage : ne pouvant concevoir l'Être suprême, il ne sait que l'implorer dans les grands périls ; il tente de l'intéresser à sa conservation, il le prie sans cesse pour son bonheur.

Le temple de Saint-Michel date du treizième siècle, et fut construit pendant la domination des Anglais. Il est remarquable surtout par son clocher, qui servait à la fois, par son élévation, de beffroi pour avertir le peuple pendant les guerres civiles ; et par sa solidité, de forteresse pour les garantir. Des balles empreintes sur sa surface attestent qu'il brava souvent la foudre qu'ont inventée les hommes : celle du ciel tomba aussi plus d'une fois sur sa flèche ; et c'est pour éviter ce désastre, que son faîte fut changé en terrasse, avant la découverte aussi surprenante que philantropique que l'humanité doit à l'immortel Franklin.

C'est dans le caveau de cette tour que s'offre aux yeux un spectacle qui, si l'on n'était sûr qu'on voyage dans un pays remarquable par la délicatesse des mœurs; ferait croire que l'on se trouve dans une de ces parties de l'Amérique septentrionale, où la civilisation n'a pas encore pénétré. Vous jugerez comme moi combien ce spectacle a droit d'étonner et d'affecter péniblement l'ame de celui qui le contemple. A peine suis-je entré dans cette enceinte obscure, que j'aperçois, à la lueur des torches qui m'éclairent, une foule de cadavres qui, arrachés de leur sépulture pendant les temps les plus malheureux et les plus sanglans de la révolution, ont été placés debout comme des fantômes nocturnes autour de leurs tombeaux. Leurs chairs sont fraiches encore; on dirait qu'on vient à peine de les soustraire à leur dernier asile; ils sont tellement reconnaissables, qu'on me dit leurs noms, ceux de leurs familles, de leurs parens. On m'assura en même temps que le phénomène de la longue conservation de ces corps provient des caveaux dans lesquels ils étaient ensevelis, lesquels ont la propriété de conserver indéfiniment les chairs privées de vie. Le privilége accordé à ce sol n'est pas cependant sans exception, car je foule à mes pieds des ossemens dont une partie est déjà réduite en poussière, et je sors encore désagréablement ému par tout ce que je viens de voir. On contemplait jadis en Egypte, d'après le rapport d'Hérodote, dans les tombes des rois, des rangs épais de morts religieusement conservés dans ces monumens, et qui, comme leurs monumens mêmes, semblaient survivre à une multitude de siècles écoulés; mais ils étaient vêtus, ils étaient embellis même par les arts auxquels on devait leur conservation. Il n'en est pas de même des cadavres qu'une triste vénalité livre aux regards des curieux sous les voûtes de cette tour, et dont le nombre s'élève à soixante-huit. Faire des vœux pour que ces restes inanimés soient restitués aux froides demeures qui les réclament, aux tombeaux dont ils ont été si outrageusement tirés, n'est sans doute que prévenir le zèle de l'autorité, attentive à éloigner des yeux des citoyens et des étrangers ce qui, loin de les intéresser, ne peut que les blesser, et causer même aux enfans et aux femmes timides des émotions qui peuvent avoir de dangereuses conséquences.

Mais si mes regards ont été péniblement affectés par le spectacle de tombeaux violés, de la mort sans aucun voile et dans la plus effrayante nudité, combien ne suis-je pas dédommagé par celui que m'offre ce champ funèbre embelli par le printemps, qui orne pour ainsi dire les sombres demeures du trépas, de la riante parure de la vie. Le jardin des Chartreux, changé comme celui du Père-La-Chaise à Paris, en un vaste cimetière, déploie ici des tableaux touchans et philosophiques. Réunir sous le beau ciel du midi, entourés de toutes les pompes de la végétation, et dans les murs d'une cité opulente, ces cercueils aussi élégamment construits qu'ils sont pittoresquement placés, ces tombes d'une forme aussi simple que touchante, voilà une de ces institutions qui non-seulement attire sur ses fondateurs les regards reconnaissans de la patrie, mais ceux du voyageur et de la postérité. Oui, rien n'est plus sage, plus consolant, nous le répétons, que d'environner des couleurs mobiles de l'existence, les restes immobiles de l'être qui a cessé d'exister. C'est au moins rappeler que si le temps rompt des anneaux dans la chaîne des êtres, cette lacune affreuse est bientôt réparée; que c'est pour les renouveler sans cesse, que sans cesse il les détruit. Un tel spectacle, ainsi que les anciens l'avaient judicieusement senti, fait passer avec moins d'effroi les limites de cette vie, et franchir le seuil de la vie à venir; il rend plus douce la transition de l'existence au trépas. En foulant le sol parsemé de verdure, ombragé et orné d'arbustes odorans, on croit, comme le pieux et sensible Helvétien, respirer dans une fleur l'ame de celui dont elle recèle la dépouille mortelle. En parcourant les rangs de ces tombeaux paisibles, s'ils m'invitent au recueillement et à la mélancolie, du moins ne brisent-ils pas mon cœur par le tableau repoussant d'une terre couverte d'ossemens auxquels se mêle une herbe solitaire et sauvage, où rampe le reptile, et sur laquelle plane le vautour. Il me semble, entourés qu'ils sont des plus flatteurs objets, et visités par ce qu'ils eurent de plus cher, que tous ces morts, satisfaits de leur demeure et de leurs hôtes passagers, se lèvent, et, debout sur leurs tombes, me sourient, me saluent et me rendent les vœux que je fais pour leur repos. Non, dussent s'en effaroucher quelques austères et nouveaux jansénistes, la religion se nourrit, comme la bonté dont elle découle, moins de funèbres que d'aimables et de touchantes images, moins de sombres que de rians et pieux souvenirs.

Je quitte avec regret ce lieu de mélancolie et non de tristesse; c'est dire assez combien la nature et les arts ont à l'envi su l'embellir. Je ne ferai qu'un reproche aux pieux fondateurs. Pourquoi, là où la mort a nivelé toutes les opinions, tous les cultes, comme elle nivelle les rangs, le pouvoir et la fortune, ont-ils séparé des autres les tombes des morts qui pendant leur vie ont cru devoir adorer Dieu selon leur éducation, leurs lumières et leur conscience? C'est un trait d'intolérance que l'on n'a point à reprocher aux autorités de Paris. Dans la capitale, le lieu célèbre, consacré aux sépultures, et que l'on pourrait comparer au *Céramique* d'Athènes (1), n'est pas moins visité et admiré par les voyageurs de toutes les sectes, que par le catholique reconnaissant et sensible.

Si le cimetière des Chartreux offre un spectacle si consolant, l'église des Feuillans ne lui présente pas un monument moins touchant dans la tombe d'un des hommes que la France s'honore le plus d'avoir vu naître : je veux parler de Montaigne. Avant de nous occuper de son mausolée, rappelons ses derniers momens qui semblèrent déposer contre le scepticisme religieux dont il fit profession pendant sa vie.

---

(1) Quoique le Céramique d'Athènes ne fût pas spécialement consacré aux sépultures, il contenait cependant un grand nombre de tombeaux de personnages célèbres, et surtout de guerriers.

Attaqué d'une esquinancie mortelle, qui fut suivie d'une paralysie de la langue, Montaigne se vit privé, pendant trois jours avant que d'expirer, de cet organe si nécessaire dans ces cruelles heures où, quittant la terre, on dit adieu à tout ce qui nous fut cher, et où l'on se complaît à témoigner à ses amis, à ses parens, sa reconnaissance et sa tendresse. Le philosophe conservant, malgré cette perte, toute la vigueur de ses facultés intellectuelles, crut devoir y suppléer par son plus éloquent interprète : il demanda par écrit à sa femme qu'elle fît venir ceux de ses voisins qu'il aimait le plus, afin de prendre congé d'eux pour un voyage sans retour. Lorsque sa volonté fut accomplie, et que, réunis auprès de lui, ses amis entouraient son lit de mort, il écrivit qu'il désirait qu'une messe fût dite à son dernier moment, afin sans doute que le plus grand et le plus saint des mystères accompagnât cet autre mystère du changement d'une vie laborieuse pour une vie moins pénible peut-être. Son nouveau désir satisfait, le prêtre commence l'office sacré, et c'est au moment où il élève vers les cieux l'hostie sainte, que Montaigne expire, les mains jointes et les yeux fixés vers le lieu où sans doute sa belle ame va résider.

C'est dans cette attitude que l'on voit ici ce philosophe reproduit par le ciseau d'un artiste. Étendu sur sa tombe, il est vêtu d'une cotte de maille; son casque et ses brassards sont à sa droite : c'était sans doute pour rappeler son origine noble et les usages d'un siècle dont il augmenta les lumières encore bornées. Un livre est à ses pieds. Ce monument, détruit pendant la révolution, a été rétabli par les soins d'un de ses parens; mais nous avons lieu de nous étonner que le mausolée de l'immortel auteur des Essais, au lieu d'attributs très-déplacés, ne soit pas orné d'emblèmes qui rappellent ses vertus, ses talens et son génie. Ce tort toutefois est en quelque sorte réparé par l'inscription qu'on lit sur ce cercueil, et que je me plais à vous rapporter.

« A Michel Montaigne, Périgourdin (1), fils de Pierre, petit-fils de Grimond Remond, chevalier de Saint-Michel, citoyen romain, né à Bordeaux, ex-maire, homme né pour la gloire de la nature ; dont la douceur des mœurs, la finesse d'esprit, la facilité d'élocution et la justesse de jugement ont été regardées comme au-dessus de la condition humaine, qui a eu pour amis les rois les plus illustres, les plus grands seigneurs de la France,

---

(1) Il parle de son origine périgourdine dans sa vie que l'on trouve éparse en divers chapitres de ses *Essais*.

et même les chefs du parti égaré, quoique lui-même fût d'une moindre condition ; observateur religieux des lois et de la religion de ses pères, auxquels il ne fit jamais aucune offense ; qui jouit de la faveur populaire, sans flatterie et sans injure ; de sorte qu'ayant fait toujours profession, dans ses discours et dans ses écrits, d'une sagesse fortifiée contre toutes les attaques de la douleur, après avoir, aux portes du trépas, lutté long-temps avec courage contre les attaques ennemies d'une maladie implacable ; enfin, égalant ses écrits par ses actions, il a fait, avec la grâce de Dieu, une belle pause à une belle vie » (1).

Vis-à-vis de cette inscription latine en est une autre en grec, dont nous croyons devoir aussi donner la traduction :

« Qui que tu sois, qui regardes ce tombeau et qui demandes mon nom, (en disant) est-il mort, Montaigne? cesse d'être surpris. La substance du corps, l'illustration de la naissance, la richesse, l'autorité, la puissance, ne

---

(1) Cette épitaphe, dont on ne voit ici qu'une faible traduction, fut placée sur son tombeau par sa femme, Françoise de la Chassaigne, comme on le voit par les mots qui la terminent : *Francisca Chassanea, ad luctuum perpetuum heu relicta, marito dulcissimo univira unijugo et bene merenti mœrens*, *P. C.* Au reste, ceux qui voudront lire entières les épitaphes, tant latines que grecques, de son tombeau, les trouveront à la suite de sa Vie, dans la dernière édition qu'on vient de donner de ses Essais. Paris, Chasseriau, 1820; T. 1, p. 13.

sont pas des choses qui nous appartiennent : ce sont seulement des jouets périssables de la fortune. Être divin, descendu du ciel sur la terre des Celtes, non pas que je sois le huitième sage des Grecs, ni le troisième des Ausoniens, mais je puis être comparé à tous par la profondeur de la sagesse et les talens de l'élocution, moi qui ai su allier à la doctrine qui respecte le Christ, le doute pyrrhonien. La jalousie s'était emparée de la Grèce et de l'Ausonie ; pour terminer cette terrible querelle, j'ai été reprendre mon rang parmi les immortels où est ma patrie. »

Plein de souvenirs d'un homme qui fut si éminemment utile aux lettres, dont il fut un des premiers restaurateurs ; à la France, dont il signala, l'un des premiers encore, l'énergie et la beauté de l'idiome ; à la philosophie, dont il rappelle la plus grave des études, celle de l'homme, je ne me contentai pas de voir le séjour qu'habite Montaigne après sa mort, je voulus voir celui qu'il habita pendant sa vie. Je me fis conduire, au sortir du temple où il repose, dans une rue où l'on me dit qu'était sa maison, mais je ne trouvai, au lieu de ses foyers domestiques, que de misérables débris, témoins tristes et muets de la demeure d'un grand homme.

Il est surprenant que Bordeaux, à l'exemple d'autres villes fières de rappeler la naissance de leurs illustres concitoyens, n'ait pas donné à la rue que le philosophe habita le nom de *Montaigne*, et qu'aucun monument, aucune inscription ne rappelle en effet aux étrangers comme à ses concitoyens, un lieu rendu par lui à jamais célèbre.

Quoique Bordeaux ait été l'une des cités les plus considérables des Gaules sous les Romains, il n'y reste que de faibles vestiges de leur puissance, que des traces à peine reconnaissables de ces monumens hardis et durables qu'ils se plaisaient à construire dans tous les lieux où ils portèrent leurs victorieuses armes. Telles sont les ruines d'un amphithéâtre que des archéologues opiniâtres se sont efforcés de vouloir faire passer pour le palais que l'empereur Gallien fit, dit-on, bâtir dans cette ville ; mais d'autres savans, et surtout Millin, ont victorieusement réfuté cette opinion : voilà tout ce que le voyageur trouve dans ce genre de monumens. Un nombre assez considérable de murs, d'arcades imposantes, et une porte d'entrée, signalent encore la grandeur de l'édifice. L'arène avait deux cent vingt-six pieds dans sa plus grande étendue, et comme elle formait une ellipse, cent soixante-six dans sa plus petite. Quinze portiques y conduisaient ; quatre galeries circulaires, construites les unes sur les autres, s'élevaient autour, ayant chacune un ordre différent d'architecture. Cet édifice n'a pas seulement été livré, sans qu'on ait songé à le réparer, à l'influence délétère du temps, cet agent déjà si terrible; mais le temps a eu malheureusement pour auxiliaire la cupidité, qui n'est pas moins destructive en certaines circonstances. Mis en vente comme propriété nationale pendant la révolution, et divisé par petits lots, ce monument a été livré à de nouveaux propriétaires, qui en ont couvert toute l'enceinte par de misérables habitations, des maisons mesquines : l'ouvrage des arts a disparu, ainsi que le noble aspect qu'offraient d'antiques ruines. Enfin, n'étant réprimée par aucune autorité éclairée et conservatrice, la cupidité n'a pas craint d'employer pour construire toutes ces ignobles demeures, les propres matériaux du monument qu'elle a défiguré et dégradé sans retour.

Mais si Bordeaux ne peut plus offrir aux regards du voyageur le noble spectacle de son amphithéâtre, elle peut lui présenter avec un juste orgueil son théâtre moderne, un des plus beaux sans contredit de la France. Architecture, situation, beautés extérieures et intérieures, cet édifice réunit tous les avantages; et de même que tous les théâtres de province, il est consacré à plus d'une muse. S'il est peu fréquenté dans la belle saison, pendant l'hiver il dédommage les heureux Bordelais de l'absence de ces beaux jours, qui, sous leur ciel, rappellent, par leur éclat, ceux de l'Italie.

Après le théâtre, cette ville possède encore, comme dignes d'être remarqués, le Palais-Royal, celui de la Préfecture, celui de la Mairie, la Bourse, la Douane et plusieurs hôtels particuliers. Mais ce dont Bordeaux doit surtout s'enorgueillir, c'est de ses promenades. Il n'en est point de plus belles en France.

Ce luxe, tout-à-fait populaire, des promenades se fait remarquer, dans toute la France, avec non moins de satisfaction que de surprise par l'étranger. Il n'est point de ville, si petite qu'elle soit, qui n'ait la sienne, et qui même n'en compte plusieurs. Lieu de rendez-vous aux jours de fête, c'est là que, si la critique, la médisance s'exercent plus d'une fois sur la mode, et la tournure plus ou moins singulière de quelques promeneurs, on goûte aussi le plaisir si naturel de se voir, de se parler, de se réunir. L'épais ombrage d'arbres touffus y garantit dans l'été des ardeurs du soleil, en procurant en même temps une fraîcheur salutaire; et dans l'hiver on vient y chercher les rayons vivifians de l'astre qu'on y fuyait dans les beaux jours. On doit donc considérer les promenades des villes comme de véritables lieux d'assemblée de la grande famille : elles ne sont nulle part plus fréquentées qu'à Bordeaux, et ne méritent plus de l'être, par la richesse de la végétation, la commodité d'un terrain soigneusement entretenu et facile à parcourir. Tout y invite, tout y appelle. Les allées de Tourny sont surtout les plus jolies promenades de cette ville.

La grande place qui vient d'être formée par la démolition du château Trompette, si connu dans les fastes de l'histoire de Bordeaux, et dont les nouvelles avenues aboutissent d'un côté au jardin public, et de l'autre aux bords de la Garonne, offre dans ses parties latérales une série de belles maisons qui ne sont pas encore toutes entièrement terminées, et dans sa perspective, par sa situation élevée, la rive opposée du fleuve, parsemée de collines que couvrent les plus charmantes habitations, et qu'ombragent une foule de bosquets en fleurs dans la belle saison : c'est un des paysages les plus frais et les plus pittoresques que l'on puisse contempler.

Je ne dirai qu'un mot du château de Haa. Quoique moins important que le château Trompette, mais bâti comme lui sous le règne de Charles VII, il n'est pas moins connu dans l'histoire de Bordeaux, dans ses guerres et surtout dans ses troubles. Ce château n'est pas éloigné de l'archevêché, et près de l'emplacement de l'Ormée, lieu célèbre, comme nous le verrons plus tard, par les désordres qui eurent lieu pendant la minorité de Louis XIV. Sa forme est un carré long, qui était flanqué de tours rondes, dont quelques-unes existent encore, mais les bastions ont été démolis.

Je ne quitterai pas Bordeaux sans vous parler de son Académie, qui fut fondée dans le dix-septième siècle, et illustrée tant par les recherches savantes que par les travaux utiles d'un grand nombre de ses membres. Victime des fureurs révolutionnaires, elle fut détruite; mais elle a été rétablie par les soins de deux citoyens connus par leur zèle pour les progrès des lumières (1). Le premier fit le double sa-

---

(1) On doit nommer de tels hommes ainsi que ceux qui les imitent : ce sont MM. Rodrigues et Goethal.

crifice de son temps et d'une partie de sa fortune pour parvenir à ce but; et l'autre joignit à ses efforts le don des instrumens et des objets d'histoire naturelle nécessaires pour former un cabinet de physique. Ils voulurent fonder en même temps une sorte d'Athénée, qui aurait eu des cours en tout genre; mais, sous ce rapport, leur louable dessein n'a pu se réaliser : on s'est borné à former un salon de lecture.

Des monumens de l'antiquité, tels qu'inscriptions, bas-reliefs, des tombes, des statues presque toutes mutilées et découvertes en grande partie à Bordeaux, ornent le vestibule de ce lieu.

Parmi les monumens de cette collection, on remarque deux sarcophages qui fixent, par la beauté de leur forme et de leur sculpture, l'attention des amis de cet art. Ils ont été trouvés dans l'église de Saint-Médard d'Égron. Dessinés par M. Lacour fils, ils ont été décrits par son père, et sont dignement loués par le savant Millin.

L'hôtel qu'occupe l'Académie, lui fut généreusement donné par un conseiller du parlement, nommé Lebel, qui ajouta à ce don celui de sa bibliothèque.

Depuis le rétablissement de l'Académie, un

autre bienfaiteur, le chevalier Journu-Aubert, vient d'augmenter ses richesses, en lui léguant un fort beau cabinet d'histoire naturelle.

Avant de quitter ce sanctuaire consacré au culte des sciences et des arts, je salue avec une profonde vénération le buste d'un homme qui fut à la législation, à la jurisprudence, ces premières sciences de l'ordre social, ce que Bacon fut pour les connaissances humaines en général, et Newton en particulier pour la physique. Le nom de Montesquieu retentit dans les siècles, et l'impérissable Traité de l'Esprit des Lois, surpassant la durée du marbre et de l'airain, sera dans les annales de la politique ce que l'Iliade et l'Énéide sont dans celles de la poésie.

Je ne parlerai point d'Ausone, dont j'ai déjà parlé ailleurs, mais il augmente encore le nombre des illustres citoyens d'une ville qui, n'eût-elle produit que Montesquieu ou Montaigne, eût acquitté, on ne peut plus honorablement, son tribut au génie; tribut le plus précieux de tous, puisque c'est par lui que les peuples s'éclairent, et que ceux qui les conduisent apprennent à les rendre heureux, surtout à ne point les opprimer; tribut sacré dont on peut comparer les effets sur les nations à la lumière vivifiante du soleil sur la nature.

On compte encore parmi les hommes célèbres à qui la ville de Bordeaux a donné le jour : *Du Haillan*, historien, *Lebel*, le grammairien, et le P. *Lecomte*, auteur de plusieurs Mémoires sur la Chine, très-estimés; mais surtout je ne dois point omettre Saint-Paulin, surnommé Métropius-Pontius-Anicius, et sorti d'une famille consulaire. Il fut élève d'Ausone pour le savoir, et le surpassa pour les vertus. Consul à son tour, et devenu l'époux d'une illustre Espagnole, nommée Thérasie, à laquelle il donna le nom de Tanaquille, par le rapport qu'il trouvait entre elle et cette illustre Romaine, tous deux quittèrent Rome et ses grandeurs pour les douceurs d'une paisible retraite dans les environs de Barcelone. C'est de là que le clergé de cette ville crut devoir appeler Paulin aux fonctions si laborieuses alors de la prêtrise; mais Paulin voulait sans doute un théâtre plus éclatant pour le zèle dont il était animé, et, malgré les maux qui ravageaient l'Italie, il vint dans Nola en Campanie, fonder une de ces communautés de moines aussi utiles alors qu'elles l'ont été peu depuis. Le peuple, édifié par ses travaux, ses bienfaits et ses vertus, lui fit conférer l'épiscopat dans un temps où le courage, les lumières et le crédit de Paulin lui étaient le plus nécessaires. Les Goths prirent Nola, et rien ne surpassa l'énergie et la charité que le saint évêque déploya pour garantir son troupeau des coups de ces barbares. Opulent, il épuisa sa fortune à racheter les captifs ; puissant, il protégea les faibles et consola les malheureux.

Saint-Paulin n'eut pas seulement de grandes vertus, il eut encore de grands talens, et ne craignit pas de cultiver les lettres. En remplissant les devoirs de l'épiscopat, il voulut aussi remplir ceux de citoyen, et s'efforça, par ses écrits, de repousser les ténèbres de la barbarie. Il composa des Dialogues et des Lettres que saint Augustin ne se lassait pas de lire. La force et la douceur de ses pensées, la beauté du style y brillent à l'envi, et elles ont dû dès-lors influer sur le genre d'esprit si éclatant et si varié de ce dernier. Enfin il composa des poésies non moins pures que sa prose est correcte : vivacité, noblesse, onction, telles sont les qualités qui distinguent les écrits d'un homme auquel l'Église a donné le nom de saint, et qui le mérita d'autant plus, qu'il fut toujours bienfaisant et jamais persécuteur.

J'aurais dû vous parler aussi de ces magistrats célèbres qui, dans Bordeaux, ont signalé leur vie par une grande probité, et par la noble énergie qu'ils surent déployer dans des circonstances aussi dangereuses que difficiles; quelques-uns même scellèrent de leur sang leur noble dévouement. J'espère vous en faire connaître plusieurs dans le récit historique que je vais vous donner de la ville de Bordeaux.

LETTRE XI.

Châteaux de Breda et de Montaigne. — Talence, Phare, etc. — Phénomène de la Dordogne.

Le château de Breda, situé à trois lieues de Bordeaux, est le lieu où l'auteur de l'Esprit des Lois naquit. On ne peut se dispenser d'aller saluer le berceau à jamais célèbre d'un homme dont chacune des pages de ses immortels écrits est dictée par la raison, le savoir, et dont le génie fut toujours échauffé de l'amour le plus vif et le plus éclairé de l'humanité. On voit avec plaisir que ce château n'a point passé dans des mains étrangères, et qu'il appartient encore à la famille du grand homme.

Un autre pélerinage non moins intéressant est d'aller visiter la maison que Montaigne a habitée dans la commune de Saint-Martin-de-Montaigne. C'est là que cet homme illustre était né et qu'il a terminé sa belle vie. Je crois vous faire plaisir en transcrivant la description qu'a faite de ce lieu si intéressant, Bernadau dans ses *Antiquités Bordelaises* (1).

« Il habitait ordinairement un pavillon qui est à l'angle droit de la basse-cour, et qui communique au corps de logis par une terrasse. Les chevrons du plancher de la chambre sont couverts de traits de la Bible, de sentences grecques et de vers d'Ovide. Au milieu de cet assemblage, qui peint le génie du philosophe qui l'a formé, on voit à fresque sur la muraille le portrait d'Éléonore, fille unique de Montaigne, et un tableau de Vénus surprise avec Mars et Vulcain : au-dessous est une inscription tirée des Proverbes de Salomon. On montre encore le lit où il est mort, quelques tablettes où étaient ses livres, et la table où il a écrit ses Essais. »

Si j'éprouve un regret, c'est celui de ne pouvoir aller saluer Talence, lieu où reposa, la veille de la sanglante bataille de Coutras, le grand, le brave, mais surtout le bon Henri : (c'est par ce dernier nom qu'il est plus connu que par les deux autres, aussi justement mérités); mais je m'en console dans le flatteur espoir que je verrai bientôt les lieux qui l'ont

---

(1) *Voyez* la page 245.

vu naître, et qui m'offriront encore de plus touchans souvenirs.

Je contemple avec la plus vive satisfaction la tour connue sous le nom de Cordouan, établissement aussi utile que monumental, et qui date du seizième siècle. Ce phare mérite par sa solidité, comme par les services dont il est à la navigation des côtes de l'Océan, de rivaliser avec les plus célèbres monumens antiques.

Louis XIV, en le faisant rétablir (1), y imprima la magnificence et la hardiesse qui accompagnaient toutes ses entreprises, sans que ces deux auxiliaires nuisissent en rien à sa solidité.

Je vois aussi cette mécanique immense qui, située sur la rive gauche de la Garonne, coûta huit millions à une compagnie de capitalistes, et qui par l'habileté et les efforts des ingénieurs pour recueillir une grande masse d'eau, fait mouvoir vingt-quatre meules de moulin à la fois; mais le produit de cette grande machine ne peut malheureusement encore dédommager ces entrepreneurs de leurs dépenses énormes.

Enfin, je ne cesse d'admirer dans le vaste

---

(1) En 1665.

port de Bordeaux le mouvement, l'activité, la vie que tout y annonce, que rien n'y comprime; cette immense population qui s'y meut, s'y agite en tout sens, dans l'intérêt de l'utilité publique ou particulière, où se trouve, comme dans tous les lieux d'où l'oisiveté est bannie, une ample récompense du travail.

A la population indigène se réunit la population que j'appellerai exotique, quoique le mot d'étranger soit le véritable. Si Bordeaux n'a pas encore retrouvé son ancienne splendeur, une foule de vaisseaux de diverses nations, dont les pavillons flottent dans son port, et la paix lui en promettent le retour. L'empressement, les cris des matelots déchargeant ou embarquant des marchandises, celui des hommes qui les leur portent ou les reçoivent d'eux, donnent à ce tableau de sa prospérité renaissante un air de mouvement et de vie on ne peut pas plus flatteur et consolant! Ce tableau dit qu'après les tempêtes publiques, comme après celles de l'Océan, viennent ces temps de repos qui rendent, en peu de temps, la félicité aux nations.

Les phénomènes de la nature excitent nécessairement plus qu'aucun autre prodige notre curiosité; aussi je ne quitterai point Bordeaux, sans vous parler de celui qu'offre la Dordogne, le seul en ce genre que l'on connaisse en Europe, et qu'on ne retrouve qu'en Amérique, où La Condamine l'a observé au bord du fleuve des Amazones, et en Asie, où également le major Rennel l'a vu sur ceux du Gange.

Ce phénomène, auquel on a vulgairement donné le nom de Mascaret ou Rat-d'eau, se manifeste lorsque les eaux sont basses, et surtout en été. D'abord à l'embouchure de la Garonne, où est situé le bourg appelé le Bec-d'Ambès, il s'annonce par un monticule d'eau de la grosseur d'une forte tonne, ou de la grandeur quelquefois d'une cabane, qui, s'élevant tout-à-coup sur les flots, s'enfle, croît, s'allonge par un mouvement de devant en arrière, roule sur tout le rivage, remonte le fleuve, et le parcourt dans toutes ses sinuosités avec une incroyable rapidité et un bruit qui répand partout l'épouvante. Tout ce qu'il rencontre et qui le heurte dans son passage, est renversé et même impitoyablement brisé! Les arbres qui sont sur le bord du fleuve sont déracinés, les barques qui descendent et qui remontent son cours submergées, et les digues mêmes opposées au débordement des eaux, s'écroulent entr'ouvertes. On a vu souvent des pierres énormes lancées au loin par la violence du choc, qui les détache de leurs assises à l'approche de la montagne liquide, comme autrefois à celle qui portait dans son sein le monstre envoyé contre le fils de Thésée; redoutable aux corps inorganisés, on pense bien qu'il est évité par tous les êtres vivans, et que tout fuit à son approche.

Le Mascaret parcourt jusqu'à la distance de huit lieues, depuis l'embouchure du fleuve ; et non content de longer ses bords, il se jette dans le milieu, quelquefois s'étend le long de la rivière, et exerce ses ravages dans tout son diamètre. Sa marche a été observée avec beaucoup de précision et d'exactitude. A l'endroit appelé Saint-André-de-Mursant, il se forme en lames qui couvrent la rivière dans la moitié de sa largeur jusqu'à Caverne; là il se perd un instant, et reparaît entre Acque et Lisle, en forme de promontoire, où il se convertit de nouveau en lames, et se prolonge ainsi jusqu'à Tersac, où reprenant sa forme primitive, qu'il ne quitte plus qu'à Darvière, il longe la côte jusqu'à Fronsac. Là, il s'étend sur toute la rivière, passe impétueusement devant Libourne, pénètre dans sa rade où il jette le désordre et le trouble, et ne paraît plus qu'avec peu de force à Génissac, les Réaux et Pierrefite.

La marée est, dit-on, une des premières causes de ce phénomène, qui souvent se change en fléau pour les navigateurs qu'il engloutit, et les habitans des rivages dont il anéantit les propriétés. C'est en remontant la Gironde que le flux de la mer se porte dans la Dordogne, qui se trouve dans sa direction, et non dans la Garonne, dont le lit est détourné. C'est surtout quand les eaux de la rivière sont basses, que la marée y pénètre beaucoup plus en avant. Les nombreuses sinuosités et détours de la Dordogne qui contrarient la marche du Mascaret, les bancs de sable qu'il rencontre, et surtout la rapidité du courant de ses eaux, contribuent puissamment à augmenter sa violence.

Comme la nature laisse presque toujours à l'homme quelque indice ou présage des événemens qui peuvent lui nuire, afin qu'il puisse les éviter, et qu'elle balance assez généralement ses plus grands maux par quelque bien, heureusement ce phénomène qui avec lui semble porter la puissance et le danger de la foudre, en a le peu de durée, car il disparaît presque aussitôt qu'il s'est montré; les bateliers jugeant des probabilités de sa présence par l'abaissement dans les eaux et la force de la marée, ont soin de ne pas s'exposer à ses coups et aux dangers auxquels les livrerait l'imprévoyance ou la négligence.

LETTRE XII.

Commerce de Bordeaux.

Quelque fastidieux que soient pour une dame des détails sur le commerce, ses nombreux produits, son heureuse influence et ses précieux résultats pour la société, je ne saurais laisser Bordeaux, ma cousine, sans vous parler de celui de cette ville. S'il est de la plus grande importance pour la France entière, il ne l'est pas moins pour l'Europe : ainsi vous me pardonnerez cette grave lettre. Mais j'entrerai tout de suite en matière, afin que, si j'ai le malheur de vous ennuyer, ce ne soit pas, au moins, par un long préambule.

Puissante par ses immenses produits agricoles, la France ne l'est pas moins par ceux de son industrie; et à l'avantage de posséder le territoire le plus fertile, elle joint celui d'avoir des ports sur l'Océan et la Méditerranée, par lesquels elle peut exporter comme importer soit ses richesses, soit celles de l'univers entier; et c'est ainsi qu'il ne tient qu'à elle d'établir des relations de commerce avec toutes les nations.

Parmi ces ports nombreux, il en est deux qui se font surtout remarquer : l'un est dans la dernière de ces mers, et l'autre sur l'Océan ; et ces deux ports sont Marseille, par lequel elle posséda long-temps le commerce du Levant, et Bordeaux, par lequel elle obtint une grande part dans celui de l'Occident.

Ce ne fut que sous le règne de Louis XIV, règne fécond en merveilles et en prospérités de tout genre, que, débarrassée enfin de la rivalité de l'Espagne, la France parvint à exploiter dignement, grâces au génie de Colbert et à l'intelligence de ses habitans, les bienfaits d'une telle situation; à balancer non-seulement la Hollande, mais à inspirer à l'Angleterre même des craintes sur son commerce.

Toutefois, malgré de pareils rivaux, la France recueillait des sommes immenses du trafic de Marseille dans les Échelles du Levant, et du négoce de Bordeaux avec ses colonies dans les Antilles, particulièrement à Saint-Domingue, aux îles de Bourbon et de France, dans les deux Indes et à la côte d'Afrique.

La révolution éclate ; et cette ville et Marseille, semblables à des corps pleins de vie et de fraîcheur, qui ont été tout-à-coup frappés d'apoplexie, languissent, pendant trente années, paralysées et presque anéanties.

Je laisserai Marseille, pour ne m'occuper que de Bordeaux.

Pendant un tiers de siècle, ses destinées deviennent aussi déplorables qu'elles avaient été brillantes ; et comment exploiter un commerce maritime, quand la France est presque en entier bloquée par les nombreuses escadres de la Grande-Bretagne, qui croisent sur ses côtes ? Des corsaires armés pour la venger, et partis de Bordeaux, n'offraient à cette ville que de vains secours ; et d'ailleurs la discorde et les guerres civiles semblent s'unir à ces maux pour empêcher tout essor à son commerce. Enfin, réduit au cabotage le moins éloigné, le plus timide, et aux rapports avec les autres cités de la France, ce commerce n'offrait plus que l'ombre de lui-même.

Mais représentez-vous le fatal moment où les colonies françaises se virent séparées par la guerre et la révolution, de la mère-patrie. Ce jour de larmes et de deuil pour la France entière le fut surtout pour Bordeaux, qui, rivale de Cadix, voyait ses flottes marchandes alimenter les Antilles et l'Archipel du Mexique de ses riches produits et des trésors de l'industrie nationale, pour en obtenir en retour ceux du Nouveau-Monde et les précieuses denrées coloniales. Bientôt le désespoir vint succéder aux larmes et au deuil. D'un côté l'amoncellement de trésors, privés de leur valeur par l'absence des débouchés, et de l'autre, le manque du numéraire qu'eût produit leur vente, et celui de denrées de toute espèce, réduisirent les maisons, naguère les plus florissantes, à une détresse d'autant plus grande, et les conduisait à des faillites nécessaires, car on ne prévoyait ni la cessation totale, ni même la suspension momentanée de tels malheurs.

Tel fut le sort de Bordeaux sous les divers gouvernemens qui précédèrent le règne de Napoléon. Et lui, que pouvait-il faire, malgré tout son génie et ses talens, pour suppléer à la privation du commerce, puisqu'il était perpétuellement en guerre avec la puissance qui prétendait sur les mers à la même suprématie que celle qu'il voulait exercer sur le continent de l'Europe? Il s'efforça de consoler Bordeaux en l'éblouissant par l'éclat d'une gloire aussi passagère qu'elle fut coûteuse;

enfin, appliquant au malaise qu'éprouvait cette cité les brillans palliatifs qu'il employa dans plusieurs autres grandes villes, je veux dire des entreprises de travaux vastes et utiles, des distributions d'encouragemens pour les manufactures nationales, des avances pour la découverte, la fabrication et le perfectionnement d'objets propres à affranchir la France et même l'Europe des tributs qu'elles paient aux deux Indes et à l'Angleterre; et enfin des récompenses prodiguées aux villes qui le secondaient le mieux dans l'essai audacieux qu'il faisait du système appelé continental : (on sait que ce gigantesque système échoua, moins par les efforts de ses ennemis, que par les erreurs mêmes de son créateur).

Toutefois Bordeaux eut sous l'empire, des jours plus heureux, et aussi tranquilles qu'ils avaient été troublés et sombres sous l'anarchie. Cette ville ne peut jamais sentir les plus profondes atteintes de l'adversité, parce qu'elle joint à l'industrie commerciale de ses habitans l'annuelle et souvent abondante récolte de ses vins, les plus précieux et les plus sains, non-seulement de la France, mais de l'Europe. Condamnée à ne pouvoir les envoyer au-delà des mers, elle put du moins les exporter par terre pour les États voisins, tandis qu'en mettant en même temps à profit les licences établies par ce même système de prohibition, et dont le gouvernement tirait des sommes considérables, elle faisait des expéditions de cette denrée pour l'Angleterre elle-même ; et ceci explique comment, grâces à l'habileté de ses négocians, elle a toujours goûté quelques-unes des faveurs de la fortune, lors même qu'elle ne jouissait plus de son ancienne splendeur.

Enfin, l'empire français, mourant dans son adolescence, s'écroula, et la restauration amenant avec elle à Bordeaux des biens depuis trente ans perdus, la paix et la liberté des mers, jugez avec quel transport cette ville salua le jour qui lui promettait le retour de son ancienne prospérité. Aussi, nulle part, en France, on n'éprouva plus de joie et d'allégresse, et l'on ne montra plus d'amour pour les Bourbons, comme vous le verrez dans une de mes lettres suivantes.

Cela est si vrai, que pendant les cent jours où Bonaparte, après avoir tenté par une action sans exemple dans l'histoire des nations, de ressaisir l'empire de la victoire, Bordeaux resta fidèle aux Bourbons aussi long-temps que la chose fut possible.

La paix ayant de nouveau souri aux Français après ce court mais sanglant orage, Bordeaux a rouvert ses ateliers, ses comptoirs, ses manufactures, ses magasins et son port (1).

---

(1) Le compte sommaire des bâtimens que cette ville a reçus des colonies, en 1817, c'est-à-dire après une année seulement de préparation, s'est élevé à 160 gros navires.

En 1818, elle en a reçu, par une action toujours croissante, 220; et en 1819, 222.

Le relevé de la navigation pour 1820 constate l'entrée à Bordeaux, venant des colonies, de 179 navires, dont 114 français, auxquels on doit ajouter 21 venus de Terre-Neuve ou de la pêche de la morue.

En 1821, le nombre s'en est élevé jusqu'à 193; enfin en 1822, à 190, dont 165 français et 25 étrangers. Parmi ces vaisseaux, il en est venu 33 de la Guadeloupe, 22 de la Martinique, 16 de Saint-Domingue, 11 de l'île de Bourbon, 38 des colonies étrangères, 15 des Antilles étrangères, 17 des États-Unis, 19 de la pêche de la morue; enfin le reste, de l'Inde, du Sénégal et de la Cochinchine.

Cet état du commerce maritime fait voir que non-seulement cette ville, mais les colonies éprouvaient un pressant besoin de rouvrir les communications entre elles, communications qui seront toujours les riches canaux de leur prospérité mutuelle.

Les produits apportés par ces bâtimens sont des denrées coloniales consistant en café, sucre, poivre, can-

Un des principaux objets du commerce de Bordeaux, sont les vins qu'elle expédie dans les diverses parties du monde. Les prix de cette utile et productive denrée de son sol

---

nelle, coton, indigo, quinquina, thé, riz, cuirs secs, bois de teinture, etc.

Le nombre des vaisseaux partis de Bordeaux pour les mêmes colonies, se monte, dans la navigation de 1822, à 202 vaisseaux, dont 169 français et 33 étrangers.

Les exportations pour les colonies se composent principalement des articles suivans : vins, eaux-de-vie, vinaigre, huile d'olive, fruits secs, farines, toiles blanches, essence de térébenthine, chapeaux de feutre, et divers autres produits du sol et de l'industrie française.

Le commerce général avec l'Europe présente, dans la navigation de 1822, les résultats suivans :

Il est entré 288 vaisseaux, dont 44 français, et le reste étranger. Parmi ces vaisseaux il en est venu 74 de l'Angleterre, 46 des Pays-Bas, 28 des villes Anséatiques, 22 de Russie, 33 de Suède et Norwège, 28 d'Espagne, 2 de Portugal, 2 d'Italie, 47 de Prusse, 2 d'Allemagne, 4 de Danemarck.

Les produits apportés par ces bâtimens, sont du chanvre, des planches, du coton, du tabac, des solives, des espares, mâts, toiles, plumes, fromages, peaux, etc.

Le nombre des vaisseaux partis de Bordeaux pour les mêmes pays, se monte, dans cette même navigation, à 342, dont seulement 23 français.

Les exportations se composent principalement de vins, eaux-de-vie, fruits secs et confits, pastel, marrons, coton,

varient, dans les vins fins, de 4,000 à 4,200 francs le tonneau, et dans les médiocres, de 420 à 250 au plus bas, selon que les récoltes sont plus ou moins abondantes; mais l'immense capital que cette denrée rapporte est la première richesse de ce beau pays.

---

tabac, papier, huile, olives, et des denrées coloniales portées dans le nord.

Le commerce avec l'intérieur, ou le cabotage d'Océan en Océan, se monte, en 1822, à 2,645 navires français entrés dans le port de Bordeaux, et à 2,024 de sortis.

D'après les lois françaises, le transport des marchandises d'un port français à l'autre, ne se permet qu'aux navires nationaux.

Le résultat général du commerce du port de Bordeaux, dans le courant de la navigation de 1822, tant dans les colonies que dans l'étranger et les ports de France, se monte donc à 3,123 navires entrés dans son port, et à 2,559 qui en sont sortis. Sur ce nombre, il y en a eu 794 qui sont venus sur lest, et 591 qui en sont partis de même.

Bordeaux a exporté en 1820, à l'étranger, 56,052 tonneaux de vins, dont chacun contient 905 litres, et aux colonies 4,539.

Dans l'année suivante l'exportation a été considérablement diminuée pour l'étranger, et n'a été portée qu'à 31,574 tonneaux, tandis que l'exportation pour les colonies s'est élevée à 5,978.

En 1822, l'exportation pour l'étranger a monté à 39,750 tonneaux, et n'a été pour les colonies que de 2,900.

Les articles de commerce que Bordeaux reçoit du Levant et de l'Italie, lui parviennent par le canal du Languedoc, afin d'éviter aux navires l'immense trajet qu'ils devraient faire pour franchir le détroit de Gibraltar, et entrer dans la Méditerranée. Sous ce rapport seul ce canal est d'une économie et d'une utilité incalculables à la France, et il est dès-lors pour elle non-seulement un monument glorieux, mais il en est un de bienfaisance. Pour entreprendre un ouvrage aussi grand, aussi difficile, et même pour le concevoir, il fallait autant d'audace que de génie. C'est ce canal qui réunit les deux mers en dépit des montagnes qui les séparent et des obstacles qu'elles apportèrent dans sa construction.

Les avantages de tels canaux sont incalculables. Nulle part on n'a su les apprécier comme en Angleterre. La France s'en est pénétrée, et de nouvelles lois viennent d'autoriser la construction de plusieurs autres canaux. Je crois ne pas me tromper, en disant que ce sont des monumens muets du génie humain, qui ont leur éloquence, et qui policent les nations par leurs résultats salutaires, autant pour le moins que les conseils et les discours des philosophes et des orateurs. C'est à de tels ouvrages qu'on doit surtout l'accroissement rapide des richesses et la splendeur des cités et de pays entiers. Une nouvelle vie, de nouvelles relations s'établissent entre des contrées diverses. Le génie qui forme et exécute de telles conceptions, réunit les peuples, exalte leur ame, et dissipe les ténèbres de l'ignorance. Sans ce génie, et surtout sans celui qui préside au commerce, à la navigation, que serait la société? Un corps informe et inerte : l'abondance pour elle ne serait pas moins dangereuse que la stérilité, et semblable à ces arbres étouffés par trop de sève, elle périrait par l'excès comme d'autres périssent par le manque de vie.

LETTRE XIII.

Esquisses de l'Histoire de Bordeaux et de son origine.

Amie des souvenirs qui rappellent les événemens antiques, et l'origine des nations et
des villes; qui fixent nos regards sur le passé,
afin d'augmenter le cercle de nos connaissances et de nos plaisirs, vous lirez, ma chère
cousine, avec intérêt peut-être, l'histoire sommaire de Bordeaux que je vais tâcher d'esquis-
ser rapidement pour vous.

Les premiers habitans du Bordelais étaient
les Boyens, et la capitale de ce peuple s'appelait le Cap de Buch, et en latin *Caput Boio-
rum*. Cette ville était située jadis sur les bords
de la mer, et sur la grande route qui conduisait en Espagne, dans l'emplacement même
qu'occupe maintenant le bourg de la Ferté,
lieu sans importance de nos jours, mais qui,
comme tant d'autres, ne l'était pas autrefois.

Ambigat, roi des Celtes dans une partie des

Gaules, prince puissant, contemporain de Tarquin-l'Ancien, et dont l'existence date dès-lors de près de six siècles avant Jésus-Christ, voyant ses États surchargés d'une population exubérante (c'est un genre de richesse que, malgré la turbulence de leurs habitans, leurs factions, leurs divisions entre eux, ont toujours possédée les Gaules), eut recours aux moyens de colonisation, que les anciens imaginèrent pour se débarrasser de cette précieuse superfétation, comme les modernes y ont eu recours pour étendre leur puissance. Deux armées considérables furent levées et marchèrent hors de leur pays pour envahir, l'une la Germanie et l'autre l'Italie ; et, depuis ce temps, l'histoire ne nous parle plus de ces peuples dans les Gaules (1). César ne les nomme point dans ses Commentaires, bien qu'il y cite les noms de toutes les nations limitrophes. (2).

Toutefois, Strabon dit dans sa Géographie, en parlant des Gaules, que la Garonne, après avoir grossi ses eaux de celles de trois autres rivières, coule entre les Bituriges Josques et les Saintongeois, tous deux peuples

―――――――――――――

(1) Justin, liv. 24, chap. 4. Tite-Live, liv. 5, chap. 34.
(2) Comment. de César, liv. 7, chap. 85.

gaulois, mais que les Bituriges sont les seuls de ces contrées, qui vivent sur le territoire des Aquitains (c'est-à-dire des Boyens), comme des étrangers, et sans payer de tributs ; il ajoute qu'ils ont un port nommé Burdigala, situé près d'un marais formé par la Garonne.

Voilà donc Strabon qui accuse l'existence d'un peuple qui avait probablement ou dépossédé ou vaincu les Boyens, et qui occupa, sans payer de tribut, leur territoire; et quoique, d'après l'opinion de plusieurs auteurs, le géographe d'Amasis se soit trompé en appelant du nom de Bituriges Josques le peuple que Ptolomée appelle Vibisques (1), et Pline Ubisques (2), comme le prouve l'inscription trouvée dans les ruines de Tutele (3), il paraît démontré que les Boyens succombèrent sous les efforts de leurs voisins, et qu'ils furent remplacés par les Vibisques, Ubisques ou Bituriges.

Les Bituriges eux-mêmes se divisaient en Bituriges Cubes et Bituriges Vivisques. Les

___

(1) Ptolomée, Géogr. 5.
(2) Pline, Hist. Nat. 4.
(3) *Augusto sacrum genio civitatis Bituricum Visiscorum.*

premiers habitaient le Berry après la conquête de César, et les derniers le Bordelais. Ausone nous dit qu'étant né à Bordeaux, il était originaire de la nation Vivisque.

D'après ces témoignages, il paraît donc évident que ce sont les Bituriges Vivisques qui fondèrent la ville de Bordeaux, qu'ils nommèrent Burdigala; quoiqu'il soit difficile d'établir l'époque même de sa fondation, son antiquité est certaine, soit qu'elle ait précédé ou suivi la conquête des Gaules par César. Assemblage grossier, et sans art, de quelques cabanes, elle fut d'abord, comme le berceau de toutes les villes, un village, un bourg, dont les maisons étaient de bois et de terre : c'est l'idée qu'en donne César (1); mais agrandie par la succession des temps, et surtout grâces à son heureuse situation, elle devint, sous les Romains, la capitale de la seconde Aquitaine, et ils la firent entièrement démolir pour la reconstruire (2) d'après les dessins et l'architecture des cités de l'Italie : et c'est de la ville dans cet état qu'Ausone a laissé une descrip-

---

(1) De Bello Gall., liv. 7.
(2) L'an 260 de notre ère.

tion dont on reconnaît encore de nos jours l'exactitude. La Garonne la baignait au levant, et formait un port auquel on donna le nom de lune, à cause de sa forme qui représentait un croissant; un marais la bornait au couchant ainsi qu'au nord, tandis qu'au midi son propre territoire lui servait de limites.

Parmi les choses remarquables dont parle Ausone, il cite une forêt de cyprès qui, située au-delà du fleuve, consacrée à Neptune et fréquentée par les navigateurs, était souvent dépouillée par eux de sa sombre verdure, dont ils ombrageaient les proues de leurs vaisseaux. Il cite encore une fontaine magnifique, dont la naïade bienfaisante désaltérait par la douceur de ses eaux les citoyens, tandis qu'elle rafraîchissait en même temps l'air qu'ils respiraient. Un temple fameux appelé Vernemetis, dont parle le poëte Fortunat, s'élevait avec majesté sur les bords de la Garonne; des Thermes d'une architecture élégante, et qui embrassaient un vaste emplacement, servaient, ainsi qu'à Rome, à la santé et à la propreté des citoyens; enfin l'amphithéâtre connu sous le nom de palais Gallien (1), et dont nous avons déjà parlé en ren-

(1) *Voyez* dans le 12ᵉ vol. des *Mémoires de l'Aca-*

dant compte des monumens existant encore dans Bordeaux, édifice qui paraît n'avoir jamais été complétement achevé, les travaux ayant été interrompus par les invasions des Barbares qui inondèrent l'empire Romain, et à qui même on fut obligé de céder l'Aquitaine.

Les tronçons de colonnes, appelés piliers de tutèle dans Bordeaux, dont on n'a conservé que le souvenir, étaient, à ce que l'on croit, les restes d'un temple consacré au dieu protecteur ou tutélaire de la cité, ainsi que leur nom l'indique ; on croit également que l'intérieur servait de grenier public, comme le Pritanée à Athènes. Ces colonnes dégradées par le temps, réduites au nombre de dix-huit, furent décrites dans le seizième siècle par le savant Vinet (1). Depuis elles ont été entièrement détruites par la nécessité où l'on fut de donner un vaste espace à l'esplanade où s'est élevé le château Trompette. Leurs débris servirent même à la construction de cette forteresse, à son tour détruite depuis (2).

---

démie des *Inscriptions et Belles-Lettres*, page 244, une description de ce monument, faite par La Bastie.

(1) *Voyez* les *Antiquités de Bordeaux*, par cet auteur.

(2) On trouve une description détaillée de cet édifice, dans l'ouvrage de Devienne.

D'après l'itinéraire d'Antonin, trois voies romaines avoisinaient Bordeaux ; l'une conduisait à Dax, une autre à Argenton, une autre enfin en Espagne.

Mais la splendeur antique de Bordeaux disparut avec la présence et par l'invasion des Barbares. D'abord les Visigots qui la trouvèrent sur leur chemin en se rendant en Espagne, la saccagèrent ; les Sarrasins attirés par le reste des richesses que les premiers y avaient laissées, la dévastèrent à leur tour ; enfin les Normands, tombant comme des milans sur ses ruines, achevèrent de la désoler : pirates du Nord non moins insatiables que ceux du Midi, ils détruisirent ce qu'ils ne purent enlever, et abattirent jusqu'au dernier édifice.

Les ducs de Gascogne étant devenus paisibles possesseurs d'un des plus beaux pays que leur enviaient leurs rivaux, les autres grands vassaux de la couronne, ils la firent rebâtir, mais dans le goût barbare de leur temps. La disette des matériaux que l'on ne se donnait pas la peine d'aller chercher dans des mines qu'il aurait fallu ouvrir, fit que l'on employa, pour jeter les fondemens de la ville nouvelle, les riches et vénérables débris de l'ancienne ; et effectivement lorsqu'on creuse à quelque profondeur dans le sol, on trouve encore des restes de statues, d'inscriptions et des tronçons de colonnes, comme dans presque toutes les villes anciennes (1).

---

(1) Au 12ᵉ siècle, lorsque Henri II, roi d'Angleterre, possédait la Guienne, Bordeaux fut considérablement augmenté, et des remparts nouveaux reculèrent son enceinte. Plus tard il s'agrandit encore, grâces à son commerce, à sa situation et à la fertilité de son territoire : de vastes faubourgs présentent aujourd'hui une population plus considérable encore que celle de la ville elle-même.

LETTRE XIV.

Continuation.

Après vous avoir parlé, dans ma dernière lettre, d'événemens qui ont influé sur l'état physique, si l'on peut s'exprimer ainsi, de Bordeaux, je vais m'occuper de ce qu'on peut spécialement appeler l'histoire de ses habitans.

Cette ville étant conquise par les Romains, ainsi que toutes les Gaules, et les vaincus s'étant paisiblement soumis au joug de leurs nouveaux maîtres, Strabon et Pline nous assurent que les vainqueurs, satisfaits de leur soumission, ne leur firent éprouver aucun changement dans leur état politique.

Mais lors de la nouvelle division qu'Auguste fit des Gaules, il les comprit dans les quatre nations celtiques renfermées dans l'Aquitaine; et dans une nouvelle subdivision de cette province, faite dans le troisième siècle, Bordeaux fut déclaré sa capitale, et la résidence du gouverneur. C'est à cette époque même que cette ville fut rebâtie, comme je l'ai déjà rapporté dans ma précédente lettre, et que par sa beauté elle fit l'admiration des étrangers.

Les Barbares ayant franchi le seuil de l'empire, les peuples soumis aux Romains crurent devoir saisir cette occasion pour s'affranchir de leur joug, et recouvrer leur indépendance. Titricus était alors gouverneur de l'Aquitaine : son épouse, veuve de l'empereur Victorin qui fut massacré par ses soldats, le poussa à se faire élire empereur. Élevé à cette dignité, il en fut revêtu dans Bordeaux même, et la conserva sous Gallien, Claude et Quintilus, en battant les Barbares jusqu'au moment où, s'efforçant de rétablir l'antique discipline dans sa propre armée, ses troupes refusèrent de lui obéir ; il fut obligé de passer, avec son fils, dans le camp d'Aurélien. Celui-ci n'eut alors plus de peine à vaincre des soldats privés de leur chef, et les Bordelais ne tardèrent pas à retomber sous un joug qu'ils s'étaient en vain efforcés de briser pour toujours.

Mais malgré la guerre et les désastres qu'elle entraîne, les Gaules virent fleurir dans leur sein les sciences et les bonnes études. Bordeaux se distingua particulièrement dans ce siècle. Des écoles célèbres s'élevèrent ; païens et chrétiens, tous accouraient du voisinage, dans cette ville, pour en recueillir les heureux fruits : ils y étaient reçus indistinctement, et la tolérance qui régnait dans ce temps entre les zélateurs de l'ancien et du nouveau culte, ne les honore pas moins que leur savoir et leur hospitalité. C'est alors qu'Ausone, fils d'un père non moins illustre, jeta les fondemens de sa grande réputation en se distinguant également par des vertus et des talens, et qu'il enrichit sa patrie de l'établissement d'un collége qui en a fait la gloire (1).

Lors de l'invasion des Visigoths dans les

---

(1) L'époque de la naissance d'Ausone n'est pas connue; on sait seulement par les fastes consulaires qu'il fut consul l'an 379.

Ses talens le firent appeler par Valentinien à l'honneur d'achever l'éducation de son fils Gratien. Successivement élevé aux plus hautes fonctions de l'État, il quitta la cour après la mort de son élève, se retira dans sa patrie, et y vécut en sage, uniquement occupé de l'étude et de la foule d'ouvrages qui sont sortis de sa plume. Il y éleva saint Paulin dans ses principes et son savoir. Ausone a plus d'un rapport avec Cassiodore venu après lui, et dont la vie fut, comme la sienne, consacrée à faire le bien dans des temps qui ne furent ni sans malheurs ni sans crimes.

Gaules (1), ces Barbares s'emparèrent de Narbonne, de Toulouse et de Bordeaux. Mais obligés par la force des armes de se retirer en Espagne, ils consumèrent par le feu une grande partie de cette dernière ville. La faiblesse d'Honorius parvenu à l'empire, prince qui fut pour ses États ce que Charles-le-Chauve fut, long-temps après, pour les siens, ne tarda pas de les ramener des Espagnes. Ce prince, cédant à ses pusillanimes terreurs, acheta la paix en permettant à ces Barbares de s'établir dans l'Aquitaine, et d'y fonder le royaume précaire de Toulouse. La cité des Bordelais, jusque-là capitale de cette province, descendit du premier rang des cités qu'elle occupait depuis si long-temps avec gloire, dans celui des villes du second ordre : ce fut un coup mortel porté à sa prospérité. Son commerce dépérit, son industrie fut frappée de langueur, ainsi que les arts et les sciences ; tout, jusqu'à la diversit des religions occasionée par la présence de l'Arianisme, auquel les Visigoths voulaient soumettre leurs nouveaux sujets, ainsi qu'à leurs propres lois, fut pour ceux-ci un sujet de malheurs et de souffrances. Des flots de

---

(1) En 412.

sang coulèrent entre les catholiques et les ariens, et inondèrent l'Aquitaine.

Bordeaux subit un tel joug et de tels malheurs durant près d'un siècle, jusqu'au moment où Clovis déclara la guerre à Alaric (1). L'époque de la victoire remportée par ce prince sur les Barbares dans les champs de Vouillé, fut l'instant heureux où ils purent respirer de tant de désastres. Alaric y fut tué de la main du roi des Français, et cette bataille mémorable décida du sort de l'Aquitaine. Bordeaux, ainsi que la plupart de ses villes, s'empressa d'ouvrir ses portes à des libérateurs (2). Lorsque Clovis mourut, les habitans de l'Aquitaine devinrent successivement les sujets de Childebert, de Caribert et de Chilpéric, qui épousa Gulinde, fille du roi des Goths en Espagne, et dont l'histoire n'est que trop connue par les crimes de Frédegonde. A son mariage, Gulinde reçut en apanage de Chilpéric, Bordeaux et plusieurs autres villes de l'Aquitaine. Frédegonde, dont l'ambition dirigeait toutes les actions, n'aspirait qu'à remplacer la reine, et elle ne tarda pas à la faire assas-

(1) En 507.
(2) Gr. Tur. Hist., liv. 2.-Procop. de Bell. got.

siner. Ce crime indigna toute la France, et Brunehaud, sœur de Gulinde et reine d'Austrasie, voulant venger un tel attentat, engagea son époux ainsi que Gontran, roi de Bourgogne, à déclarer la guerre à Chilpéric. Ce prince effrayé des succès de ses ennemis, offrit à Brunehaud de lui céder l'apanage qu'il avait donné à sa sœur; et c'est ainsi que Bordeaux passa sous le domaine de la reine d'Austrasie.

De nouvelles guerres éclatèrent; de nouveaux crimes souillèrent l'histoire de ces temps. Les malheureuses contrées qui en furent le théâtre, passèrent successivement des mains des vaincus dans celles des vainqueurs. Brunehaud périt dans les plus affreux supplices par l'ordre de Clotaire, fils de Frédegonde, et enfin après tant d'événemens tragiques le calme se rétablit.

A la mort de Clotaire (1), Dagobert et Aribert héritèrent de lui; mais ce dernier n'obtint qu'une partie de l'Aquitaine, et ce fut à sa mort que Dagobert se décida à nommer des ducs ou gouverneurs, mais qui étaient amovibles.

---

(1) En 558.

Eudes, l'un d'eux (1), voulant se rendre indépendant, profita des troubles de la France occasionés par l'ambition des maires du palais. Reconnu souverain indépendant par Chilpéric, il courut deux fois au secours de ce malheureux prince contre Charles-Martel; mais vaincu par lui, il n'obtint sa clémence qu'en lui livrant Chilpéric avec tous ses trésors.

Le bonheur et les charmes de la paix ne furent pas de longue durée. Abdérame pénétra à la tête d'un essaim de Sarrasins. Plusieurs provinces et Bordeaux furent conquises; les habitans de cette ville passés au fil de l'épée, et la ville incendiée. Eudes courut à sa défense; mais en vain : il fut vaincu. S'unissant plus tard à Charles-Martel, Eudes fut plus heureux : ils obtinrent ensemble sur les Sarrasins la victoire la plus complète.

Hunold, fils d'Eudes, voulut vainement se rendre indépendant; il fut contraint par la force des armes de se soumettre aux héritiers de Martel, Carloman et Pepin; et abdiqua en faveur de son fils Waifre, connu par ses talens, sa bravoure et sa taille gigantesque. Ce prince, ayant reçu chez lui Griffon, frère et ennemi

---

(1) En 631.

de Pepin, une guerre en fut le résultat, entre le vassal et le maître, qui ne fut terminée que lorsqu'il abandonna Griffon à son malheureux sort. Mais Pepin voulant se venger de Waifre lui-même, le somma de comparaître devant lui, afin de se justifier. Son refus fit éclater une guerre nouvelle, aussi sanglante qu'opiniâtre, et qui dura neuf ans. Waifre succomba, et fut lâchement assassiné par ordre de Pepin, dans sa retraite; après quoi ce prince entra triomphant dans Bordeaux. Hunold voulut en vain venger son fils, en sortant armé du fond du cloître où il s'était retiré ; il fut, après plusieurs combats, livré à Charlemagne par le duc de Gascogne chez qui il s'était réfugié, et le château de Fronsac fut bâti pour lui servir de prison perpétuelle. Dès ce moment les Bordelais firent partie du nouveau royaume d'Aquitaine, que Charlemagne érigea pour Louis son fils (1).

Plus tard, Charles-le-Chauve détachant Bordeaux de l'Aquitaine, l'unit au duché de Gascogne, dont elle devint la capitale, et la résidence de ses ducs (2).

---

(1) Annal. d'Eginh.
(2) Marc. Hist. du Béarn.

De nouveaux malheurs attendaient encore ce pays. Les Normands, qui ravageaient la France, firent une descente entre Saintes et Bordeaux (1); mais leurs efforts furent cette fois inutiles; ils ne purent s'emparer de cette ville. Ils furent plus heureux quelques années plus tard, où la trahison des Juifs les servit mieux que leur valeur. Les portes de la ville leur étant livrées par la cupidité de ces vils Israélites, les Barbares y pénétrèrent, la saccagèrent, obligèrent ses malheureux habitans de l'abandonner, et ne réservant que quelques maisons pour leur propre usage, ils ne firent du reste qu'un monceau de ruines et de cendres, ne cessant pendant soixante ans d'appesantir leur joug sur ce malheureux pays.

Charles-le-Simple ayant cédé une partie de la Neustrie aux Normands, ils cessèrent enfin de ravager la France, et abandonnèrent la Guienne. Les Bordelais accoururent sur les ruines de leur ancienne cité, car tel est toujours l'attrait des lieux qui nous ont vus naître, ou que nos pères ont habités; ils se réunirent, et rebâtirent Bordeaux d'après l'ancien plan,

---

(1) En 833.—Chron. norm. Ann. bert., Lup. — Abb. ferr., ch. 31.

autant que leurs fortunes épuisées pouvaient le leur permettre.

Les ducs de Gascogne rétablirent aussi leur résidence dans cette ville, et firent élever le château de l'Ombrière (1).

Jusqu'au commencement du onzième siècle, plusieurs ducs se succédèrent; alors cet héritage fut recueilli par Eudes, fils du duc de Guienne, qui réunit le duché de Gascogne au sien, et vint à Bordeaux en prendre possession, d'où il retourna à Poitiers, qui était la résidence des ducs d'Aquitaine.

Ces duchés furent de nouveau réunis à la France, lors du mariage de Louis-le-Jeune avec Éléonore, unique héritière de Guillaume, dernier duc d'Aquitaine; mais cette union dont la France avait conçu de si belles espérances, ne fut ni heureuse ni longue. La reine ayant accompagné Louis en Palestine, ce prince conçut contre le sultan Saladin des soupçons outrageans pour la vertu d'Eléonore, qui, indignée de tels soupçons, demanda la dissolution du mariage, à laquelle le roi

---

(1) Par l'acte de restauration de l'abbaye de Saint-Sévère, il paraît que ces ducs ne reconnaissaient pas l'autorité de la France, car il y est dit que l'ancien monastère a été détruit par les *Français ennemis*.

consentit. Mais à leur retour en France, le sage Suger sut écarter un tel malheur, et ce ne fut qu'après la mort de ce digne ministre, lorsque la princesse eut vu l'héritier du trône de la Grande-Bretagne, et qu'elle se fut éprise de ce prince, que le divorce eut lieu. Elle l'épousa six semaines après; et c'est ainsi que ces provinces et Bordeaux passèrent sous la puissance de l'Angleterre, pour y rester pendant trois siècles.

LETTRE XV.

Domination des Anglais dans Bordeaux ; guerres entre eux et les Français. — Bordeaux rentre sous la puissance des derniers.

Je me suis arrêté, dans ma dernière lettre, au moment où les Anglais prirent possession de Bordeaux et de l'héritage d'Éléonore.

En voyant ce pays possédé par les Anglais, on se rappelle ces temps malheureux où la France, loin d'être comme aujourd'hui un royaume vaste et puissant, était faible, déchirée et accablée de tous les maux. C'est de cette époque surtout que datent cette horrible rivalité et cet esprit de haine et de vengeance également funestes à deux États célèbres par leurs richesses, leur puissance, les talens et les lumières de leurs citoyens. A la Guienne, dont Bordeaux fut déclaré la capitale et la résidence des gouverneurs, étaient unis la Saintonge, l'Agenois, le Quercy, le Périgord, le Limousin, c'est-à-dire les plus fertiles provinces des Français; et comme déjà le prince Anglais possédait l'Anjou, le Maine, la Touraine, et jusqu'à la Normandie, on voit à quoi se réduisait cette France, une des plus étendues et brillantes monarchies de nos jours. C'était un royaume dans un royaume, un État dans un État.

Cependant Henri, époux d'Éléonore, devenu roi de la Grande-Bretagne à la mort d'Étienne, fut contraint de venir rendre à Louis-le-Jeune l'hommage du vassal à son suzerain, pour les provinces qu'il possédait en France; et l'on sent que, puissant comme il l'était, une telle déférence, ou plutôt une telle marque de soumission, ne pouvait que lui sembler injurieuse et pusillanime. Ce fardeau lui parut même tellement pesant et outrageant, qu'il se décida à ne plus le supporter; et comme les prétextes pour les déclarations de guerre sont souvent les équivalens des droits les plus sacrés pour la faire, la possession du riche comtat de Toulouse, auquel il paraissait pouvoir prétendre par les droits de sa femme, et dont le roi de France s'était emparé (1), fut à la fois la cause et l'objet de la plus sanglante et de la plus funeste des querelles. Les premières hos-

(1) En 1161. De Rebus Ludov. VII, ap. chron., tom. 4, pag. 427.

tilités entre les deux souverains offrirent un spectacle digne de ces temps d'anarchie : l'archevêque de Bordeaux commanda les Anglais contre les Français, et les guida à la victoire. Il est trop vrai que, lorsqu'on remarque dans l'histoire du moyen âge quelque grand désastre, on voit figurer souvent sur le premier plan du tableau quelque prince de l'Église, spectacle aussi fait pour affliger qu'étonner les amis de la morale et de la religion la plus sainte et la plus humaine, et qui est bien loin d'imposer aux ministres de ses autels le devoir de porter le glaive de la mort. Un autre prêtre, plus digne de son saint ministère, vint, au nom du souverain-pontife, porter des paroles de paix; elles furent écoutées, et une paix ou plutôt une trève fut conclue sous sa médiation.

Mais des querelles de famille vinrent de nouveau rallumer le feu de la guerre. Quoique Éléonore eût donné pour gage de sa tendresse à son second époux cinq enfans, elle ne fut point exempte des jalousies que lui causa son inconstance. Ces jalousies poussèrent son caractère à un éclat que la morale blâme, quand même de justes ressentimens sembleraient l'excuser. Non contente de faire éprouver sa haine aux objets de la tendresse du roi, elle en fit assassiner un (1), et fit soulever trois de ses fils contre leur père. Henri, justement irrité d'une telle conduite, fit arrêter Éléonore, et la fit enfermer dans une prison dont elle ne sortit qu'après la mort de son époux.

Mais le roi de France, profitant de ces discordes de famille, protégea les fils révoltés de Henri, lui fit lui-même une guerre avantageuse, et dicta la paix dont sa fille Alix, donnée en mariage à Richard, fils du monarque anglais, auquel son père avait dès son bas âge donné le duché de Guyenne, devint le garant.

A la mort de Henri, Richard, son successeur, s'empressa de délivrer sa mère de sa prison ; mais avant de quitter la Guyenne pour l'Angleterre, il réunit à Bordeaux une assemblée de notables, où les Bordelais obtinrent de Richard, dans ces temps si éloignés de l'esprit des concessions, faites par les princes à leurs sujets, une charte où leurs droits étaient garantis, et où l'administration de la justice, qui se ressentait de la barbarie de ces temps, fût changée et réglée par de sages lois. Par un tel acte d'équité, le souverain se fit chérir par ses peu-

---

(1) Rosamonde.

ples, et il n'est pas étonnant que les Bordelais lui prouvèrent leur fidélité, leur attachement et leur reconnaissance. On sait que ce roi chevalier, de retour des croisades, fut long-temps détenu en Autriche, d'où il fut délivré par le sensible et fidèle Blondel, et vint mourir de la flèche d'un archer sous les remparts de Châlons, dans le Limousin. Jean-sans-Terre, son successeur, assassin d'Arthur son neveu, qu'il poignarda lui-même à Rouen, cité devant la cour des pairs de France par Philippe-Auguste, n'ayant pas comparu pour répondre à l'accusation portée contre lui, fut condamné par la cour, pour un crime commis en France, à perdre les États qu'il y possédait.

Philippe-Auguste se chargea de l'exécution de cette sentence, et bientôt ses troupes s'emparèrent de toutes les possessions des Anglais en France, à l'exception de la Guyenne, qui résista aux armes victorieuses de Philippe.

Henri III succéda à Richard, et Louis VIII, qui avait hérité du trône de Philippe-Auguste, avait porté ses armes jusqu'aux portes de Bordeaux, lorsque des avantages obtenus par les Anglais firent consentir Louis à une trêve de plusieurs années. Henri profita de ce moment de paix pour établir à Bordeaux l'Hôtel-de-

Ville et faire renaître l'ancien gouvernement municipal.

La guerre entre ces deux puissances rivales n'était interrompue que par des trèves. Recommencée de nouveau par Saint-Louis, qui remporta la victoire à la bataille de Taillebourg, laquelle fut suivie de plusieurs autres avantages, une nouvelle trève de cinq années fut conclue entre les puissances belligérantes.

Mais cette trève fut plus fatale aux Bordelais que la guerre elle-même, par les vexations et tous les maux qu'ils endurèrent pendant le règne d'Édouard, de la part de Simon de Monfort, comte de Leicester, nommé lieutenant du roi dans la Guyenne, maux tellement prolongés et cruels que, n'obtenant pas justice du roi, ils se révoltèrent; et des flots de sang coulèrent pendant plusieurs années que dura cette guerre civile, qui ne fut terminée que par le rappel de ce tyran subalterne.

Enfin Saint-Louis, cédant aux instances du roi Henri III, conclut la paix avec l'Angleterre, en lui restituant le Limousin, le Périgord, le Quercy, l'Agenois et une partie de la Saintonge, ainsi que la partie de la Guyenne qui était occupée par ses troupes, tandis que le roi de la Grande-Bretagne renonça à ses droits sur la Touraine, le Poitou, l'Anjou et la Normandie, en reconnaissant pour son suzerain le monarque français en ce qui concernait ses possessions en France.

Ce traité assura le calme et la paix entre ces deux puissances pour quelque temps; mais une simple querelle entre deux particuliers ralluma entre elles une guerre plus ardente que jamais. La mort d'un pilote français, tué par un pilote anglais, en fut la cause. Le roi Édouard, sommé par Philippe-le-Bel de se présenter pour répondre de l'outrage commis sur un Français, mais occupé lui-même à une guerre contre l'Écosse, envoya à sa place son fils, le prince Edouard, qui, pour satisfaire le monarque français, consentit à lui remettre, pour un temps limité par un traité, plusieurs places fortes de la Guyenne. Ce traité ayant été ratifié par Édouard, ce prince voulut donner une plus grande preuve de sa loyauté en lui livrant toute la Guyenne avec Bordeaux.

A l'expiration du temps limité par le traité, le roi de France ayant refusé de rendre la Guyenne à l'Angleterre, une guerre sanglante éclata, et se prolongea avec des succès balancés de part et d'autre.

Ces princes, fatigués tous deux d'une telle

guerre, s'adressèrent à un tribunal que l'Angleterre n'a pas toujours reconnu dans de tels différends, celui de la cour de Rome.

Boniface VIII, un des pontifes les plus altiers et les plus ambitieux qui aient porté la tiare, décida que la Guyenne rentrerait sous la domination des Anglais, spécifiant toutefois que leur monarque reconnaîtrait pour son suzerain celui de la France (1); et c'est ainsi que, par une décision pontificale, Bordeaux retourna aux Anglais, après être resté dix ans au pouvoir des Français.

Charles-le-Bel étant mort sans enfans, la succession à la couronne de France produisit de sanglans démêlés. Édouard III, étant petit-fils de Philippe-le-Bel par sa mère, y prétendait; mais la cour des pairs, se fondant sur la loi salique, l'adjugea à Philippe de Valois, qui n'était que son neveu. Cette décision des pairs fut l'origine d'une nouvelle guerre, qui dura près d'un siècle presque sans interruption, et mit la France à deux doigts de sa ruine; mais qui se termina cependant par l'entière expulsion des Anglais de la France.

Edouard, revendiquant ses droits, se dé-

---

(1) Rimes, tom. 11, pag. 1.

clara monarque de la France; ses lieutenans, à la tête d'armées considérables, vinrent défendre ses droits. Les batailles de Crécy et de Poitiers furent des plaies profondes faites aux Français. Le fameux prince Noir, qui remporta l'une de ces victoires et contribua si puissamment au gain de l'autre, causa à la France et la honte de voir un roi d'Angleterre régner sur elle, et la douleur de voir un roi français conduit prisonnier à Londres.

Le fameux traité de Bretigny termina la captivité du roi Jean. Le monarque anglais renonça au titre de roi de France et à toutes ses prétentions; mais il stipula en même temps qu'il posséderait en toute souveraineté, sans reconnaître aucune suzeraineté de la part de la France, les provinces qu'elle lui cédait.

Édouard, voulant reconnaître les services éclatans que son fils lui avait rendus, érigea pour lui la Guyenne en principauté, et l'augmenta du Poitou, de la Saintonge, de l'Agenois, du Périgord, du Limousin, du Quercy, de la Bigorre, de l'Angoumois, du Rouergue, de la terre de Jaure, de Dax, de Saint-Sever, et de tout ce que renfermaient la Guyenne et la Gascogne, avec le droit de battre monnaie, et d'autres priviléges encore.

Le nouveau prince ne tarda pas de se rendre à Bordeaux, où, pendant onze ans de séjour, il donna un grand éclat à cette ville.

La tyrannie de Pierre-le-Cruel de Castille envers ses sujets, l'ayant expulsé de son trône, ouvrit un champ vaste à la gloire du prince Noir, qui vint le rétablir sur son trône. En vain l'indomptable valeur de Duguesclin voulut s'opposer à ses brillans succès, et lutter en faveur de Henri de Transtamare, rival du cruel roi; une victoire complète le fit tomber dans les mains d'Édouard; et Duguesclin fut une seconde fois fait prisonnier.

Il est inutile que je vous répète l'histoire de la détention et de la délivrance de ce héros, aussi honorable pour lui que pour le prince dont il était le prisonnier; vous la connaissez. La guerre qu'Édouard entreprit en faveur du roi de Castille, lui acquit beaucoup de gloire, mais dérangea ses finances. Obligé d'y porter remède, il convoqua à Angoulême les états, composés de la noblesse et du clergé. A peine ceux-ci furent-ils réunis, qu'avant de procéder à la demande que le prince leur faisait, ils usèrent de leurs droits, en examinant s'il n'y avait pas quelques abus dans l'administration. Leurs représentations eurent le succès qu'on devait en attendre auprès d'un prince aussi éclairé qu'humain.

Édouard s'empressa de réprimer les abus, et les états s'empressèrent alors d'accorder le droit de prélever dix sous par feu dans toute sa principauté. Quelques seigneurs, qui ne s'étaient pas trouvés aux états, protestèrent contre ce nouvel impôt; mais n'en ayant pas obtenu l'abolition, ils portèrent plainte au roi de France, qui somma le prince de se rendre à la cour des pairs pour rendre compte de sa conduite.

Le traité de Bretigny avait stipulé l'indépendance d'Édouard: l'appel était donc nul; mais Charles V, s'appuyant de la non-exécution de plusieurs articles de ce traité par les Anglais, qui n'avaient pas retiré leurs troupes de plusieurs places françaises, et avaient porté du secours à ses ennemis, reçut l'appel et déclara la guerre aux Anglais. Le connétable Duguesclin fut investi du commandement des armées françaises. Son indomptable valeur, ses vertus et son patriotisme firent restituer à la France tout ce qu'elle avait perdu par le fatal traité de Bretigny. La mort de Chandos, chef de l'armée anglaise, qui fut tué au commencement de la guerre, la maladie du prince Noir, qui l'empêcha de se mettre à la tête de ses phalanges victorieuses, et la révolte d'une partie de la Gascogne, concoururent à la décadence des affaires des Anglais en France.

Édouard, dont la maladie faisait des progrès sensibles, quitta Bordeaux pour aller respirer son air natal, laissant pour son lieutenant le duc de Lancastre, son oncle. Arrivé à Londres, il se démit de sa principauté, et peu de temps après il expira.

Je ne saurais terminer ce récit historique, sans y joindre quelques éloges pour ce jeune prince, dont l'humanité, la grandeur d'ame et la modestie étaient encore relevées par l'éclat de plusieurs vertus, par sa justice et par sa générosité. En un mot, il avait toutes les qualités d'un héros et toutes celles de l'homme vertueux. Sa mort fut un malheur pour l'Angleterre; mais la France perdit en lui son plus dangereux ennemi.

Une trève, conclue à Bruges, mit un terme aux succès de Duguesclin (1). Le roi Édouard suivit son fils dans la tombe, et Richard III monta sur le trône de son aïeul.

La trève à peine expirée, Charles V mit sur

---

(1) Cette trève fut conclue en 1375.

pied cinq armées, dont l'une, sous les ordres du duc d'Anjou, marcha sur la Guyenne, et la conquit avec une telle rapidité, que les Anglais furent réduits à ne conserver que le Bordelais. Tout présageait sa prompte reddition, lorsque la mort du sage Charles V, par les discordes nouvelles qu'elle suscita à la France, mit de nouveau obstacle à la réunion de ce pays à la France.

Le duc d'Anjou, qui était un des prétendans à la couronne, s'empressa de quitter le théâtre de ses exploits avec la plus grande partie de ses troupes, et, abandonnant le projet de conquérir le Bordelais, il courut défendre ses droits.

Bordeaux, effrayée des dangers qu'elle venait de courir, conçut le projet de former une alliance fédérative avec Bourg, Blaye, Libourne, Saint-Émilion et Rion. Cette alliance fut immédiatement conclue; ces villes s'engagèrent de se secourir mutuellement, et c'est à cette alliance qu'elles durent la résistance qu'elles purent opposer pendant long-temps à toutes les tentatives des Français.

Une guerre que Bordeaux eut avec l'Aragon, suscitée par l'arrestation de l'archevêque de Bordeaux à Barcelone lorsqu'il y fut envoyé pour réclamer l'exécution des traités, fut de peu de durée, et se termina par la délivrance du prélat.

Le roi d'Angleterre ayant accordé au comte de Lancastre la principauté de Guyenne, les Bordelais s'opposèrent à leur démembrement de l'Angleterre; ils ne voulurent le reconnaître que comme lieutenant du roi. De fortes discussions s'élevèrent, et le monarque, touché de leur attachement dont ils avaient si fréquemment donné des preuves, consentit à révoquer la donation, en ne le nommant que son lieutenant. Ce ne fut qu'alors que les Bordelais le reçurent, en exigeant de lui deux actes de garantie qu'il leur accorda (1).

A la mort de ce prince, son fils prit possession du duché de Guyenne; mais peu de temps après, appelé à Londres, il y fut proclamé roi sous le nom de Henri IV, à la place de Richard qui fut déposé et mis en prison.

Ce malheureux prince, né à Bordeaux, avait

---

(1) Par le premier, ce prince renonçait à toutes ses prétentions sur la souveraineté de la Guyenne.

Par le second, il promettait d'observer une stricte justice, et de ne rien innover ni dans leurs usages ni dans leurs priviléges.

Le premier fut donné le 13 mars, le second le 22 mars 1394.

accordé à cette ville plusieurs priviléges; l'attachement que les Bordelais lui portaient se prononça fortement au moment où ils apprirent son arrestation. Ils exigèrent son élargissement, en menaçant de se rendre à la France si l'on n'adhérait pas à leurs vœux; et ce ne fut qu'avec beaucoup de peine que le célèbre Robert Knolles, envoyé pour les gouverner, parvint à les calmer. Richard, comme on sait, ne tarda pas à périr dans sa prison, et un de ceux qui étaient soupçonnés d'avoir pris part à sa mort étant venu à Bordeaux, y fut inhumainement massacré par la populace.

A peine quelques années de calme s'étaient écoulées, lorsque les Bordelais furent tout-à-coup attaqués de toutes parts par les Français. Après plusieurs avantages et la prise de Blaye, le duc d'Orléans vint mettre le siége devant Bordeaux; siége qu'il fut cependant obligé de lever par les succès des Anglais et des Bordelais sur la Garonne. C'est alors que cette ville donna des preuves de son attachement et de sa fidélité à l'Angleterre. Ses habitans s'armèrent, et ayant à leur tête leur maire et le sénéchal, marchèrent pour remettre sous sa puissance les provinces que les Français lui avaient enlevées.

L'assassinat commis sur la personne du duc d'Orléans fut le commencement de nouveaux troubles pour la France, et vous savez à quel point ce malheureux royaume fut désolé par les factions d'Armagnac et de Bourgogne. Après le gain de la bataille d'Azincour, les conquêtes des Anglais furent si rapides, qu'ils avaient tout lieu d'espérer d'être bientôt maîtres de la France entière; mais au milieu de tant de succès, le roi Henri V mourut à Vincennes; son fils Henri VI, âgé seulement de neuf mois, fut proclamé roi de France, et le duc de Bedfort régent.

Je ne vous répéterai pas ici par quelles voies la Providence ramena la victoire dans les camps français, lorsque Charles VII, après avoir reconquis une grande partie de son royaume sur les Anglais, par le bras puissant de Dunois et l'épée victorieuse de l'héroïne d'Orléans, remonta sur ce trône ébranlé par les factions des Armagnacs et des Bourguignons, et brisé même un moment par l'audace et le courage britannique. Lorsque la France, respirant de ses maux, revint en quelque sorte à la vie, à la suite d'une agonie aussi longue que terrible, les Bordelais, après avoir vu des villes voisines tomber, et eux-mêmes assiégés, se décidèrent à se soumettre volontairement, et obtinrent du généreux Dunois une capitulation honorable, qui assurait une amnistie générale et la garantie de plusieurs priviléges. Bordeaux alors rentra dans le sein de la monarchie française, pour ne plus s'en séparer.

LETTRE XVI.

Révolte dans Bordeaux en faveur des Anglais.—Réprimée. —Soulèvement pour le nouvel impôt et la gabelle. — Troubles occasionés par la réforme.—Guerre civile, etc.

Les événemens que je vous ai retracés m'offraient un si grand intérêt, et étaient tellement enchaînés entre eux, que j'ai cru ne pouvoir me dispenser d'entrer dans plus de détails que je ne me l'étais proposé. Je tâcherai d'être moins diffus dans ceux que je vais vous rapporter.

La reconnaissance est une vertu qui ne lie guère plus les peuples que les particuliers : les peuples oublient assez facilement les bienfaits. Bordeaux va nous en donner un exemple mémorable. Admise à faire partie de la France, et ayant obtenu la confirmation de ses principes, à peine Dunois a-t-il quitté la Guienne, cette ville conspire, fausse ses sermens, et s'établit en état de révolte. A cette nouvelle l'Angleterre s'empresse de profiter d'un tel avantage, envoie une armée commandée par Talbot, qui s'empare de plusieurs places, et marche sur Bordeaux, qui lui ouvre ses portes, et fait la garnison française prisonnière.

Charles, justement irrité, envoie des troupes combattre le général anglais. Une bataille sanglante se livre, Talbot y périt en héros; toutes les places se rendent, et Bordeaux se soumettant au vainqueur, ne demande plus que la conservation de ses biens et une amnistie. Mais le général français cette fois exige qu'on lui livre vingt des plus coupables, une contribution de cent mille écus, et prononce l'abolition de tous les priviléges; Bordeaux est obligé d'y souscrire.

Charles VII, dont la bonté accompagna la victoire, apprenant les malheurs et vexations que cette ville avait déjà éprouvés pendant la dernière occupation des Anglais, qui, n'espérant point la conserver, l'avaient accablée d'impôts, ne la punit qu'en retranchant de la contribution que ses généraux lui avaient imposée, soixante et dix mille écus, et qu'en lui accordant divers priviléges; mais voulant s'assurer de leur fidélité, il fit élever le Château-Trompette et le Fort-de-Haa.

Louis XI, tyran de la France, ne le fut point

pour les Bordelais; il leur prodigua des bienfaits, et, entre autres, leur accorda un parlement. Mais ayant donné la Guienne en apanage à son frère Charles, le parlement fut transporté à Poitiers, d'où il ne retourna qu'à la mort de Charles.

Je voudrais pouvoir jeter un voile sur les événemens qui suivirent le règne de François Ier, dans Bordeaux, et y rendirent à jamais affreux le souvenir de Henri II; mais il est dans l'histoire des peuples des époques tellement mémorables, que pour leur instruction, autant que pour l'instruction de ceux qui les gouvernent, on ne saurait trop les signaler, quelque affligeantes qu'elles soient d'ailleurs.

Un impôt sur le sel, levé avec la plus extrême rigueur, fut l'occasion d'une des plus turbulentes et des plus malheureuses séditions. Établie sous Philippe-le-Bel momentanément, la gabelle fut renouvelée et rétablie sous François Ier, et augmentée sous Henri II d'une telle sorte que, devenue onéreuse, la province se souleva ainsi que l'Angoumois et la Saintonge, et cinquante mille révoltés repoussèrent les troupes que Henri Albret, roi de Navarre, gouverneur de la Guienne, leur opposa. La révolte gagna Bordeaux, et sans le président du parlement, l'intrépide La Chassaigne, que les séditieux obligèrent de se mettre à leur tête après la mort du lieutenant du roi, Meneins, et de plusieurs autres fonctionnaires publics qu'ils venaient de massacrer, et qui feignit de leur obéir pour s'emparer de l'esprit de sédition et l'étouffer, elle eût été sans doute et plus prolongée et plus funeste. Ce magistrat, sévissant avec autant d'adresse que d'énergie contre les plus audacieux et les plus turbulens, qu'il fit punir de mort, calma l'orage et apaisa les flots de ce torrent débordé. Le connétable de Montmorency, si connu par sa bravoure, et plus fameux encore par sa sévérité, envoyé par le roi pour réprimer la révolte, arriva à Bordeaux lorsque déjà la tranquillité y était rétablie. Il ne se contenta pas cependant du châtiment infligé par La Chassaigne, et le soir même de son entrée dans cette ville à la tête d'une force imposante, il fit exécuter cent cinquante personnes par les plus affreux supplices, et mit le comble à l'atrocité de son caractère en faisant décapiter le jurat Lestonac (1); et s'il faut en croire des historiens qui n'ont point encore été dé-

---

(1) *Voyez* les *Annales de Toulouse*, par La Faille.

mentis, joignant l'immoralité à la cruauté, ce fut au moment où il promettait, pour prix de son honneur, à la femme de ce malheureux citoyen, le salut de son époux, qu'il le fit périr.

Jetons maintenant un voile sur les malheurs qu'éprouvèrent les Bordelais pendant le séjour du cruel lieutenant de Henri, qui pendant trois semaines parut se complaire à leur faire sentir tout le poids de sa puissance et de son caractère altier et féroce. Le roi lui-même s'apercevant de la trop grande rigueur exercée contre cette ville, modifia le jugement porté contre elle. Il remit la taxe de deux cent mille livres, et ordonna qu'on laissât subsister l'Hôtel-de-Ville qui devait être rasé; mais il confirma l'interdiction du parlement, commanda à celui de Toulouse d'examiner sa conduite, et nomma des commissaires pour rendre la justice dans Bordeaux.

Peu de temps après, les Bordelais obtinrent le pardon du roi : les commissaires furent révoqués, et le parlement rétabli par des lettres patentes.

Bordeaux scella donc son retour dans le sein de la France, d'un sang précieux qu'on n'aurait peut-être pas dû verser, ni par prudence, ni par humanité. Mais les malheurs des peuples, comme ceux des individus, semblent presque toujours arriver par une succession rapide et non interrompue. A ceux qu'entraîna pour Bordeaux une guerre prolongée contre la France, succédèrent ceux qu'amène toujours, dans des temps d'ignorance, l'intolérance en matière de religion : on vit surgir une autre guerre civile. Les opinions des réformés, qui d'abord eurent le Midi, climat si propre à la fermentation des esprits, pour théâtre, pénétrèrent nécessairement dans une de ses plus populeuses et plus grandes villes, malgré tous les efforts du parlement, et d'affreux supplices (1).

On compta, dès le commencement de cette secte, jusqu'à sept mille de ces zélateurs, qui, dans Bordeaux, non-seulement tenaient des assemblées tumultueuses, mais qui osèrent même faire des remontrances au pouvoir, sur la défense qu'on leur fit de se réunir. Des catholiques enthousiastes et dévoués, qui trouvaient que le gouvernement n'agissait pas avec assez d'énergie contre les novateurs, se ras-

---

(1) Pendant les années de 1549 à 1557. *Voyez* les registres du Parlement.

semblèrent au nombre de plusieurs mille et nommèrent six syndics chargés de les poursuivre : cette espèce de ligue élut pour son chef le président de Ruffignac, connu par sa haine implacable contre la réforme.

Je ne vous entretiendrai pas des détails de cette affaire, qui d'abord portée au parlement, le fut ensuite au roi, qui nomma des commissaires chargés de juger les religionnaires ; mais ils furent ensuite révoqués.

De nouveaux troubles ayant éclaté, les religionnaires cherchèrent à s'emparer de plusieurs villes et surtout de Bordeaux ; mais leurs efforts échouèrent par la victoire que gagna sur eux Monluc à Taragon. Enfin, la paix signée à Amboise leur accorda le libre exercice de leur religion. Charles IX, pendant son séjour à Bordeaux, leur accorda un édit de pacification, et même plusieurs priviléges, par des lettres-patentes que le parlement de cette ville refusa d'enregistrer, mais qui le furent par le sénéchal de Guienne, d'après des lettres de justice du roi.

Ces édits de pacification n'étant pas observés, de nouveaux troubles recommencèrent, et les protestans établirent des intelligences avec les princes. Ils s'emparèrent de

Blaie, de Marsan, d'Angoulême, de l'Angoumois et de la Saintonge. Bordeaux même était menacé, lorsqu'une nouvelle paix conclue à Saint-Germain (1), en accordant aux protestans de nouveaux droits, fit cesser pour quelque temps les calamités de la guerre civile.

C'est ainsi qu'on préluda à cette journée horriblement célèbre, et non moins fatale à la cité de Bordeaux qu'à la France entière (2), où des Français égorgèrent des Français, leurs concitoyens innocens; et joignant à ce grand crime celui de la lâcheté, les massacrèrent sans qu'ils pussent se défendre. Sans l'asile que les protestans trouvèrent dans les châteaux forts qui protégent Bordeaux, cette boucherie ordonnée par le roi eût été immense dans cette ville; le massacre cependant dura plusieurs jours (3).

---

(1) Le 11 août 1570.

(2) Le jour mémorable de la Saint-Barthélemy eut lieu en 1572.

(3) Lorsque Charles IX vint à Bordeaux, il y fit une entrée solennelle, y tint un lit de justice, caressa les protestans, leur accorda des priviléges, et les autorisa à exercer leur culte; et quelque temps après... il commanda la Saint-Barthélemy, et se mit lui-même dans sa capitale, au nombre des bourreaux qui l'exécutèrent.

Les sages mesures prises par le parlement de Bordeaux pour arrêter les troubles qui devaient nécessairement résulter de l'irritation des esprits produite par un tel attentat, sauvèrent cette ville; et Henri III qui avait succédé à Charles, dit que ce parlement lui avait rendu plus de services en Guienne que n'aurait pu faire la plus forte armée (1).

Un édit de pacification vint suspendre pour quelque temps les persécutions des catholiques et les ressentimens des protestans. Deux grands hommes étaient à la tête de ces derniers, qui opposaient à la fois à leurs ennemis l'énergie des grands citoyens et l'indomptable valeur des héros. Condé et Henri dirigeaient des hommes qui ne demandaient que la liberté de leur culte et de leur conscience, et d'adorer Dieu comme ils croyaient devoir le faire. De tels hommes n'étaient pas des barbares, mais ils furent forcés de reprendre les armes, tant les persécutions de leurs adversaires étaient constantes et tant l'intolérance est cruelle. Les crimes et les maux enfantés par la ligue succédèrent à ceux de la Saint-Barthélemy, et le règne honteux de Henri III au règne sanglant

---

(1) Mém. de Forachat.

de Charles. L'anarchie vint alors jeter ses torches incendiaires dans Bordeaux. A peine les dissensions étaient calmées, que de nouvelles recommençaient avec plus de fureur. Mais Henri III mourut, et les droits de Henri de Navarre l'appelèrent au trône autant que sa valeur et ses vertus. La ligue, puissante dans Bordeaux comme elle l'était dans Paris, proclama par la voix du parlement qu'elle ne reconnaîtrait pas pour roi un prince hérétique ; mais Paris ouvrit ses portes à ce prince, et Bordeaux dès ce moment s'empressa, imitant la métropole de la France, de se soumettre à lui.

Si vous ne saviez combien le bonheur est rare pour les peuples, vous croiriez sans peine que, sous le règne d'un tel prince, les Bordelais furent heureux ; mais ce prince régna peu de temps, et sous son successeur, l'insensible Louis XIII, si peu digne de son héroïque père, non-seulement la dissidence des opinions religieuses, mais le despotisme de Richelieu troublèrent tour à tour Bordeaux. Un impôt sur les hôtelleries et cabarets, jugé exorbitant, causa une sédition furieuse comme autrefois celui du sel ; et sans la présence d'esprit et le courage du fameux duc d'Épernon, qui avait succédé à Biron dans le gouvernement de la Guienne, la ville eût été livrée à toutes les horreurs du plus affreux pillage, après avoir été souillée du sang d'une foule de ses citoyens qui périrent pendant le feu de la révolte.

La France était déchirée par des factions, et le cardinal voulant les réprimer, crut que le seul moyen pour y parvenir était de mettre un frein au pouvoir des grands en relevant l'autorité du roi, et par conséquent la sienne. Le duc d'Épernon était du nombre des seigneurs qui, tant par ses richesses, par ses places et le gouvernement des provinces les plus considérables, que par son caractère, pouvait s'opposer à ses vues. Richelieu sentait bien que l'abaissement d'un tel homme devait être un des premiers essais de sa politique. Il l'abreuva de tant d'humiliations, de tant de désagrémens, que le duc crut devoir se retirer en Angleterre avec son fils. Aussitôt il est déclaré ennemi de l'État; ses gouvernemens furent donnés, et celui de la Guienne fut accordé au prince de Condé.

Son fils, rentré en France après sa mort, vengea sa mémoire en obtenant sa survivance dans le commandement de la Guienne; mais on ne tarda pas de voir s'élever entre lui et le parlement de Bordeaux une dissidence et une opposition de vues et de mesures, à l'occasion des troubles qu'excita en France une disette générale de blé. Ces différends rallumèrent les brandons mal éteints de la guerre civile. Quelque puissant qu'avait été le pouvoir de Richelieu, il n'avait pu étouffer entièrement les semences de la féodalité; d'ailleurs l'autorité faible, incertaine de la régence, et la juste répugnance que la France éprouvait de voir un étranger devenir premier ministre pendant l'orageuse minorité de Louis XIV, ne servirent que trop le feu renaissant de sa discorde. D'Épernon commença la guerre civile en prenant le château de Vaire. Le parlement de Bordeaux, après avoir porté ses plaintes au pied du trône, d'un tel attentat, leva lui-même des troupes qui furent commandées par le marquis de Chambaut. Ce fut en vain que le marquis d'Argenson, envoyé par la cour, chercha à ramener les esprits par des mesures conciliatrices; le caractère altier et haineux de d'Epernon ne se prêtait à aucune. Enfin Chambaut envoyé à la tête de troupes sans expérience pour détruire le château de Libourne que d'Epernon élevait, fut complétement battu par lui; et comme les vaincus ont presque toujours tort, le parlement fut interdit. Il protesta contre cet arrêt avec l'énergie souvent sublime que déployaient ces grandes assemblées; il résista à l'autorité royale, continua l'exercice des affaires, et décida d'envoyer de nouveaux députés à la cour, pour exposer la justice de sa cause (1). Le parlement n'écouta point les menaces de d'Épernon, chargé de prêter main forte à l'exécution de l'arrêt d'interdiction. Le peuple suivit l'impulsion des magistrats : la guerre civile éclata avec fureur, le sang coulait dans les rues, les environs de la ville étaient dévastés, et le Château-Trompette réduisait Bordeaux en cendres. Les combats se succédèrent; mais quoique balancés, ils étaient le plus souvent en faveur des habitans, et le Château-Trompette enlevé par eux devait être aussitôt rasé.

Enfin Bordeaux dut le calme et la paix aux sollicitations du prince de Condé, qui parvint à éclairer la cour sur les véritables causes des troubles de ce pays, et les vexations sans nombre du duc d'Épernon qui les avait

---

(1) Arrêt du Parlement du 24 juillet 1649.

provoqués. Une amnistie générale fut prononcée; il ne fut plus question de l'interdiction du parlement; l'oubli du passé fut promis, mais on ordonna le rétablissement du Château-Trompette.

Telles furent les principales conditions du traité que les Bordelais obtinrent, et qui les comblèrent de joie. On ne sent jamais autant le bonheur du calme qu'après des malheurs prolongés et des souffrances que l'on éprouve surtout dans une guerre civile.

LETTRE XVII.

Événement de la Fronde qui succède à la Ligue. — Bordeaux accorde asile à la princesse de Condé et à son fils.

Vous connaissez l'histoire de la France, et vous savez que ce royaume est de tous les pays de l'Europe celui que les factions ont le plus long-temps déchiré : heureuse si sous son gouvernement actuel elle en était pour jamais exemptée. Les dissensions religieuses à peine étouffées, il s'en éleva de nouvelles, comme nous l'avons vu, nées d'une minorité qui finit enfin, lorsque le monarque qui en était la cause, émancipé par l'âge et la haute intelligence qu'il apportait dans les affaires, eut jeté sur son siècle, ainsi que sur son règne, le brillant éclat qui l'a immortalisé. Jusque-là les factions expirantes s'agitèrent encore, comme les mourans qui, en périssant, semblent reprendre une vigueur propre à faire croire qu'ils reviennent à la vie. La fronde succéda à la ligue, et les barricades aux divers assauts de Paris. La cour, errante encore, comme aux jours de Henri III, sortait et rentrait tour à tour dans la capitale, emportant avec elle le jeune prince, seul espoir du repos et de la gloire de la patrie.

Vous avez vu dans ma précédente lettre que c'est aux soins et à l'intercession du prince de Condé, que Bordeaux dut la paix et le calme. Mais avant la conclusion de cette paix, cette ville avait entamé des négociations avec l'Espagne, qui ne fomenta pas seulement les malheurs de la ligue, mais les troubles qui la suivirent. Elle envoya donc dans Bordeaux le général Vatteville chargé de pleins pouvoirs. Il n'arriva que lorsque la paix et la tranquillité étaient rétablies, et échoua complétement dans les négociations qu'il voulut entamer; mais la nouvelle de la détention imprévue de Condé rejeta la ville dans les troubles dont elle était à peine sortie. D'Epernon, animé de haine et de vengeance, au lieu d'exécuter les mesures conciliatrices ordonnées par le roi et le duc d'Orléans, les menaçait de nouveau des baïonnettes de ses soldats. Des députés qu'elle avait envoyés à Paris, ne furent point écoutés par Mazarin; ils demandaient qu'on exécutât le traité conclu par l'entremise de Condé. L'épouse de ce prince, fuyant avec son fils, le jeune d'Enghien, les persécutions du cardinal qui n'imitait de Richelieu son maître que ce qu'il avait eu d'odieux, vint alors demander aux Bordelais, un asile qui lui fut accordé avec enthousiasme, et ce ne fut pas même sans danger que le porteur de l'ordre du roi, qui défendait à la princesse l'entrée de Bordeaux, put échapper à la fureur populaire. Elle se présenta au parlement, en demandant justice au roi des persécutions du cardinal, et le pria de tenir lieu à son fils d'un père qui était dans les fers. Le jeune prince, dans l'attitude des suppliants, comme sa mère, mais s'agenouillant aux pieds du président, dit en tendant ses mains vers l'illustre assemblée : *Oui, servez-moi de père ; le cardinal Mazarin m'a ôté le mien!* Ces accens de l'enfance et de la douleur, joints à la voix touchante d'une femme aussi malheureuse et d'un rang aussi élevé, portèrent au plus haut degré l'enthousiasme populaire des Bordelais. Les illustres fugitifs furent pris sous la sauvegarde publique : leurs amis, leurs parens, les compagnons de leur infortune ou les complices de leur ambition, ne furent pas moins accueillis qu'eux. Les ducs Bouillon et de La Rochefoucauld, dont l'un ne fut pas moins fameux dans les factions que l'autre ne l'est dans les lettres, brillèrent dans ce nombre. Bordeaux devint dès ce moment la capitale de la Fronde ou des mécontens ; et pour comble d'erreur, elle laissa renouer dans ses murs même, par la princesse de Condé, des négociations avec l'Espagne, qui, quelles qu'elles fussent, n'étaient que des forfaits envers la patrie.

Les hostilités commencèrent ; des places furent prises pour assurer la communication avec l'Espagne ; le sang coula, et la cour, en répondant à une nouvelle députation que lui envoya le parlement, déclara, non sans équité, qu'elle pardonnait à tous les insurgés, excepté ceux qui s'étaient criminellement liés avec l'Espagne.

Rendons ici justice à l'esprit vraiment patriotique de cette assemblée. Le parlement sentit trop tard peut-être que les intérêts de la Fronde n'étaient point ceux de l'État ; et lorsqu'un ambassadeur fut ostensiblement envoyé par l'Espagne, chargé de promettre des fonds considérables et des secours, il s'efforça de réparer des torts qui, sans sa sagesse et son énergie, eussent été irréparables. Sans manquer aux droits sacrés de l'hospitalité envers la princesse de Condé et les siens, il fit entendre des paroles de paix; et comme elles ne furent point écoutées, il ne balança pas, dans un moment où il s'agissait du salut de la patrie, à se servir de troupes qui lui étaient fidèles, contre les mutins excités par l'or espagnol et les intrigues du parti. Cet acte énergique eut tout le succès désirable; mais quand les maux publics ont, comme ceux du corps humain, fait de longs et profonds ravages dans le corps politique, s'ils ne deviennent incurables, le temps seul peut les guérir, malgré toute l'habileté des médecins. Bordeaux était bien loin encore de retrouver le calme et le repos, qui ne semblent pas plus faits pour les peuples que pour les individus.

LETTRE XVIII.

Continuation. — Troubles dans Bordeaux.

Nous avons vu Bordeaux être successivement la capitale d'un des peuples les plus considérables des Gaules, celle des Barbares, et celle des provinces que les Anglais occupèrent en France; et quand les dissensions religieuses éclatent dans ce royaume, elle devient l'espoir de la Ligue, après avoir été celui des Réformés. Mais jamais elle n'avait joué de rôle plus important qu'au temps dont nous retraçons l'histoire; jamais elle n'avait offert aux factions un poste plus commode pour prolonger leurs débats et leur existence. Elle fut évidemment le boulevard de la Fronde; triste mérite qu'elle paya cher. C'est ainsi que souvent les plus grands avantages que possède une ville, tels qu'un beau climat, un territoire fertile, une situation à la fois agricole et marchande, industrieuse et propice à l'échange des objets qu'elle produit et de ceux dont elle a besoin, tournent à son détriment, ne servent qu'à l'entourer d'une foule de maux qui viennent, par une compensation funeste, se mêler à tous les biens propres à assurer la prospérité d'une vaste population; c'est ainsi que les nations semblent payer, au prix de leur repos et de leur sang, les plus grands bienfaits de la nature.

Ces déplorables vérités se retracent vivement dans ce que j'ai dit sur Bordeaux, et dans ce que j'ai encore à dire.

L'énergie du parlement fut respectable, mais elle fut vaine : toute la France était indignée contre le premier ministre, qui joignait à la perfidie d'un Italien corrompu et machiavélique, sa bassesse et ses jongleries. Des négociations coupables furent bientôt renouées avec l'Espagne, par la princesse de Condé elle-même, qui devint, avec la duchesse de Longueville, l'ame de la Fronde sur son éclatant théâtre; et lorsque la cour fit marcher des troupes contre Bordeaux, cette ville se prépara à la plus vive comme à la plus longue résistance. Le duc de Bouillon commandait celles qu'on opposa au pouvoir légitime, et tout prit l'aspect d'une guerre à la fois régulière et civile : seulement le parlement crut devoir envoyer un député à celui de Paris, pour lui représenter la situation difficile dans laquelle il se trouvait, et l'engager à devenir, entre la cour et Bordeaux, l'heureux médiateur d'une paix qui, en redonnant le repos à l'État, cicatriserait ses profondes blessures. Mais Mazarin fit avancer le maréchal de la Meilleraie, avec des troupes qui se joignirent à celles de d'Épernon et de Lavalette; et ce général, en menaçant l'île de Saint-Georges, somma Bordeaux, par un trompette, de se rendre, d'expulser de ses murs tous les chefs de la Fronde qu'elle y avait reçus. A ces conditions il accordait la paix, avec la promesse du rappel du duc d'Épernon, si odieux aux Bordelais.

Le vague d'une telle sommation, l'incertitude si de telles conditions seraient ratifiées par le roi, portèrent au plus haut degré d'intensité l'ardeur et l'indignation des Bordelais. Ici le parlement crut devoir faire cause commune avec eux, et déclara qu'il ne séparait point des devoirs qu'il avait contractés envers la patrie, les sentimens nobles et généreux qui le portaient à ne point enfreindre les droits sacrés de l'hospitalité envers la princesse de Condé et ses adhérens, quels que pussent être leurs torts; et qu'en cela même il croyait donner une nouvelle preuve de son attachement pour l'Etat. Mais unissant la prudence à l'énergie, il répondit à la Meilleraie, que n'étant point en guerre avec son roi, il ne pensait pas qu'on dût sommer une ville comme si elle était rebelle à ses lois. Peu de temps après, il déclara de plus, par un arrêt, d'Épernon, son fils et ses adhérens, perturbateurs du repos public, et les auteurs sacriléges des infractions faites au traité de réconciliation du prince avec ses sujets, et des maux qui en étaient les tristes résultats.

Un conseil de guerre fut nommé, et les Bordelais armés reprirent l'île de Saint-Georges. Cette victoire occasiona des démêlés entre le maréchal de la Meilleraie et le duc d'Épernon, à la suite desquels la cour crut devoir prudemment rappeler ce dernier, et le reléguer à Loches.

Mais l'éloignement de ce duc fougueux, abhorré à si juste titre des Bordelais, n'apaisa pas cependant la sédition. Ozorio, nouvel envoyé de l'Espagne, qui, disait-on, apportait des fonds considérables, fut reçu avec enthousiasme par la populace, et mené en triomphe chez la princesse de Condé; mais au lieu des trésors attendus, il n'apportait avec lui que la somme modique de quarante mille écus et des promesses mensongères de soldats et d'armes. Une telle conduite de la part des Bordelais, ne fit qu'aggraver leurs torts envers le pouvoir légitime. Le parlement était trop éclairé, un trop bon esprit l'animait, pour ne pas voir toute l'étendue de ce délit, l'un des plus grands en politique; faible, il ne pouvait sévir lui-même, mais énergique il osait blâmer ce que l'honneur condamne. Il décida qu'il serait adressé des représentations à la princesse de Condé, et que l'ambassadeur espagnol serait arrêté, ainsi que les vaisseaux de guerre biscaïens, qui, sous un pavillon marchand, avaient pénétré dans le port. Cette décision causa la fermentation la plus violente où Bordeaux se fût encore trouvée. Les Frondeurs, soulevant le peuple, firent menacer le parlement de le punir de son audace et de faire périr tous ceux qui s'opposeraient à l'union avec les princes ; mais rien ne put ébranler le courage de ces dignes magistrats.

La princesse alla elle-même, avec son fils, au parlement, pour lui proposer une réconciliation; mais cette assemblée lui répondit cette fois qu'il n'y avait point lieu de traiter avec les ennemis du souverain légitime; qu'il l'engageait à rétablir au plus tôt le calme dans la ville, et que dans le cas où elle ne voulût pas s'en charger, il en prendrait le soin lui-même avec le secours des Jurats et des bons citoyens.

Ici les historiens se contredisent. Cette entrevue eut, selon les uns, les suites les plus fatales, et les Frondeurs firent couler le sang de plus d'un défenseur du trône ; mais, selon les autres, la princesse de Condé, digne de l'hospitalité que lui accordait une ville qui sacrifiait son repos et ce qu'elle avait de plus cher pour elle, s'opposa à toute hostilité, et criant dans un langage aussi expressif que populaire : *Qui m'aime me suive,* elle se retira dans son palais, d'où elle engagea les citoyens à en faire autant dans leurs demeures respectives.

LETTRE XIX.

La guerre civile commence; l'armée royale est repoussée de Bordeaux. — La paix est accordée. — Nouveaux troubles. — Bordeaux se soumet.

Je m'empresse de reprendre le fil de ma narration.

Le parlement non content des efforts qu'il faisait pour maintenir la paix au-dedans de la ville, entre les Frondeurs, leurs adhérens et les autres citoyens, redoubla d'un autre côté ses démarches pour rétablir l'union entre le prince et ses sujets. Mais une requête nouvelle du prince de Condé, dans laquelle il exposait les vengeances du cardinal Mazarin, lui fit changer de politique : il se détermina au contraire à signer son union avec les princes; et après avoir fait convoquer une assemblée à l'Hôtel-de-Ville, il confirma sa décision qui déclarait le ministre *ennemi de l'État, de Dieu et des hommes*; il arrêta de plus qu'on ferait des remontrances au roi, contre le cardinal.

Cependant le roi et la reine mère, régente, qui s'étaient décidés à venir eux-mêmes à Bordeaux, étaient déjà arrivés jusqu'à Libourne. A cette nouvelle, le parlement envoya des députés dans cette ville, qui leur adressèrent des remontrances, lesquelles, quoique respectueuses, étaient pleines de fierté et de force. Le roi y fit répondre par son chancelier, et donna la promesse de tout oublier, aux conditions : 1° que Bordeaux ne protégerait plus le duc de Bouillon, qui avait levé l'étendard de la révolte, et faisait avec son frère, le vicomte de Turenne, la guerre au gouvernement; 2° que le roi entrerait dans la ville accompagné de ses gardes.

Les députés retournèrent auprès du parlement, et tout annonçait que cette fois une telle réponse allait terminer les maux publics; mais la nouvelle que le maréchal de la Meilleraie avait fait pendre le commandant du château de Vaires, livré par trahison, éloigna de nouveau ce doux espoir; le peuple furieux courut aux armes, et le premier résultat de ses fureurs fut la plus déplorable comme la plus cruelle représaille. Le capitaine Canot, prisonnier des Bordelais, subit à son tour le supplice ignominieux du gibet; toute négociation fut dès-lors rompue, et la guerre des Français contre des Français se renouvela avec son délire et ses crimes.

Le parlement de Toulouse fit cause commune avec celui de Bordeaux; et celui de Paris, se joignant à eux, demanda que la parole du duc d'Orléans, solennellement donnée, fût exécutée; que les ducs d'Épernon et de Candalles fussent pour toujours privés du gouvernement de la Guienne; que les ducs de Bouillon et de La Rochefoucauld fussent amnistiés, et que la princesse de Condé et son fils eussent la liberté de se retirer où ils le désireraient; le parlement ajouta que cet accommodement devait être accepté dans dix jours.

Ces conditions n'ayant pas été acceptées, Bordeaux vit qu'elle ne pouvait espérer de salut que dans une défense opiniâtre.

A l'expiration de dix jours de trêve, le faubourg de la Bastide fut attaqué (1) par l'armée royale; et cette armée fut repoussée en présence du cardinal Mazarin, qui excitait le maréchal de la Meilleraie à faire une guerre à outrance, et qui comptait sur un succès facile.

Ce fut alors que le conseil du roi crut devoir

---

(1) Le 25 août.

rendre un arrêt qui déclarait les vainqueurs criminels de lèse-majesté, si dans trois jours ils ne remettaient la ville en son pouvoir.

Lorsque les peuples voient qu'ils n'ont plus de salut que dans leur courage, ils préfèrent, comme la plupart des individus, une fin glorieuse à une mort infâme, et chacun trouve plus beau de cesser de vivre sur un champ de bataille que sur un échafaud. Bordeaux est attaqué; les assiégeans montent à l'assaut, les assiégés les repoussent; il n'est pas jusqu'aux femmes qui s'arment et se battent pour leur propre salut et celui de leurs enfans, de leurs époux. Les efforts de l'armée royale furent vains. La ville défendue par l'indignation, le désespoir, par tout ce qui multiplie les forces et le courage de l'homme, la ville ne fut point soumise; ce qui compromit de plus en plus l'autorité royale. Cette circonstance ne put échapper à l'observation du parlement, et comme cette assemblée ne voyait d'autre succès à désirer pour le roi, que de ramener à lui ses sujets égarés, il profita de ses avantages pour renouer les négociations avec la cour, quels que fussent ses torts envers eux et son aveuglement envers le premier ministre. Il lui envoya des députés; et l'accueil favorable qu'on leur fit, présagea l'heureux instant si vivement et si longuement désiré de la paix. Une trêve de dix-huit jours fut d'abord signée, pendant laquelle tous les accords furent faits. La princesse de Condé, son fils et tous les chefs purent se retirer en toute sûreté. Enfin le duc d'Épernon fut révoqué de son gouvernement de la Guienne.

Bordeaux signala le retour de la paix par un acte qui lui fait honneur. Au départ de la princesse de Condé, la ville se chargea du paiement de ses dettes, malgré les pertes immenses qu'elle avait éprouvées.

Le roi et la régente ne tardèrent pas à faire leur entrée solennelle à Bordeaux, et une résidence prolongée dans cette ville fut employée à réparer les maux que la guerre avait faits.

Plusieurs événemens qui suivirent le départ de la cour, l'exil, quoique tardif, du cardinal de Mazarin, résultat de la paix jurée, ainsi que la liberté des princes qu'il avait emprisonnés, et la nomination du prince de Condé au gouvernement de la Guienne, mirent, après tant de désastres, le comble au bonheur des Bordelais; mais cela même fut une source de nouveaux malheurs pour cette province.

Anne d'Autriche n'avait consenti qu'avec peine à l'exil du cardinal hors du pays. Elle attendait avec impatience le moment de le rappeler. Le prince de Condé seul pouvait y porter obstacle; on se décida donc à le faire arrêter à l'époque du sacre du roi. Le prince, prévenu du nouvel attentat que l'on voulait diriger contre sa personne, se retira à Saint-Maure, d'où il annonça à tous les parlemens le complot que l'on avait tramé; et le parlement de Bordeaux ne tarda pas à envoyer une députation à la cour, pour la prier de ne point rappeler le cardinal.

Le prince de Condé partit de Saint-Maure, pour se retirer à Bordeaux où il reçut de nouveaux témoignages de l'attachement de ses habitans, qui le secondèrent avec enthousiasme dans ses préparatifs de guerre, lorsqu'on apprit le rappel de Mazarin.

Le roi, irrité de ces événemens, se décida à marcher lui-même contre Bordeaux; mais ayant appris que les Frondeurs, profitant de son absence de Paris, faisaient des mouvemens et armaient de tous côtés, il se décida à retourner dans sa capitale pour s'opposer à leurs desseins, et pour favoriser en même temps le retour du cardinal. Dès ce moment la guerre se ralluma dans tout le royaume.

Condé partit pour commander l'armée qui allait être opposée à celle du roi. Le prince de Conti, qui lui succéda dans Bordeaux, jaloux de l'autorité du parlement, chercha à se faire un parti, et parvint à établir dans l'esprit du peuple des doutes, des soupçons sur la bonne foi de cette assemblée. Le peuple, toujours léger, toujours crédule, toujours avide de nouveautés, ajouta foi à ces calomnies. La hideuse anarchie leva sa tête sanglante : le peuple se précipite en foule sur la place nommée l'Ormée, et par une de ces soudaines et violentes résolutions, ordinaires dans de telles assemblées, il érige un gouvernement, formé de cinq cents factieux, et l'appelle la *Chambre de l'Ormée*. Dureteste est le nom du séditieux énergique et rempli d'audace qui la préside. De la profession obscure de boucher, cet homme est élevé au premier rang des citoyens, et fait jurer à l'autorité, à la tête de laquelle il est placé, de combattre quiconque protégera le retour de Mazarin. Il règne avec les siens, sans interruption, pendant deux ans dans Bordeaux (1), et oblige

---

(1) Le prince de Conti lui-même était réduit à suivre

le parlement par ses menaces de condamner ce ministre et ses adhérens à des peines infamantes, comme criminels de lèse-majesté.

Le parlement prend une autre délibération, par laquelle il déclare que le roi n'est pas libre, que le duc d'Orléans doit être déclaré lieutenant-général du royaume, et employer son autorité à rendre la liberté au monarque. Mais le parlement ne tarda pas à être opprimé lui-même. Le peuple ne cessa de se livrer à la fureur, investit le palais, menaça d'égorger tous les magistrats, et força cette assemblée à déclarer que l'exercice de la justice était suspendu jusqu'à ce que le calme et l'ordre fussent rétablis.

Vainement la cour proposa une amnistie à tous les frondeurs indistinctement ; les *Ormistes* obligèrent de la refuser.

La Fronde ne put résister cependant aux armes victorieuses de Louis XIV. Il rentra triomphant dans sa capitale ; et le prince de Condé se réfugia dans l'étranger. Bordeaux n'imita point encore l'exemple de Paris ; et la cour déclara que le parlement de Bordeaux

---

ses ordres. Souvent il lui disait : « Allons, Monsieur, il faut monter à cheval ; » et le prince n'osait désobéir.

irait siéger à Lyon. Il obéit; et les Ormistes le laissèrent partir, persuadés qu'ils seraient plus libres, pendant son absence, de se livrer à toutes les violences et les abus d'un pouvoir usurpé : joignant bientôt les forfaits de la trahison à ceux de la révolte envers le prince et de l'oppression envers leurs concitoyens, ils renouvelèrent les intelligences avec l'Espagne, et sollicitèrent secrètement la protection de Cromwell.

Dans ces entrefaites, d'après les ordres de Mazarin, on essaya de s'emparer par stratagème de Bordeaux; mais le complot fut découvert et déjoué.

Des mesures plus énergiques sont adoptées. Le duc de Vendôme d'un côté, et le duc de Candalles, nommé gouverneur de la Guienne, d'un autre, s'avancent vers Bordeaux, et bloquent cette ville après l'avoir encore une fois en vain sommée de se rendre, en promettant une pleine et entière amnistie. Alors ils veulent tenter d'obtenir par leur valeur ce que l'on n'a pas pu obtenir par la ruse.

Un jeune homme nommé Falhot se dévoue, nouveau Curtius, pour sauver ses concitoyens et les rendre à son prince et à la patrie; il se proposait, avec quelques autres conjurés, de livrer Bordeaux au général de son roi, qui était déjà prêt à y entrer; mais la conspiration fut découverte, comme il arrive presque toujours, par la révélation d'un complice ou timide ou corrompu; et le prince de Conti, à qui cette révélation fut faite, n'eut que le temps de faire fermer des portes qui déjà s'ouvraient aux assiégeans.

La famine se fit bientôt sentir dans des remparts armés de tous côtés, et défendus par tout ce que les passions ont de forcené, mais entourés par des troupes qui n'y laissaient rien pénétrer. Quant au malheureux Falhot, il périt du dernier supplice; mais héros pour le courage, et grand citoyen pour la fidélité, il n'avoua aucun de ses complices : content de donner son sang, en mourant, à son pays, il lui conserva tout ce qu'il était possible de lui sauver.

Le plus terrible des besoins, la faim, triompha enfin de la plus énergique des résistances. Les bons citoyens se rallièrent contre ceux qu'animaient la rage et de viles passions. Le duc de Vendôme seconda au-dehors, par ses armes, les efforts qu'ils faisaient au-dedans; la paix fut conclue, et bientôt il entra vainqueur dans ces murs.

D'après le traité fait entre Vendôme et les députés de la ville, une amnistie générale fut accordée avec la confirmation des anciens priviléges. La princesse de Condé et son fils eurent des passe-ports pour se retirer où ils jugeraient à propos. Le sort de son époux fut remis à la décision du roi; et le prince de Conti et la duchesse de Longueville eurent droit de se faire comprendre dans l'amnistie générale.

La cour confirma les bases de ce traité; mais le cardinal s'opposa à l'amnistie accordée aux chefs de l'Ormée; et ils ne purent échapper à la vengeance royale. Ils subirent à leur tour la mort qu'ils avaient fait subir à une foule de leurs concitoyens, et expirèrent sur l'échafaud, comme il arrive presque toujours lorsque l'on commet le crime de déchirer le sein de sa patrie; Dureteste et quatre de ses misérables collègues, jadis idoles d'une populace effrénée, périrent sans exciter ni la moindre pitié ni le moindre intérêt.

Enfin le roi accorda au parlement la permission de revenir à Bordeaux, et d'y recommencer ses fonctions (1). Lorsque les peuples ont, par une succession d'agitations, con-

---

(1) Le 19 novembre 1654.

tracté l'habitude de ces agitations mêmes et perdu le goût du repos, on les voit, pareils aux flots d'une mer agitée après la tempête, se livrer à plus d'un turbulent effort. C'est ce qui arrive surtout lorsqu'un gouvernement, ou par imprudence, ou par une rigueur, ou par une modération déplacée, donne lui-même le signal des discordes et des révoltes nouvelles. Un impôt sur le timbre du papier fut jugé onéreux par une ville qui avait si long-temps souffert. A peine ce tribut vint-il peser sur elle, que les cendres encore brûlantes de l'insurrection se ranimèrent. Les Bordelais coururent aux armes; le sang coula de nouveau, et la fureur publique ne se calma que par la force, et lorsque le parlement, qui y fut contraint par les mutins, eut aboli l'impôt, et qu'il eut demandé l'amnistie du roi. Elle fut accordée; mais peu de temps après, dix-huit régimens entrèrent dans Bordeaux : à la modération que l'on avait d'abord affectée, succéda la violence; l'impôt fut rétabli; et douze hommes payèrent de leur tête une coupable résistance.

Une nouvelle déclaration royale transféra le parlement à Condom, afin de le mettre à l'abri des fureurs d'un peuple qui, malgré plusieurs amnisties, avait si souvent repris les armes; et la ville elle-même fut imposée à une forte contribution.

Le parlement, après avoir été transféré de Condom à Marmande et à Réole, n'obtint son rétablissement à Bordeaux qu'en 1690.

LETTRE XX.

Situation de Bordeaux jusqu'à la révolution. — Événemens de cette époque.

Lorsque les derniers soupirs de la Fronde eurent été exhalés par le parti qui en France ne voulait pas qu'un étranger occupât la place de premier ministre, la monarchie s'éleva à cette hauteur brillante où elle n'était pas encore parvenue; et Bordeaux, ainsi que les autres grandes villes du royaume, fut appelé à jouir de tous les genres de prospérité. L'édit de Nantes n'était pas encore révoqué; le génie créateur et laborieux de Colbert répandait au loin ses salutaires et brillantes influences, et cette ville, si heureusement située pour confier à l'Océan soit les produits de son territoire, soit ceux de son industrie, vit que sous un gouvernement à la fois éclairé et sage, ferme et jaloux de la gloire de la patrie, son partage était le commerce de l'Atlantique et des colonies françaises, des Antilles et des îles de France et de Bourbon; comme celui de Marseille, de la Méditerranée et des échelles du Levant.

Ce fut même en vain que le coup fatal de la révocation du sage édit de Henri IV vint retentir dans la Guienne, jadis le théâtre de la résistance des réformés, et donna lieu aux violences exercées dans les Cévennes par le pouvoir, et enfin aux dragonnades. Ces effets, sans doute funestes pour la plus brillante des villes qu'avait alors le royaume, affaiblirent mais n'éclipsèrent pas la splendeur, depuis long-temps éclatante, de son commerce. Cette splendeur étendit ses effets salutaires sur toutes les classes de la société. L'aisance devint le partage de la moins élevée, la considération celui de la classe mitoyenne, et l'opulence et les honneurs, les avantages de la classe de la robe et de celle de l'épée. Toutes donnèrent des hommes utiles à l'État par leurs talens, leurs vertus et leur courage; et c'est alors que parut, pendant le calme de la monarchie, le président de Montesquieu, comme pendant ses orages avait paru le grand Montaigne. Bordeaux compensa donc pendant ce beau règne, par une rare prospérité, les maux qu'elle avait endurés sous les règnes précédens, et ses longues infortunes. Tout lui souriait, le savoir, le négoce et l'industrie; et si les arts n'y enfantaient pas, comme dans Rouen, le plus grand des tragiques, et comme dans Paris, une foule d'artistes célèbres, ils n'y étaient pas moins honorés; et plusieurs monumens attestèrent les hommages que l'on rendait à leur génie. Son vaste commerce et son industrie furent aussi autant d'écoles où se formèrent une foule d'excellens marins et de bons économistes.

Le gouvernement de la régence ne répandit point son immoralité sur cette ville, car partout où l'homme travaille, on ne voit point éclore les vices, enfans de l'oisiveté. Celui qui lui succéda, le règne de Louis XV, non moins remarquable par le relâchement des mœurs, ne porta pas davantage atteinte à celles des citoyens de Bordeaux.

Déjà le siècle précédent avait commencé à répandre ces torrens de lumière qui inondèrent le monde moral pendant le siècle suivant, et l'on peut penser combien leur influence fut propice aux talens et à la civilisation de cette grande cité. Cette influence fut telle que, malgré les institutions encore informes, la discordance entre les lois et les autorités, la seule prospérité du commerce maritime de Bordeaux suffit pour maintenir cette ville dans un état aussi éclatant que prolongé.

C'est sous de tels auspices que commença le règne de Louis XVI, de ce monarque qui, par sa bonté, son caractère, ses mœurs et ses lumières, était le plus propre à seconder l'essor qu'avait pris la philosophie dans son siècle, mais qui, précisément parce qu'il avait et la douceur et les vertus des Antonins, ne se trouva plus en mesure quand les passions succédèrent dans toute leur effervescence au calme, et les haines mutinées à une profonde paix. Elles enfantèrent une révolution qui, par son impétuosité et ses fureurs, était encore sans exemple sur la terre.

S'il est une tâche pénible, je ne dis pas pour tout historien, mais pour tout homme qui ne veut qu'en effleurer impartialement le sujet, c'est de parler de cette révolution mémorable autant qu'elle fut terrible. Je ne prétends donc point me l'imposer dans toute son étendue; mais après avoir parlé de Bordeaux dans l'ancien et le moyen âge, des révolutions de la Ligue et de la Fronde, les unes religieuses et les autres purement civiles, comment ne pas vous dire, ma cousine, l'influence qu'eut celle que nous avons vue nous-mêmes se développer sous nos yeux.

Les premiers effets de la révolution furent, dans Bordeaux, ce qu'ils furent dans toutes les villes opulentes de la France : elle inspira de la crainte, même de l'effroi, mais aussi de la satisfaction. Les personnes éclairées et désintéressées espéraient de voir un meilleur ordre de choses, la destruction des abus et le règne des lois adaptées aux besoins du pays. Les personnes richement dotées par la fortune et leurs priviléges, se promirent de s'opposer à ses effets primitifs, comme à ses résultats ultérieurs, et d'autres enfin, spectateurs indifférens dans tous les combats, dans toutes les luttes, attendirent en silence les événemens, ou plutôt ils attendirent que la révolution les eût atteints pour se prononcer pour ou contre, selon qu'elle favoriserait ou non leurs intérêts, qui sont tout pour la plupart des hommes. Mais probablement aucun des rangs, aucune des trois classes dont se compose la société, ne prévoyait le caractère qu'en France, et dans ce siècle, prendrait un tel météore politique.

Cependant quel que fût le sort de Bordeaux, quelque éclat qu'elle eût obtenu sous les auspices de la paix, du commerce et de l'industrie, cette ville croyait, comme les autres cités de la France, à la nécessité de quelques changemens dans l'administration, à quelques réformes avantageuses dans les lois et les finances, qui étaient dans le plus grand désordre, enfin dans les mœurs avec lesquelles contrastaient si fort les austères vertus de Louis XVI. Mais cette ville ignorait, comme tant d'autres, quel prix elle devait payer de pareils changemens.

Dans le nombre des événemens, prélude de ceux qui accompagnèrent la révolution dans Bordeaux, celui qu'on remarqua le plus est le refus fait par l'Assemblée constitutionnelle, de recevoir la députation composée entièrement de nobles, que cette ville envoya à Paris. A cet événement succéda celui où, après la prise de la Bastille, la plus grande partie des membres du parlement de Bordeaux se firent spontanément soldats dans les compagnies de la milice bourgeoise, et montèrent la garde comme les autres habitans, et où le commandant du Château-Trompette envoya les clefs de cette forteresse aux quatre-vingt-dix électeurs des communes, pour obtenir la faveur populaire.

Bientôt après, le parlement de Bordeaux, un des plus célèbres du royaume, tant par l'éclat qu'il avait précédemment jeté que par le talent des magistrats qui le composaient, vit avec étonnement son président offrir en hommage à la liberté, les droits qu'il exerçait sur un péage lucratif. Ensuite la ville tout entière proposa à l'Assemblée constituante de la France, l'institution d'une fête pour marquer l'ère de la liberté. Mais trop souvent les lois de cette divinité se convertissent en licence, et dans l'année 1790, une jeunesse ardente et peu réfléchie insulta publiquement des juifs qui dans Bordeaux, comme dans toutes les villes commerçantes, exerçaient à la fois la profession du négoce et le culte antique et immuable de leurs aïeux; mais cette persécution naissante fut réprimée.

Bordeaux marchait encore dans les voies de la prospérité, malgré les maux qui déjà souillaient la révolution. Une députation de l'armée qu'elle envoya à la fédération de la France, fut admise, à Paris, aux honneurs de la séance des représentans assemblés.

Bientôt un arrêt de la chambre de vacations du parlement de Bordeaux provoqua des dissensions entre ce corps et l'Assemblée nationale. Cet arrêt attribuait à cette assemblée les brigandages qui, pour la honte et pour le malheur de la France, désolaient plusieurs provinces, et cette imputation excita parmi les nouveaux législateurs des débats qui, par leur intérêt et par les personnages qui en furent les orateurs, méritent que vous en ayez une idée (1). Malgré les efforts de l'abbé Maury, cet arrêt fut improuvé, et le président de la chambre des vacations mandé à la barre pour entendre le décret de l'Assemblée nationale.

La ville de Montauban était déjà livrée aux alarmes, et à des dissensions aussi précoces que funestes. Bordeaux sentit combien il était important d'étouffer les discordes d'une ville aussi voisine, et sa garde nationale reçut ordre d'aller remplir cette mission. Mais il ne tarda pas de s'élever de nouveaux troubles dans le sein même de cette cité, qui l'obligèrent de songer à son propre repos avant de prétendre à assurer celui de ses voisins.

Ces nuages, qui obscurcissaient si souvent alors l'horizon politique, disparurent; et l'on vit non sans étonnement le commerce de Bor-

---

(1) *Voyez* dans le *Moniteur* du mois de mars 1790, le rapport qui fut fait à l'Assemblée nationale de l'*Affaire du parlement de Bordeaux*.

deaux, malgré ses pertes nombreuses, adresser des félicitations et son assentiment à l'Assemblée nationale sur l'*heureuse création* du papier-monnaie, qui donna lieu ensuite à la plus affreuse banqueroute.

Mais l'année 1791, si fertile en événemens pour la France, s'ouvre; et c'est pendant son cours que l'Assemblée constituante agite la question si importante et si difficile, élevée au sujet des noirs et des hommes de couleur dans les colonies françaises, où Bordeaux échangeait ses richesses manufacturières et territoriales avec les denrées locales et les produits des colonies. En effet, les nouveaux législateurs s'occupèrent de cette discussion, et un décret proclama que les hommes de couleur des îles françaises étaient libres comme les Français eux-mêmes.

Malgré l'effet dangereux qu'une telle loi devait produire, et qu'elle produisit effectivement sur les noirs, esclaves aux colonies, que l'on ne crut pas devoir appeler au partage des mêmes droits, tout Bordeaux se réjouit de ce décret. En vain eut-il de nombreux antagonistes dans la France et dans les colonies même; en vain la paix fut-elle troublée dans ces belles îles, séjour de l'opulence, et dépositaires de tous les trésors de la nature. On vit la garde nationale de Bordeaux même ouvrir un registre sur lequel une foule de citoyens qui la composaient, couraient s'inscrire, prenant l'engagement d'y aller maintenir la tranquillité et les lois, tandis que ceux que leur âge ou d'autres obstacles empêchaient de partir, contribuaient à cette expédition, de leur fortune.

Le sort des colonies occupa fréquemment Bordeaux depuis le commencement de la révolution jusqu'en 1791. A cette dernière époque, l'assemblée coloniale qui gouvernait dans ces îles, était accusée de favoriser les nègres, n'affectant pas moins de vouloir qu'ils fussent libres que les hommes de couleur; on l'accusa même de fomenter l'insurrection de ces hommes, qui, s'ils avaient les mêmes droits que les blancs à la liberté, n'en avaient ni l'instruction, ni la docilité, ni les mœurs; et ces nouvelles prétentions sur lesquelles la mère patrie n'avait pas encore prononcé, amenèrent, comme on sait, les plus sanglans débats.

Bordeaux possédait alors dans son sein, comme la plupart des villes de France, des sociétés politiques ou clubs, lesquels, à l'instar de ceux d'Angleterre, ne s'occupaient que des intérêts publics. Une d'entre elles s'appelait la *Société des amis de la Constitution;* et dans cette circonstance, elle ne craignit pas d'accuser l'assemblée coloniale de vouloir introduire dans les colonies l'influence étrangère.

Bordeaux, qui avait déjà offert de l'argent et des soldats pour secourir les colons, offrit bientôt des vaisseaux pour porter des secours à Saint-Domingue.

Sans compter les différentes opinions qui pouvaient exister dans son sein, je remarquerai que Bordeaux, dès 1792, manifesta le plus ardent libéralisme. Outre la satisfaction qu'elle témoigna pour la déclaration de guerre aux puissances coalisées contre la France, elle envoya à l'Assemblée législative une députation d'hommes d'un grand mérite, et la plus brillante, par les talens, de toutes celles qui composaient alors cette chambre, malheureusement célèbre, qui contenait tant d'orateurs éloquens et d'habiles légistes; mais auxquels peut-être il manquait de plus profondes connaissances politiques.

Le début de cette députation dans l'Assemblée, où elle exerça à la fois l'influence du nombre et celle du talent, puisqu'elle était une des plus fortes et des plus éclairées, dut être d'autant plus marquant que les événemens l'étaient eux-mêmes. Le trône ne tarda pas à être attaqué par le peuple de Paris et les insurgés des provinces, et son procès lui fut fait, à la stupéfaction de l'Europe entière, à coups de canon, le 10 d'août, et par le siége du château des Tuileries : on fit plus tard celui du monarque lui-même; et des hommes, à la fois ses accusateurs et ses juges, prononcèrent sur son sort.

Ce fut après la première de ces tragiques scènes, et lorsqu'il fut question dans l'Assemblée de décider la déchéance du roi, que commença le rôle important de la députation de Bordeaux, appelée la Gironde, et dont je ne désignerai désormais les membres que sous le nom de Girondins, qu'on leur donna vulgairement.

A cette époque, se rallièrent à elle une foule de membres les plus importans de l'Assemblée; et l'on sait que les Girondins obtinrent, par voie d'attraction, ou plutôt par la réunion de leurs principes et de leurs talens, les plus éloquens auxiliaires, qui partageaient leur haine pour la démagogie.

Et pourtant les Girondins et leurs partisans se prononcèrent avec véhémence contre l'infortuné monarque. Vergniaux, l'un d'entre eux, tint dans cette Assemblée le sceptre de l'éloquence que Mirabeau avait tenu dans la Constituante; cependant avec la différence que le dernier était un grand homme d'État, tandis que l'autre n'était qu'orateur. Le règne de la première législature dura peu. Le roi ayant tenté d'échapper aux malheurs qui le menaçaient, et sa déchéance ayant été prononcée, une Convention ou troisième Assemblée nationale fut nommée, et eut à statuer sur le péril imminent de la patrie.

C'est dans cette Assemblée de huit cents députés, que les Girondins, qui furent tous appelés à y siéger, devaient à la fois trouver leur écueil, leur mort et leur gloire. Je dis leur gloire, car quelque exaltés qu'ils fussent pour une liberté exagérée, ils ne le furent point encore assez pour faire une alliance aussi ignominieuse pour eux, qu'elle devait être funeste à leur patrie, avec ce que la France a produit de plus turbulent et de plus dangereux dans sa longue et terrible révolution.

Les Girondins, qu'on appelait aussi Brissotins, à cause du député Brissot, votèrent avec lui la guerre à l'Angleterre, qu'il fit déclarer, malgré que, trois mois avant, lui-même avait annoncé à la tribune que la France pouvait faire la guerre avec tout le continent, étant sûre de l'assistance de cette puissance, qui seule avait des institutions; et ici l'amour de la liberté les entraîna tellement, qu'ils ne pensèrent plus que la rupture de la paix avec la nation anglaise causerait la perte du commerce maritime de Bordeaux. Mais ce ne fut pas seulement en cela que leur patriotisme montra de l'aveuglement et devint funeste à cette ville.

J'ai dit qu'un amour excessif de la liberté en avait fait des républicains (comme s'il était possible de fonder un tel gouvernement en France). Cette opinion ne tarda pas à se manifester par des signes qui furent funestes à la France et à la liberté même.

En effet, le jour où la Convention osa elle-même prononcer sur le sort de son monarque détrôné, et le juger, quoiqu'elle fût son accusatrice, ce jour parut; et les Girondins traînèrent avec les autres régicides, leurs collègues, cette pure et vertueuse victime à l'autel où elle fut immolée.

Les Girondins durent se repentir bientôt de leur funeste crime. Déjà s'élevait, dans la Convention même, comme au-dehors de cette Assemblée, des vengeurs du monarque innocent; et ces vengeurs n'étaient autres que les passions ambitieuses de ses bourreaux, qui bientôt allaient s'entre-détruire eux-mêmes. En effet, à peine le roi mort, les convulsions de l'anarchie et les noires fureurs d'une démagogie auprès de laquelle celle d'Athènes, du temps de Cléon, celle de Rome pendant celui des Gracques, et de l'Angleterre, lorsque Cromwel méditait son honteux et sanglant protectorat, ne sont rien, ne tardèrent pas à sortir des cendres encore fumantes de Louis.

Les coryphées de ce gouvernement monstrueux n'eurent pas seulement, comme je viens de le dire, un point d'appui dans la Convention; ils en trouvèrent surtout dans la commune de Paris et dans deux clubs malheureusement trop célèbres : celui des Jacobins, connu de l'Europe entière, et celui des Cordeliers, qui ne l'est pas moins par ses excès. Tous deux, uniquement composés de démagogues, transformèrent la liberté en licence et l'égalité en crime. Ils ne purent avoir l'assentiment d'hommes qui étaient exaltés, sans doute, et républicains, mais n'étaient pas des monstres sanguinaires. Les Girondins s'élevèrent donc contre les anarchistes, auxquels ils ne pouvaient, il est vrai, reprocher la mort du roi, puisqu'ils étaient leurs complices; mais ils leur reprochaient les terribles journées de septembre, pendant lesquelles eut lieu l'affreux massacre des prisons dans Paris; et ils ne cessèrent de leur résister par leur énergie et leur éloquence.

Dès ce moment, la plus violente des luttes s'éleva dans la Convention, dans la commune et les clubs de Paris. Les Girondins furent attaqués d'abord par le trop fameux Marat, ensuite par Robespierre, Danton, et par tout ce que les jacobins avaient de plus furieux.

C'est alors qu'on donna au parti des Girondins le nom de *Plaine* et celui de *Marais*, en opposition à celui de la *Montagne*, que portaient leurs adversaires, ces furieux qui couvrirent de larmes, de sang et de deuil Paris et la France entière. La malheureuse Plaine résista en vain à la Montagne, qui, véritable volcan politique, vomissait au loin la mort et l'incendie; mais elle devait être inondée elle-même de ses feux, et s'écrouler par ses propres fureurs.

Depuis long-temps attaqués par la Montagne, les Girondins succombèrent enfin sans retour. Non contente de les accuser d'être les amis du monarque, dont cependant ils avaient voté la mort, elle prétendit qu'ils voulaient rétablir la royauté. Mais comme des accusations faites à la tribune ne sont, en dernière analyse, que des mots, lorsqu'aucune peine ne les suit, les démagogues, après avoir soulevé les sections, les clubs et la commune parisienne, firent enfin marcher contre la Convention les hommes du 10 août, des journées de septembre, et ceux qui avaient conduit le roi au supplice; et cette Assemblée se vit forcée, dans les premiers jours de juin, de prononcer le décret d'arrestation des Girondins et de ceux qu'ils appelaient leurs complices.

Vous devez juger dans quel état se trouvèrent les divers départemens de la France, en apprenant l'issue des funestes journées du 31 mai, et des 1, 2 et 3 juin; lorsqu'ils surent que la représentation nationale et le droit sacré d'élection, tout avait été violé en la personne de leurs représentans. Dès ce moment plusieurs se soulevèrent, c'est-à-dire, ceux dont le siége était établi dans les plus grandes et plus populeuses villes de la France, telles que Lyon, Marseille et Bordeaux, la plus outragée de toutes, puisque ses députés étaient arrêtés et exclus de l'Assemblée. Dès ce moment les torches de la guerre civile, déjà allumées dans la Vendée, répandirent leurs feux dévorans d'un bout de la France à l'autre, et, l'environnant d'un double cercle de dangers, joignirent leurs ravages à ceux qu'exerçait déjà la guerre étrangère. Pour comble de maux, les Anglais lui enlevèrent, dans le même temps, le magnifique port de Toulon.

Loin d'être favorables à la délivrance des députés, de telles dispositions ne pouvaient que compromettre leur vie ; et les Montagnards n'étaient pas hommes à les ménager. Ce fut alors qu'après avoir accusé les Girondins de vouloir la royauté, ils les accusèrent d'être à la tête d'une faction qui aurait eu pour objet de faire de la France ce que firent les cantons suisses, dès l'aurore de leur liberté, de la fédéraliser, et de détruire l'unité de la république. Ce système, qui avait énervé et divisé les forces de l'Helvétie comme des sept Provinces-Unies, et dont la confédération germanique devrait avoir corrigé les hommes d'Etat les moins habiles, aurait été, appliqué à la France, un véritable suicide politique. Il faut croire, pour l'honneur des Girondins, qu'ils ne songèrent jamais à s'en rendre coupables ; en cas contraire, ils auraient mérité l'anathème lancé contre eux. Mais ceux-ci, rejetant une telle accusation, soutenaient au contraire qu'ils ne se nommaient fédérés que pour s'opposer à la démagogie des Jacobins et des Cordeliers.

Traduits sans justice comme sans pitié au tribunal de sang qu'on nommait alors tribunal révolutionnaire, institué après la mort du roi, et qui déjà préludait avec un empressement féroce aux terribles arrêts qu'il ne cessa de rendre, vingt-deux d'entre eux périrent par la hache, et quarante-trois furent jetés dans les cachots, d'où ils ne sortirent qu'après que leurs propres juges se furent immolés entre eux, c'est-à-dire après la célèbre journée de thermidor. Le reste, éprouvant le sort des proscrits de Marius et de Sylla, furent plus malheureux encore : réduits par leur triste sort, les uns à se détruire, les autres à tomber sous le fer d'obscurs assassins, ou à mourir de faim.

C'est dans le nombre de ces vingt-deux représentans, condamnés et exécutés à mort, que figura cette élite des députations que l'on devait à Bordeaux: on y distinguait Vergniaux, Guadet, son émule en talens, Gensonné, Ducos, Grange-Neuve, et une foule d'autres qui composaient cette association malheureuse.

Aussitôt que la Convention apprit que Lyon, Marseille et Bordeaux étaient soulevées, elle fit marcher trois armées contre elles; et les Français combattant déjà contre les Français dans les champs de la Vendée, se virent encore armés les uns contre les autres sous le ciel plus doux et plus beau du midi. Lyon ne fut réduit qu'après un long autant que glorieux siége, et la clémence, au lieu de sourire à ses habitans, vit la férocité détruire sous ses coups tous ceux qu'une guerre cruelle avait épargnés. Plus heureuse, Marseille sut éviter un siége, mais ne put éviter la fureur des jacobins, et la Convention y fit planer également la faux que promenaient d'impitoyables moissonneurs ; faux qui coupa jusque dans ses racines, par l'action du tribunal révolutionnaire, l'espoir de la patrie dans une foule de ses rejetons violemment égorgés.

Enfin ce fut le tour de Bordeaux ; et si, comme Marseille, elle sut éviter un siége en règle, elle en endura du moins toutes les horreurs préliminaires. Des proconsuls aussi despotes, aussi cruels dans leurs actions, qu'ils étaient libéraux dans leur langage, lui furent envoyés. A la fois flexibles et impérieux, ils unissaient la ruse à l'audace, tantôt feignant d'admettre les voies conciliatrices d'un accommodement, tantôt celles de la fierté, si opposée à l'indulgence et à la douceur. Ce fut par l'emploi successif de tels moyens, qu'ils parvinrent à s'emparer des forteresses ou châteaux qui protégeaient la ville; et lorsqu'ils les eurent en leur possession, ils furent maîtres de la ville elle-même, dont les citoyens étaient aussi avares du sang de leurs concitoyens que ces farouches vainqueurs en étaient avides.

Qu'arriva-t-il lorsque les députés envoyés par la Convention furent entrés dans cette malheureuse cité? Ce que nous avons vu arriver à Lyon et à Marseille. Une commission, appelée du salut public, avait existé pendant l'insurrection; on lui en substitua une autre, appelée militaire, qui frappa les citoyens. Une foule de Bordelais périrent, sans que leur sang répandu fût en rien utile à la patrie.

De telles fureurs, une telle oppression se prolongèrent jusqu'à la journée du 9 thermidor, où cet homme que, jusqu'à ce moment, on ne peut comparer qu'à l'Appius du décemvirat de Rome, fut frappé lui et les collègues qu'il s'était donnés, et qui partageaient ses haines, son ambition et ses violences. Ce tribun mystérieux et sanguinaire descendit enfin du trône oligarchique qu'il s'était créé au nom de la liberté, de l'égalité et de sa démagogie.

Comme la politique et les révolutions sont

soumises à des réactions toujours proportionnées à leur action, le 9 thermidor eut aussi ses vengeances et ses fureurs, et le sang inonda les provinces méridionales au nom d'une nouvelle terreur qui succédait ainsi à l'ancienne, dont on venait, par la mort de Robespierre et de ses Séïdes, de trancher la racine avec le fer des lois. Lyon, et surtout Marseille, dont les habitans, nés sous un climat aussi ardent que celui de l'Italie, sont facilement excités par sa chaleur, se signalèrent malheureusement par des ressentimens d'autant plus funestes qu'ils ramenaient l'anarchie. C'est alors que se fit connaître le caractère à la fois équitable et éclairé, sage et bienfaisant des Bordelais! La haine ne les aveugla point; la discorde ne parvint point à les troubler, et la vengeance à les avilir. Ils laissèrent aux juges le droit inaliénable de prononcer les peines que méritaient leurs assassins, aux lois celui de les prescrire, et aux bourreaux celui de les exécuter. Ce fut là que se bornèrent leurs ressentimens. Heureuse la France, si l'inflexible histoire ne pouvait reprocher de plus atroces vengeances aux cités qui, comme elle, embrassèrent la cause de l'humanité, et qui ne surent pas comme elle la respecter!

Sous le Directoire, dont le gouvernement républicain succéda à la Convention, si Bordeaux ne put réparer les ruines de son commerce maritime, irréparables jusqu'à la paix de 1815, elle respira du moins, et renoua les liens de son commerce intérieur et agricole avec la France même, de ce commerce qui avait été si cruellement lésé par la terreur comme par toutes les institutions et les établissemens existans; et les brillantes victoires de l'armée d'Italie lui permirent d'envoyer ses vins et les produits de son industrie dans cette belle contrée.

Le Directoire dut céder le rôle important qu'il jouait parmi les gouvernemens européens, avec lesquels il était si peu en harmonie par ses institutions neuves et insolites; et il le laissa bientôt à cet homme surprenant qui, lorsque le sang d'un roi de France fumait encore sur l'échafaud, vint relever le trône avec le glaive de la victoire. Homme étrange s'il en fut, puisqu'on retrouve dans lui seul une foule d'hommes célèbres, et ceux auxquels leur génie valut une juste gloire, et ceux que leur invincible et déraisonnable ambition place au rang des héros assez faibles pour n'avoir pas su en triompher, et préférer l'illustration plus solide de la modération! Vous savez, ma cousine, de qui je veux parler, et je n'ai nul besoin de vous dire que c'est celui qui, après avoir vaincu dans plusieurs parties du monde, et soumis la plus grande partie de l'Europe, trouva un insurmontable écueil dans nos champs, dans nos villes et dans nos guerriers, qui lui disputèrent avec succès la victoire, la forcèrent à faire divorce avec lui, et à contracter de nouveaux liens avec ceux qu'elle avait abandonnés.

Je vous ai déjà dit, dans ma lettre sur le commerce de Bordeaux, quelle fut l'influence qu'eut sur cette ville le gouvernement naissant de Bonaparte. J'ai peu de choses à y ajouter; mais je ne saurais oublier les effets qu'y produisit la paix éphémère d'Amiens. A ce doux rayon de l'astre qui préside à la fortune comme à la tranquillité des peuples, cette ville entière sentit l'espérance lui sourire, car cette paix lui promettait le retour de son commerce maritime et de ses rapports avec les colonies. Les noirs, émancipés au prix du sang des blancs, les occupaient. Une armée navale, composée de ce que celle de terre comptait de plus illustre dans les camps, partit pour arracher à un général noir plein de talens, et aussi audacieux qu'entreprenant, ces Hespérides françaises. Mais si les vainqueurs de l'Italie avaient planté leurs drapeaux sur les Alpes, l'Apennin et les Pyramides, ils ne parvinrent qu'avec peine à les arborer sur les mornes brûlans et les rochers féconds des Antilles. Bientôt attaqués par les nègres féroces et vindicatifs, et surtout par la fièvre dévorante du Tropique, la plupart d'entre eux périrent, moissonnés par elle et par le fer des noirs ; le reste dut bientôt retourner dans le sein de la mère-patrie; et ce jour d'espérance et de joie, qui avait si délicieusement souri à Bordeaux, se changea pour elle, comme pour toute la France, en un jour de deuil et de tristesse. Mais si l'influence du climat et les maladies eurent un effet si malheureux sur l'armée française, cette expéditon manqua autant, pour le moins, par la faute que commit le général Leclerc de ne pas se conformer aux ordres du premier consul, qui lui avait prescrit de mettre les hommes de couleur à la tête des nouveaux intérêts de la colonie, et de faire passer en France tous les chefs des noirs, pour y être employés dans leurs grades.

Telle est, à peu de chose près, l'histoire de Bordeaux pendant la révolution ; tels sont, quoique en abrégé, les maux, les privations, les pertes et les douleurs qu'elle a endurés. Les victoires de Napoléon, toutes brillantes qu'elles furent pour elle comme pour toute la France, ne lui coûtèrent pas moins, sans doute; car outre les nombreux bataillons qu'elle n'avait cessé de donner à la république, elle dut en livrer de plus nombreux à l'empire. D'un autre côté, les mers étaient toujours fermées par l'effet de ce vaste blocus que les Anglais opposèrent au système continental. Il fallut donc que Bordeaux endurât sous ce maître nouveau, comme pendant la révolution, le long et involontaire divorce qu'elle avait fait avec Neptune.

Elle avait établi cependant, pour se dédommager, un trafic avec la fertile Espagne, moins de ses vins que des produits de ses manufactures; mais Napoléon, par les rigueurs qu'il exerça envers cette péninsule, ne tarda pas à la priver encore de cette branche de commerce ; de sorte que, comme toute la France, elle était riche d'honneurs et de gloire, mais peu de ce qui compose la véritable prospérité publique, le commerce, la paix et la liberté.

Mais de nouveaux jours se préparent; une

nouvelle époque aussi inattendue que mémorable s'approche : la chute de l'empire et la restauration de ses anciens princes sur le trône de France vient surprendre l'univers étonné.

Dans ma prochaine lettre, je vous rappellerai un événement dans lequel Bordeaux, plus que toute autre ville de France, a joué un rôle important.

LETTRE XXI.

Bordeaux à l'époque de la première restauration de Louis XVIII.

L'ANGE qui préside aux restaurations royales, le même qui jadis avait replacé sur le trône, pour peu de temps il est vrai, la famille proscrite des Stuarts, planait incertain sur l'Europe appelée aux mêmes révolutions que l'Angleterre, un siècle après que cette île en avait donné le premier signal. Il couvrait de son égide les rejetons d'une race de soixante monarques, éloignés pendant cinq lustres du trône de leurs aïeux et de leur patrie. Ignorant si la Fortune, la plus inconstante, mais la plus puissante des divinités, secondée par le génie de l'Ambition et de la Victoire, persisterait encore long-temps à prodiguer ses faveurs à l'un de ses plus heureux favoris, il se bornait à veiller sur leurs jours, à les consoler de leurs disgrâces, à leur promettre un plus doux avenir.

Cependant le Nord s'était soulevé en masse pour reconquérir son indépendance menacée en 1812; et ses armes, après deux années de combats, avaient pénétré jusque dans le cœur de la France; tandis qu'au midi, l'Espagne, aidée du fer et de l'or de la Grande-Bretagne, secouait aussi le joug humiliant qui lui avait été imposé. Nouveau Churchill, Wellington conduisait les phalanges réunies de l'Angleterre, du Portugal et de l'Espagne. Après avoir remporté dans la Péninsule des victoires d'autant plus brillantes qu'il avait eu à combattre un ennemi aussi habile que brave, mais qui était affaibli par les secours qu'il avait dû envoyer dans sa patrie, le maréchal anglais s'avança, en 1814, vers les frontières de la France, à la tête de ses troupes dont la confiance était encore relevée par les combats heureux des 10, 12 et 13 décembre.

Mais, unissant les calculs de l'homme d'État à celui de l'homme de guerre, il crut ne devoir pas pénétrer en France sans avoir à ses côtés un des princes de la maison de Bourbon, afin, d'une part, de prouver aux Français qu'il n'existait aucun projet d'envahissement de la part des alliés, et encore moins du démembrement de ce beau pays, et que l'on ne combattait enfin que pour lui rendre ses anciens et légitimes souverains.

Rempli qu'il était du projet de n'entrer en France qu'en unissant dans son armée le drapeau des lis à celui d'Albion, il voulut s'assurer du consentement de son gouvernement, et choisit à cet effet, pour porteur de ses dépêches, le duc de Guiche, qui, constamment attaché à la famille des Bourbons dans l'adversité comme dans le bonheur, lui était personnellement connu, ayant déjà fait avec lui plusieurs campagnes en Espagne, où il ne s'était pas moins distingué par sa valeur que par l'attachement qu'il portait à la cause de ses maîtres. De telles qualités méritaient bien la confiance ; le duc de Guiche obtint toute celle du généralissime anglais, qui jeta les yeux sur lui comme sur l'homme le plus propre à le seconder dans la grande entreprise qu'il se proposait.

Le premier soin du duc de Wellington fut d'envoyer M. de Guiche en Angleterre, en le chargeant de dépêches par lesquelles il rendait compte au gouvernement anglais, *par duplicata,* des affaires qui avaient eu lieu sur les rives de l'Adour; mais aussi d'une lettre particulière pour le premier ministre, le comte Liverpool, qui, dans son contenu, renfermait les raisons importantes qui portaient le duc à penser qu'il importait au succès de la cause des alliés qu'il eût avec lui, à son entrée en France, un des princes du sang royal. Il ajoutait dans cette lettre que tout ce qu'elle ne pouvait contenir lui serait révélé par le porteur lui-même. Le duc de Guiche s'embarqua le 21 décembre, et, grâces à des vents propices, fut bientôt rendu à Londres. Dès sa première entrevue avec le lord Liverpool, auquel il remit les dépêches et la lettre du maréchal, il s'aperçut du peu d'empressement du ministre à entrer dans ses vues, et surtout à partager le vœu qu'il exprimait. Il ne tarda pas même d'apprendre, peu de jours après, que, loin d'accéder au projet, il refusait complétement d'y coopérer.

Mais il importe d'expliquer dès-à-présent les causes d'un tel refus. Une de celles qui forcèrent le ministre anglais à agir ainsi, c'est que des négociations étaient entamées à Châtillon avec Bonaparte; la crainte qu'il avait d'en retarder la conclusion, et d'y apporter le moindre obstacle de sa part, ne pouvait avoir de motif plus péremptoire, sans doute, que la soudaine apparition d'un prince français dans le camp des Anglais.

Le duc de Guiche ayant échoué dans sa négociation, et ne conservant aucun espoir de vaincre l'opposition du ministre britannique, partit pour Hartwell, résidence de Louis XVIII, où il eut l'honneur d'exposer au roi le secret objet de son important voyage, et les avantages immenses que, dans le cas d'un entier succès, devait nécessairement retirer la cause royale de la présence d'un prince français au moment de l'entrée de l'armée coalisée en France; et, pour donner plus de poids à ses paroles, il ajouta que le duc de Wellington avait été le premier à juger qu'une telle démarche n'était pas moins sage que politique.

On sait combien Louis XVIII a de lumières et de pénétration : il ne lui fut point difficile de voir toute l'étendue du service que le maréchal voulait rendre à la cause des Bourbons ; et il ne tarda pas à prévenir M. de Guiche de la détermination qu'il avait prise d'envoyer le duc d'Angoulême à l'armée anglaise, n'éprouvant qu'un seul regret, celui d'être séparé d'un prince qu'il chérissait.

Ce fut en conséquence d'une telle disposition, que la cour d'Hartwell ouvrit une négociation avec le ministère anglais, dont l'objet était d'obtenir définitivement ce que le duc de Wellington ne demandait pas moins que le roi de France. Mais le comte de Liverpool persista dans le refus de l'autorisation demandée, et le consigna même dans une lettre qu'il adressa à monseigneur le comte d'Artois.

Les princes ne se découragèrent point, et, malgré la détermination contraire du cabinet de Saint-James, ils résolurent de faire partir sans délai le duc d'Angoulême pour l'Espagne; mais son départ devait avoir lieu dans le plus grand secret, et sans qu'aucune autre personne que le duc de Guiche en fût avertie. Ce dernier ne tarda pas à être expédié avec la réponse négative du comte de Liverpool au maréchal Wellington. Il quitta, en conséquence, Londres pour retourner auprès de lui; mais il lui fut enjoint par les princes de ne divulguer à qui que ce soit leur précédente détermination. Le secret, en cette occasion, était d'autant plus nécessaire, que le ministère anglais avait expédié des ordres dans tous les ports, pour qu'aucun capitaine des bâtimens du roi, ni aucun vaisseau de transport, n'eût à recevoir le prince à son bord.

Toutefois, et quelque stricts que fussent de

tels ordres, le prince parvint à s'éloigner de l'Angleterre, et arriva heureusement en Espagne. Il était parti secrètement sous le nom de comte de Pradel dans une voiture publique, suivi seulement du duc de Damas qui se faisait passer pour son valet de chambre; et, arrivé ainsi à Falmouth, il s'était embarqué sous le même nom à bord d'un paquebot, et sans autre suite : ce fut sous ce simple et modeste déguisement, qu'arriva sous peu de jours l'héritier d'un trône au port du Passage, près de Saint-Sébastien, qui n'est qu'à six lieues de Saint-Jean-de-Luz où était établi le quartier-général du duc de Wellington.

A peine arrivé, le prince voulut se rendre auprès du maréchal; mais le refus qu'avait fait le comte de Liverpool ne lui permit pas de s'annoncer sous son nom. Conservant donc rigoureusement l'incognito, il écrivit au duc pour l'avertir que le comte de Pradel était arrivé, et qu'il allait avoir l'honneur de se rendre auprès de lui. Mais à peine le généralissime eut-il appris cette nouvelle, qu'il monta à cheval, et, suivi de tout son état-major, alla à la rencontre du prince qu'il reçut avec tous les honneurs dûs à sa haute naissance.

Le duc d'Angoulême resta auprès du maréchal jusqu'au moment où celui-ci mit son armée en mouvement par son aile droite, que le prince suivit. Après la bataille d'Orthez, l'armée anglaise dut s'arrêter pendant quelques jours, le général en chef étant subitement tombé malade; ce qui obligea le prince de retourner à son quartier-général.

Divers renseignemens obtenus par le maréchal, et surtout ceux qu'il eut du duc d'Angoulême, qui recevait de toutes parts des lettres d'un grand nombre de personnes dévouées à sa cause, qui toutes l'informaient des sentimens et du bon esprit qui régnaient à Bordeaux, décidèrent ce général à faire marcher un corps directement détaché sur cette ville, par les petites Landes.

Cette décision, aussi sage que politique, devait être exécutée aussitôt que conçue. Ce corps fut donc détaché de la grande armée et confié au commandement du lord Dalhousie et du général Béresford, qui se mirent aussitôt en marche, tandis que le maréchal Wellington lui-même se portait avec le reste de son armée sur Toulouse, ayant fait unir la cocarde blanche à la cocarde anglaise, et le drapeau du lis à celui du léopard.

Le duc d'Angoulême se sépara alors du maréchal, et suivit la division du lieutenant-général sir Lowry Cole, qui formait l'avantgarde du corps du lord Dalhousie. Arrivé avec elle à Bazas, le premier cri de *vive le roi!* en France, s'y fit entendre par les habitans de cette ville de toutes parts rassemblés, qui saluèrent avec transport un des rejetons de leurs légitimes monarques. Il y coucha seulement une nuit, et voyant qu'un enthousiasme réel l'accueillait ainsi sur le sol sacré de sa patrie, il en conçut la juste espérance qu'il en serait partout reçu ainsi; et quittant dès ce moment l'armée anglaise, il résolut de la devancer même dans Bordeaux; ce qui, d'après les renseignemens qu'il avait de l'excellence de ses dispositions envers les Bourbons, ne pouvait qu'ajouter à l'éclat de sa réception en France.

Il fit cette course rapide à cheval, accompagné seulement de MM. de Damas et de Guiche, et de deux domestiques, sans aucune escorte.

Eclairé autant qu'industrieux, et ennemi de la licence, le peuple de Bordeaux, qui avait tant souffert des écarts sanglans et des aberrations criminelles de la révolution, reçut avec transport un des petits-fils de Henri IV. Le duc paraissant au milieu des Bordelais sans l'armée anglaise, et escorté seulement de sa confiance en eux, leur sembla digne du plus grand de ses aïeux ; soixante mille habitans, à la tête desquels étaient leurs magistrats, leurs municipes, et tous venant à sa rencontre pour lui témoigner leurs vœux et leurs espérances, voilà quels furent les ambassadeurs de la seconde cité de la France. Le peuple ne cessa de se livrer aux démonstrations de sa joie et de son bonheur, en se précipitant sur le cheval du prince, sur sa personne, les uns déchirant les basques de son habit pour les conserver comme de précieuses reliques, d'autres enfin arrachant les crins de son coursier. C'est entouré d'un tel cortége, que le prince fut conduit à la cathédrale, où l'archevêque de Bordeaux l'attendait afin de rendre au Dieu des rois et des peuples, des actions de grâces ; de là il se rendit au Palais-Royal, où le maire de la ville, le comte de Lynch, l'un des citoyens qui contribuèrent le plus à cet heureux événement, l'attendait, avec les autres autorités de la ville. Tout paraissait concourir pour rendre la fête complète. Un soleil aussi pur que radieux éclairait ce jour du 12 mars, désormais célèbre dans les fastes de l'histoire de Bordeaux. C'est de ce moment, on peut le dire, que la contre-révolution fut consolidée dans cette ville, qui ne tarda pas à voir paraître sur ses tours le drapeau blanc qui fut aussitôt arboré.

Le service du palais se fit par la garde nationale, et par des volontaires royaux qui s'organisèrent et se formèrent à leurs propres frais.

La garde nationale s'empara de tous les postes qui venaient d'être abandonnés par la garnison de cette ville, laquelle, forte seulement de sept à huit cents hommes, s'était retirée vingt-quatre heures avant l'arrivée du prince sur l'autre côté de la Gironde. Le corps anglais du lord Dalhousie arriva peu de temps après, et fit son entrée dans Bordeaux sans avoir rencontré un seul ennemi, et sans la moindre effusion de sang.

Pendant que de tels événemens se passaient dans cette ville, le duc de Wellington poursuivait ses opérations du côté de Toulouse; mais les forces qui lui étaient opposées sous le commandement d'un des premiers capitaines de la France, l'obligèrent de se renforcer de celles qui étaient confiées au général Béresford auquel il donna l'ordre de quitter promptement Bordeaux et de le rejoindre le plus tôt possible; le comte de Dalhousie fut également rappelé, circonstance qui, laissant ce prince sans aucun appui étranger dans cette ville, le mit à même d'éprouver de plus en plus la sincérité et l'attachement des Bordelais, mais l'exposait aux attaques de l'armée française, combattant encore pour Napoléon.

N'ayant donc pour se défendre que la garde nationale et les volontaires royaux, il les établit en avant-garde dans les passages qu'il était important de garder sur la Gironde, s'assurant ainsi du pays appelé *entre deux mers*, c'est-à-dire de celui qui est situé entre la Garonne et la Gironde.

Ces avant-postes ne tardèrent pas à faire connaître au prince l'arrivée à Libourne du général Caen, à la tête de cinq mille hommes qui bordaient la rive droite de la Garonne et menaçaient Bordeaux.

C'est alors que le duc d'Angoulême put juger effectivement du dévouement des Bordelais pour lui, car tous coururent aux armes, et ne balancèrent pas à déclarer qu'ils défendraient la ville jusqu'à la mort, et qu'ils soutiendraient le plus rigoureux siége plutôt que de ne pas garantir son autorité et ses jours contre les soldats de Bonaparte. Mais le prince ne voulut point accepter un dévouement si généreux ; il déclara que ce n'était point sous l'horrible auspice de la destruction des Français qu'il voulait signaler son retour en France, et que son devoir au contraire lui commandait d'assurer le repos comme le salut des Bordelais. Ce fut en conséquence d'une détermination aussi humaine, que le prince envoya en parlementaire au général de Caen, le duc de Guiche, pour l'avertir, s'il ne l'était pas encore, des événemens importans qui se passaient dans le nord et l'est de la France, et des victoires des alliés, et surtout pour l'engager à suspendre, jusqu'à l'arrivée des nouvelles importantes qu'on attendait incessamment de la capitale, toute hostilité. Le général de Caen s'empressa de se conformer aux vœux du prince, et ne témoigna pas moins que lui le désir d'épargner le sang de ses concitoyens.

En effet, bientôt le prince reçut les heureuses nouvelles qu'il attendait. Elles étaient le garant des succès de la cause royale; toutes les difficultés furent aplanies, et le général de Caen se rendit aussitôt auprès du prince avec tout son état-major pour reconnaître l'autorité du roi, en se mettant sous ses ordres avec les troupes qu'il commandait, et qu'il le supplia de passer lui-même en revue. Le duc d'Angoulême s'empressa de se rendre à ses vœux, et passa la revue de ce corps d'armée, qui fut le premier qui reconnut dans cette partie de la France Louis XVIII, et se soumit à son sceptre.

Tout étant pacifié dans Bordeaux, et la plus parfaite harmonie y régnant, le prince, qui venait d'apprendre l'entrée du maréchal de Wellington dans la ville de Toulouse, à la suite de la bataille sanglante livrée sous ses murs, crut devoir se rendre dans cette ville.

A peine le duc d'Angoulême y fut arrivé, qu'il y reçut les mêmes hommages qu'à Bordeaux, et fut témoin des transports nullement équivoques d'attachement que les habitans manifestèrent pour son auguste personne. Une seule différence distinguait à cet égard le peuple de Toulouse de celui de Bordeaux : la première de ces cités renfermait alors dans ses murs des soldats anglais, qui pouvaient plus ou moins avoir de l'influence sur les opinions, tandis que Bordeaux n'avait aucun étranger dans ses murs lorsqu'elle reçut le prince.

L'heure de la restauration sonne; le jour luit, où, par la sagesse et les profondes lumières de son véritable monarque, la France va reprendre une face nouvelle, en recevant une constitution adaptée aux opinions générales, aux besoins de tous. Déjà les armées que commandaient en Espagne et en Portugal les maréchaux ducs de Dalmatie et d'Albuféra, ont, ainsi que leurs vaillans chefs, reconnu l'autorité du roi législateur. Déjà même le prince son représentant a passé en revue ces soldats mutilés et noircis par le feu d'une multitude de combats. Quel moment pour un prince légitime des Français! La cessation des hostilités est proclamée de toutes parts. Il s'empresse de retourner dans Bordeaux pour lui témoigner encore une fois la satisfaction de l'accueil qu'il en a reçu. Mais ensuite appelé dans Paris par l'assentiment de toute la France aux lois octroyées par le souverain, objet de ses vœux, et l'espoir d'une dynastie replacée sur un trône que l'on doit croire désormais inébranlable, il vole auprès du monarque, son oncle ou plutôt son père, mettre à ses pieds ses succès et ses hommages.

LETTRE XXII.

Événemens à Bordeaux pendant les cent jours. — Séjour et départ de Madame la duchesse d'Angoulême.

De nouveaux événemens succédèrent bientôt au calme et à la paix qui venaient de renaître en France; et Bordeaux n'y prit pas moins de part que le royaume entier.

C'est, comme vous le savez, le 26 février 1815, que Napoléon, quittant l'île d'Elbe, débarqua à Cannes, petite ville située sur les côtes de la Méditerranée, suivi seulement de 1,000 à 1,100 hommes, et par ce trait audacieux jeta dans l'étonnement la France et toute l'Europe. Je n'entrerai pas dans les détails de cet événement mémorable, si connu du monde entier, et je me bornerai à ce qui se passa dans la ville de Bordeaux.

La cour des Tuileries, en apprenant les succès naissans et les progrès de cette audacieuse invasion, sentit qu'il était temps de les arrêter, et d'opposer au plus implacable et dangereux de ses ennemis, du courage et de la résolution, d'étouffer enfin, dès son origine, le plus imprévu et le plus menaçant des incendies. Ce fut dans cette intention que le comte d'Artois partit pour Lyon le jour même (1) où le Monarque, son auguste frère, avait lancé contre Napoléon un arrêt de proscription, qui le déclarait hors la loi, et ordonnait que, dès qu'il serait arrêté, il devrait être traduit devant un conseil de guerre, et qu'après avoir reconnu l'identité, il lui serait aussitôt fait application des peines prononcées par la loi.

Le duc et la duchesse d'Angoulême, avant de connaître cet événement, avaient quitté Paris pour faire un voyage à Bordeaux.

Arrivés le 5 mars dans cette ville, après en avoir traversé plusieurs où ils avaient reçu un accueil éclatant, c'est là qu'ils apprirent ce fatal événement. C'est là aussi que, peu de temps après, le prince reçut du roi l'ordre de se rendre en grande hâte de Bordeaux à Nîmes, afin d'y commander, ayant le maréchal Macdonald pour son lieutenant, l'armée composée des troupes assemblées sur les bords du Gard, et forte seulement de 3 à 4,000 hommes, mais

---

(1) Le 6 de mars 1815.

qui devait s'élever à 13,000 par la réunion à ce noyau des 8ᵉ et 9ᵉ divisions militaires. Le duc obéit aussitôt aux volontés du monarque, dont l'exécution était si puissamment commandée par le repos et la tranquillité de la France; il quitta Bordeaux le 10 mars; mais la princesse se décida à rester dans cette ville, pour n'en maintenir que mieux par sa présence les sentimens d'affection et de dévouement de cette cité envers ses souverains légitimes. Un tel espoir de la part de cette princesse, était on ne peut mieux fondé, car dès que les Bordelais eurent appris le retour et l'entreprise de Napoléon, leur enthousiasme pour la maison de Bourbon, loin d'être affaibli, en reçut en quelque sorte un nouvel élan; et le désir de combattre son ennemi remplissait tous les cœurs.

C'est dans de telles dispositions, qu'un nombre considérable de citoyens de tous les âges, vinrent s'offrir en qualité de volontaires pour défendre la cause royale. Plusieurs corps armés, dans l'instant, se formèrent avec autant de célérité que de zèle. La garde nationale se distingua la première dans de semblables efforts, et fournit de nombreux détachemens, tandis que le comte de Caen, commandant de la division militaire de la Gironde, ne cessait d'animer, par d'énergiques et éloquentes proclamations, les soldats qu'il commandait, en leur rappelant qu'ils devaient s'unir aux braves citoyens de Bordeaux, afin de défendre ensemble cette cité devenue l'un des boulevards de la monarchie légitime.

Cependant la princesse, après avoir vu que le zèle des Bordelais, aussi pur qu'il était infatigable, n'avait nullement besoin de sa présence pour être excité à entreprendre les actions les plus dignes de faire triompher la cause royale, crut devoir les quitter pour retourner auprès de ses augustes parens, et fixa son départ pour le 14 de mars. A cette nouvelle, le comte de Linch, maire de Bordeaux, vint, au nom de tous ses habitans, la supplier de différer encore; le gouverneur, le préfet et le commandant de la garde nationale ayant joint leurs instances à celles du maire, la princesse, touchée de l'unanimité et de la sincérité de leurs sentimens, résolut d'acquiescer à leurs vœux, et de prolonger indéfiniment son séjour dans cette ville.

Pendant ce temps, les plus grands événemens se succédaient les uns aux autres, avec la rapidité de l'éclair, au sein de la France étonnée, et à la veille du plus grand des orages qui ait jamais grondé sur aucune nation. Bonaparte, qui se rappelait encore tout ce que naguère le destin avait fait en sa faveur, ne craignit point de s'y confier de nouveau. Il n'avait pas en vain compté sur les hommes qui étaient en harmonie avec son audace et avec son génie par leurs talens, et qui de leur côté, ayant la plus haute opinion des siens, lui prêtèrent leur appui. Après avoir franchi sans obstacle l'espace qui sépare les bords de la Méditerranée de Grenoble, il se présenta devant cette ville, qui renfermait une garnison considérable qu'il jugeait devoir être propice à son entreprise, et l'on sait que, paraissant devant ses portes et poussant son cheval parmi les gardes qui venaient reconnaître sa petite armée, il les décida à embrasser sa querelle; et après être entré dans la ville, il poursuivit sa marche sur Lyon, qui ne se soumit pas moins à sa fortune. Renforcé plus loin par l'armée que commandait le maréchal Ney, et qui passa sous le drapeau tricolore, rien ne pouvait plus s'opposer à ce qu'il arrivât bientôt dans la capitale.

Des nouvelles aussi imprévues, aussi affligeantes, obligèrent le roi de s'éloigner de Paris, le 20 mars; jour douloureux, qui le voyait une autre fois encore laisser son trône et son pays;

et ce même jour, à 8 heures du soir, Paris vît l'heureux conquérant reprendre le sceptre tombé de ses mains, et remonter sur le trône impérial.

Rentré à peine dans le palais des rois, il y donna aussitôt les ordres nécessaires pour s'en assurer la possession nouvelle, ainsi que celle de l'empire. Il rassembla autour de lui tous les chefs civils et militaires, les ministres de son pouvoir; et les grandes villes appelant les premières sa sollicitude, Bordeaux fut surtout l'objet sérieux de son attention. Il savait que la fille de Louis XVI y était adorée, et que dans ce moment même elle y résidait sous la sauvegarde de l'amour et du courage des citoyens, animés par sa présence et son énergie; et il pensait que pour balancer une influence aussi puissante que redoutable à ses intérêts, il devait, pour voir Bordeaux passer de nouveau sous ses lois, choisir un des chefs de son armée dans lequel l'audace se joignît aux talens et au mérite. Il nomma en conséquence le général Clausel, dont la réputation militaire était connue de l'armée entière; et ce fut le 25 mars que cet officier partit de Paris pour sa nouvelle destination.

Mais déjà l'avait précédé dans cette ville un

des hommes dont les vertus et les talens n'ont pas été moins préjudiciables à Napoléon, qu'ils furent utiles aux Bourbons ; un homme qui, pendant l'omnipotence de ce conquérant, avait osé élever sa voix contre lui, et s'opposer à sa volonté toute-puissante. Vous devinez que je veux parler de M. Lainé qui, député de Bordeaux sous Napoléon, ne craignit pas de condamner son despotisme, ses fréquens abus de pouvoir, et surtout celui qu'il avait fait tant de fois de la victoire. M. Lainé, arrivé dans Bordeaux, se présenta aussitôt chez la duchesse d'Angoulême pour lui annoncer la nouvelle du départ du roi, et celle de l'entrée de l'empereur dans Paris : nouvelle qui put bien alarmer le cœur de la princesse par les malheurs dont elle était le présage, mais qui n'altéra en rien ni sa constance ni sa fermeté.

C'est par cet esprit de résolution et d'énergie, que l'auguste fille de Louis XVI fit revivre dans Bordeaux le souvenir des héroïnes de la Fronde, lorsqu'elles disputaient la possession de cette ville au ministre ultramontain, qui avait semé en France les discordes, et tous les germes des révolutions. La duchesse fit aussitôt fermer les portes de la ville; elle permit qu'on y entrât encore, mais non qu'on en sortît;

aidée du conseil qu'elle s'était choisi, elle prit des résolutions propres à garantir Bordeaux de tout contact avec la rébellion, et ordonna en conséquence à un détachement de la garde nationale à cheval, de passer la Garonne, et d'aller sur les bords de la Dordogne intercepter les courriers et voitures venant du côté de Paris.

Madame déploya dès ce moment, à la grande surprise des ennemis des Bourbons, toute l'énergie et l'élévation de caractère des princes les plus illustres de cette famille. Elle parcourut les rangs des soldats, des gardes nationaux, ceux des volontaires royaux qui s'étaient spécialement voués à sa défense, et les passait elle-même successivement en revue, les interrogeait sur leur fidélité, les excitait noblement à faire triompher la cause du malheur, et se faisait admirer par son énergie, son courage et son activité.

Mais quelle ne dut pas être la douleur de cette princesse, lorsqu'elle conçut, non sans raison, les plus vives alarmes sur les sentimens des deux régimens qui composaient la garnison, et qui donnèrent bientôt les signes les moins équivoques de leur attachement à Napoléon ! Le plan des royalistes était que ces régimens, suspectés d'infidélité, seraient aussitôt désarmés, mesure salutaire pour la cause royale, mais qu'on n'osa point effectuer.

En attendant, le général Clausel s'approchait de Bordeaux, répandant autour de lui le bruit des succès de Napoléon dans Paris; nouvelles impuissantes sur les cœurs des Bordelais, mais qui étaient loin de l'être sur les troupes de ligne, parmi lesquelles on s'était efforcé de les faire pénétrer, et qui ne tardèrent pas à manifester le vif désir qu'elles avaient de passer sous les drapeaux tricolores. Madame vit alors qu'elle avait eu raison de ne pas compter sur leur fidélité; et dès-lors il ne resta que peu de sécurité à la princesse et aux royalistes.

Déjà le général Clausel était arrivé le 29 mars à la Grolle, après avoir traversé, le 27, la ville d'Angoulême où flottait déjà le drapeau tricolore. Ayant appris qu'un détachement de gendarmes, envoyé de Bordeaux pour éclairer la route et connaître ses projets, s'approchait, seul il s'avança vers eux, et à peine leur eut-il parlé qu'il les vit se joindre à lui, tandis que des gardes nationaux des villages voisins vinrent en même temps renforcer sa petite troupe.

Bientôt le fort de Blaye, poste important,

vit sa garnison se déclarer pour l'empereur, et le drapeau de la révolution y flotta. Le commandant de cette forteresse se hâta aussitôt d'envoyer cent cinquante hommes au-devant du général Clausel, à Saint-André de Cubzac.

A peine la nouvelle de ces mouvemens fut-elle sue, que les volontaires royaux qui avaient passé au nombre de deux cents sur la rive droite de la Dordogne, avec un canon, se replièrent sur la rive gauche. Le général Clausel, arrivé à Saint-André de Cubzac, y trouva le détachement de la garnison de Blaye, et lui ordonna de marcher sur la ville de Cubzac, afin de s'emparer du pont volant qui se trouvait plus près de la rive gauche que de la rive droite.

Les Bordelais ne tardèrent pas à s'opposer à de telles dispositions, et se mettant aussitôt en défense, ils tirèrent des coups de canon qui endommagèrent quelques maisons.

Le général Clausel, voulant faire cesser les hostilités, invita M. de Martignac, commandant de la troupe bordelaise, à venir lui parler; et celui-ci se rendit à son invitation. Là, le général annonça les succès de l'entrée de Napoléon dans Paris, et leur résultat dans toute la France, l'engagea et obtint de lui la promesse de se retirer, pour que le sang ne coulât pas inutilement; il le pria de se charger en même temps de deux communications aux autorités de Bordeaux, qu'il accompagna d'une proclamation adressée aux troupes de la onzième division militaire.

Aussitôt les volontaires bordelais quittèrent la rive gauche de la Dordogne, et retournèrent par le chemin qui conduit à la Bastide. Le général lui-même ne perdit point de temps, et fit faire des dispositions pour le passage du fleuve, afin de franchir promptement le pays connu sous le nom d'Entre-deux-Mers, et se présenta avec sa petite troupe sur la rive droite de la Garonne, en face de Bordeaux même.

Déjà cette ville avait rappelé tous les détachemens de troupes qu'elle avait envoyés hors de ses murs, s'était encore renforcée de la garnison de Libourne, et eut soin de retenir constamment dans son enceinte sa propre garnison; mesure qu'elle crut devoir à la prudence, mais qui justement la perdit, car ayant dans son sein des troupes sur la fidélité desquelles elle ne pouvait compter, elle paralysa le dévouement des citoyens qui avaient conçu le désir de faire de leur cité le boulevard de la monarchie, et de la défendre contre les entreprises du général Clausel, qui arriva à la Bastide, à la tête seulement de 20 gendarmes, dont 16 appartenaient à la princesse qui les avait envoyés de Bordeaux, et de 80 voltigeurs d'un régiment en garnison à Blaye.

Près d'entrer dans le faubourg de la Bastide, ce général reçut, par M. de Martignac, la réponse de l'importante commission dont il l'avait chargé dans leur entrevue, qui lui annonçait, de la part des autorités de Bordeaux, que la duchesse d'Angoulême, ayant été informée de ses communications, faisait des dispositions pour son départ immédiat, et qu'on le suppliait, au nom du salut de Bordeaux, de différer son entrée jusqu'au lendemain, afin que le départ pût s'effectuer sans aucun malheur pour la ville.

A peine vit-on le général arriver à la Bastide, que les volontaires royaux l'abandonnèrent, passèrent la Garonne, et prirent position sur le quai de la ville, vis-à-vis de ce faubourg.

Pendant ce temps, l'illustre princesse signalait à la fois dans cette circonstance son noble courage et sa fermeté. Elle tenta et entreprit tout pour soustraire Bordeaux à la fortune renaissante de Napoléon, et la conserver à la dynastie de ses ancêtres. Ayant appris par le général de Caen qu'elle ne pouvait plus compter sur la fidélité des troupes de ligne, et que tous, officiers et soldats, étaient décidés à se ranger sous le drapeau tricolore, elle prend une résolution digne de sa grande âme : elle veut s'assurer par elle-même d'une disposition aussi fatale; elle veut parler à leur cœur, à leur ame, et s'efforcer de les conserver à la cause du roi. Elle prescrit au général de Caen d'envoyer à l'instant même un aide-de-camp pour intimer aux troupes l'ordre de se mettre sous les armes dans la cour de leur caserne; et quant à lui, elle lui ordonne d'attendre son retour dans son palais, voulant se présenter seule et sans escorte devant ces soldats. Elle se rend, aussitôt cet ordre exécuté, auprès d'eux, et intrépide, fait fermer sur elle les portes de la caserne. Là, elle apparaît avec une contenance ferme parmi les guerriers, s'avance, leur rappelle d'abord la sainteté de leurs sermens, les devoirs de la fidélité, et enfin le danger joint à l'ignominie qu'il y avait à les violer. Mais quelle fut sa douleur, lorsqu'elle les vit tous immobiles, et le front baissé, ne répondre à sa touchante harangue que par un morne silence! Le courage et sa constance ne l'abandonnent pas; elle emploie alors tout ce que

l'éloquence a de plus séducteur et de plus en-
traînant, la prière et la plainte, le reproche,
et jusqu'aux larmes qu'elle verse en abondance,
arme si souvent victorieuse lorsqu'elle est employée par une femme.... Vains efforts! Les
soldats persistent dans leur taciturne immobi-
lité; elle les conjure de crier avec elle *vive le
Roi!* mais l'écho des voûtes de la caserne répond seul à sa voix douloureuse.

N'ayant pu parler au cœur des soldats, elle
s'efforce au moins d'arracher de leurs chefs
la promesse qu'ils ne combattront pas contre
les gardes nationales qui veulent défendre la
cité contre le général Clausel, et qu'ils reste-
ront au moins neutres. Les officiers répondi-
rent qu'ils ne tireraient point sur les gardes nationales, mais qu'aussi ils ne souffriraient point
que celles-ci attaquassent les troupes impé-
riales, ajoutant qu'ils auraient en même temps
pour elle personnellement tous les égards dûs
au malheur et à son sexe.

Accablée de chagrin, elle les quitte alors
sans obtenir d'eux le moindre signe d'attendris-
sement, et se transportant sur le quai de la
ville, elle va passer en revue la garde nationale
et les volontaires royaux dévoués à la cause
pour laquelle ils s'étaient armés. C'est là qu'elle

éprouva la plus douce des compensations, car ces troupes lui montrèrent autant d'ardeur, d'attachement et de zèle, que les autres avaient montré d'indifférence et d'insensibilité. Mais à quoi pouvait servir un tel enthousiasme qui, quelque pur qu'il fût, et bien que partagé par tous les habitans, n'offrait que des dangers sans aucune chance de succès! La princesse comprit, à l'aspect de tant de symptômes divers et à l'insuffisance de tous ses efforts, qu'elle ne pouvait plus espérer de faire triompher la justice de sa cause. Elle se décida donc à quitter une ville dont la fidélité méritait d'être récompensée par la reconnaissance. Mais avant que de s'en éloigner, elle voulut acquitter cette dette par un acte digne d'elle en ces momens terribles, et elle releva ses partisans de leurs sermens. Elle fit aussi recommander au général Clausel, par M. de Martignac, de ne pas la poursuivre dans sa route, de lui donner dans cette circonstance des preuves des sentimens qu'il lui avait exprimés à Paris, et surtout de protéger toutes les personnes qui avaient marqué, dans Bordeaux, quelque dévouement pour la famille des Bourbons.

La princesse partit enfin à 8 heures du même soir. Elle fut escortée par une compagnie de jeunes gens à cheval, et accompagnée jusqu'au lieu de son embarquement, à Pouillac, par la plus grande partie de la population de Bordeaux, qui ne cessa de lui donner les témoignages les plus touchans de ses regrets et de sa douleur, et ne quitta les rives du fleuve que lorsqu'elle perdit de vue la barque qui la transportait à bord d'un vaisseau anglais qui lui était destiné : ce vaisseau partit bientôt après, et porta la princesse en Angleterre. (1).

Le lendemain, 2 d'avril, le général Clausel, laissant sa petite armée dans le faubourg de la

---

(1) Parmi les personnes qui s'embarquèrent avec madame la duchesse d'Angoulême, était le respectable défenseur de Louis XVI, l'éloquent et courageux Desèze, qui, osant élever sa voix en faveur de son infortuné monarque, pendant ces temps de trouble et d'anarchie, avait fait sans doute, par un tel acte de dévouement, le sacrifice de sa vie.

Traîné de prison en prison pendant treize mois, il s'attendait journellement à périr sur l'échafaud, comme Malesherbes son noble et vertueux émule; mais la chute de Robespierre vint le sauver d'une mort certaine, et le rendre à la liberté.

Lors de sa première restauration, Louis XVIII voulant rendre un hommage éclatant aux vertus et au courage de M. le comte Desèze, le nomma président de la cour de Cassation; mais, comme le roi lui-même, ce magistrat

Bastide, entra seul dans Bordeaux, refusa les honneurs qu'on voulut lui rendre, et ne permit d'arborer le drapeau tricolore que le lendemain du départ de Madame. C'est ainsi que ce général prit possession d'une des cités les plus opulentes et les plus populeuses de la France, jusqu'à ce qu'aux jours de la seconde restauration elle rentra, mais sans aucun événement mémorable, sous les lois de ses antiques souverains.

dut quitter Paris à l'époque du 20 mars, et vint se réfugier à Bordeaux, sa patrie.

M. Desèze a eu, pendant près de neuf ans, l'honneur d'être au service de l'infortunée Marie-Antoinette, en qualité d'avocat. Lorsque cette malheureuse reine fut traduite devant le tribunal anarchique qui couvrait de sang et de deuil la France entière, M. de Malesherbes et M. Desèze reparurent de nouveau pour lui offrir leurs services, comme ils l'avaient fait à son époux. On sait que cette héroïque et vertueuse princesse, connaissant le sort qui l'attendait, refusa de se défendre, et ne voulut point accepter leur noble ministère.

Bordeaux me reprocherait avec raison si je ne parlais pas d'un de ses plus célèbres citoyens, et je me le reprocherais moi-même, honoré que je suis de son amitié.

LETTRE XXIII.

Départ de Bordeaux. — Langon ; les Landes, etc.

Je quitte avec regret une cité qui mérite à tant d'égards la renommée dont elle jouit, l'estime de ses compatriotes, et l'attention des voyageurs.

Si les grandes villes ne sont, il est vrai, que trop souvent le séjour de l'intrigue ; si elles augmentent les vices des hommes plutôt que leurs vertus, indispensables dans l'état actuel de la société, au progrès de la civilisation dont elles sont le principal théâtre, elles sont le séjour des talens, du savoir et de l'industrie, et sans elles l'homme, en conservant plus de simplicité, userait moins de toutes les ressources de son esprit, aurait moins de génie. Elles altèrent les mœurs, mais elles agrandissent le cercle des connaissances ; elles ne suivent point les maximes sévères de la morale, mais elles donnent à l'esprit humain un essor qu'il n'eût jamais pris sans l'excitation continuelle, la fermentation dans lesquelles elles le mettent par le jeu prolongé de l'amour-propre, de l'ambition, et surtout du besoin. Sans les grandes villes, sans les métropoles, les capitales, qu'eussent été les empires ? On n'en eût probablement pas vu de grands, et jamais de ces hommes surprenans qui éclairent le monde ou dont les destinées ont une si grande influence sur les empires même. Les petites villes donnent plus d'hommes vertueux, on le sait, mais moins d'hommes à talens : et cependant les talens comme les vertus sont nécessaires à la société, en sont les élémens constitutifs : heureuse cette société lorsque de bonnes lois y compriment le mal et y font germer le bien.

Il vous paraîtra surprenant, ma chère cousine, que je fasse toutes ces réflexions (dont vous pouvez me contester l'orthodoxie morale sans nier la vérité des faits qui me les ont suggérées) au moment où je rentre dans la campagne pour continuer ma route. L'aspect seul en effet de la nature, à cette époque de l'année où elle est aussi prodigue de bienfaits qu'elle est avare après les temps de la récolte, a toujours le pouvoir de ramener un cœur sensible vers ses beautés, comme un amant aux pieds de sa maîtresse ; elle nous force pour ainsi dire à lui faire amende honorable des infidélités qu'elle a droit de nous reprocher quand nous la quittons durant les trois quarts de l'année pour nous ensevelir dans les villes; et je sens déjà que j'ai eu tort de tant vanter ces vastes réceptacles de l'humanité.

L'air seul qu'on respire dans les champs, épuré par l'action des vents et surtout par l'émanation bienfaisante des plantes, est vif et balsamique. Le spectacle que nos yeux découvrent est de beaucoup supérieur à celui que, décorées même de la pompe des arts, nous offrent les villes. Que sont les plus belles décorations du grand Opéra, auprès du moindre paysage éclairé par les rayons dorés du soleil, ou par la lumière argentée de la lune, dans une belle soirée d'été? La variété, la richesse de ce tableau rendent ridicule et même folle toute comparaison, et il me faut tout le sage scepticisme que l'expérience et la réflexion opposent à l'enthousiasme, pour ne pas déplorer l'existence des grandes villes autant que je l'ai d'abord reconnue nécessaire et même utile.

Je retrouve un pays charmant, je parcours les rives de la Garonne, bordées par ces coteaux où le dieu de la tonne ne fait pas moins sa résidence que sur ceux de la Côte-d'Or et sur les plaines de la Champagne. Rien n'égale la beauté que ses pampres étalent dans les lieux que, de toutes parts, ils enrichissent. Vous savez, ma chère cousine, que, malgré les grêles et même les invasions et les guerres, les pays de vignobles sont les plus riches. Aussi, quel éclat! quelle aisance le voyageur ne remarque-t-il pas dans celui-ci! Pour moi, je me crois dans cette belle partie de l'Étrurie où, le long de l'Arno, la grappe se groupe au laurier-rose et aux fleurs les plus agréables par leur odeur et les plus brillantes par leurs teintes. Les scènes pastorales de la Touraine se renouvellent à mes yeux, embellies par ces trésors et par une nouvelle magnificence. Je vois avec autant de plaisir, voguer sur la Garonne un bateau à vapeur, que j'ai vu avec peine la Loire privée d'un aussi utile moyen de navigation.

Ces rians tableaux seront de peu de durée; je vais bientôt atteindre un sol aussi mélancolique que celui-ci est riant et gai; mais je profite en sage du plaisir, en attendant la tristesse à venir.

Langon est la première ville où j'entre après avoir quitté Bordeaux; c'est là que s'arrête le bateau à vapeur dont le succès a surpassé l'espérance même des entrepreneurs, puisqu'il fait tous les jours et double un trajet de treize lieues et demie.

Cette ville, commerçante et par son voisinage avec Bordeaux, et par l'abondance des vins qu'elle récolte dans ses environs, surtout de son vin blanc, un des meilleurs de ceux que l'on connaisse, fabrique encore d'excellentes eaux-de-vie. En la quittant, j'arrive à celle de Bazas, que sa situation sur un rocher rend remarquable, mais qui est mal bâtie et petite; tout sablonneux qu'est son terrain, il n'est pas moins fertile en blé comme en vins, produits avec lesquels seuls un peuple peut exister. Si elle n'est pas célèbre par son architecture, sa cathédrale l'est par la place qu'elle occupe dans l'histoire ecclésiastique. Plusieurs conciles s'y sont tenus. Elle fut la capitale du Bazadois, et Ammien-Marcellin appelait ses habitans Bazacates. Cette ville est fort ancienne, et portait jadis le nom de Cossio, *Cossium vasatum*, *Vasatæ Arenosæ*.

Elle vit naître le père d'Ausone; et cet écrivain en parle, ainsi que Sidonius Apollinarius et Grégoire de Tours.

A quelques lieues de-là, après avoir passé Cubzac, je retrouve ce pays aride que j'avais déjà vu avant d'aborder l'opulent territoire de

Bordeaux. Appelé du nom de Landes, il n'a jamais mieux mérité ce titre qui, comme vous le savez, est le synonyme d'inculte et de stérile.

Ces Landes, que l'on divise en grandes et petites, s'étendent depuis les environs de Bordeaux jusqu'à Bayonne, et le long des côtes de la mer jusqu'au Béarn et le Bigorre. Elles ont plus de trente lieues d'étendue du midi au nord, et de quinze à vingt dans leur plus grande largeur. Mais, ainsi que je vous l'ai dit, il est peu de choses qui puissent vraiment ennuyer dans un voyage : plus les contrastes que les divers pays nous offrent sont frappans, plus ils nous intéressent. D'ailleurs, pour quiconque sait lire dans le grand livre de la nature, y trouve-t-il un seul objet qui ne soit instructif? Et dans la vaste galerie des tableaux qu'elle présente, en est-il qui ne soient expressifs? D'ailleurs, l'homme lui-même ne vient-il pas par ses mœurs, ses besoins et ses usages, augmenter cet intérêt aux yeux de l'observateur philosophe? Qui ne sait que plus la terre sur laquelle il est né, est marâtre pour lui, plus il y fait éclater son intelligence, son courage et son génie?

Déshéritées par la nature de ses bienfaits

les plus précieux, une végétation abondante et productive, ces Landes voient pourtant leurs habitans la contraindre de leur donner au moins un peu des trésors qu'elle prodigue à leurs voisins; et le soc du cultivateur joint à la main productive de l'industrie, change en divers lieux cette marâtre en mère bienfaisante : ils obtiennent d'elle des graminées qui leur procurent du pain pour se nourrir : et grâces à des fabriques d'étoffes grossières, mais excellentes pour un climat âpre, ils se pourvoient des vêtemens dont ils ont besoin pour se couvrir. De plus, des usines, employées à changer les dépouilles des bois qui, dans divers lieux, ombragent un sol de toutes parts envahi par le sable, achèvent, par leurs produits, de leur fournir les autres objets nécessaires à la vie. Pour qui sait borner ses désirs, cette vie, si exigeante par ses nombreux besoins dans les grandes villes, s'écoule avec bien moins de frais sans être moins heureuse peut-être en ces lieux; et les Landes ne m'ayant paru rien moins que malheureuses, je ne crains pas de vous offrir ici un tableau abrégé des mœurs de leurs habitans. Entrons dans leurs foyers domestiques.

Simples, agrestes et laborieux, les Landais

n'habitent que de mauvaises cabanes isolées, qu'ils peuvent facilement transporter dans divers lieux, où, comme d'autres nomades tartares, ils trouvent les pâturages nécessaires à la nourriture de leurs troupeaux ou des terrains moins ingrats pour la culture.

On voit donc que, près du pays de Henri IV, ils ont, comme le désirait ce bon prince pour tous ses sujets, ce qu'il faut pour mettre la poule au pot, au moins sous quelque rapport. Il ne faut pas prétendre trouver dans ces ambulans asiles aucun des ameublemens de luxe; quelques vases grossiers en sont tous les ustensiles, et des peaux de mouton en sont les lits. Lorsqu'à peine dix ans sont révolus, le Landais, encore imberbe, et pareil aux oiseaux que leur mère elle-même chasse de leur nid, est renvoyé du toit qui l'a vu naître, pour apprendre à se procurer lui-même ce que jusqu'à ce jour il a dû à la tendresse des auteurs de ses jours. Les bois, en été, sont ses abris, ainsi qu'à l'homme sauvage; il dort sur la mousse ou sur le gazon naissant, et en hiver, enveloppé dans une sorte de manteau auquel il donne le nom de cape, dans des tas de paille ou de foin. Il se lève avec le jour; ses parens ne tardent pas à le suivre, et tous reprennent les travaux de la veille. Les uns pasteurs, les autres cultivateurs, tous vont semer ou recueillir le peu de biens que leur accorde la terre. Les jeunes filles, non moins diligentes que les hommes, et matinales comme eux, les accompagnent dans les champs, et s'y livrent aux travaux qui sont, là comme en beaucoup d'autres pays, le partage de leur sexe. Les mères restent dans leurs cabanes, soit pour alimenter de leur lait leurs enfans, soit pour préparer le repas frugal de leurs époux. Ceux-ci s'asseyent, trois fois par jour avec elles, à un banquet rustique. Une pâte grossière, mais abondante, faite de la farine de maïs et de millet, et assaisonnée de jus de lard, voilà tous leurs apprêts gastronomiques; mais assez heureux pour les varier avec les produits de la nature, ils remplacent ces mets, en été, par des fruits et par le lait, devenu plus nourricier, de leurs troupeaux; et quand viennent les jours du repos, doux à la fois par les plaisirs qu'ils leur donnent et le repos qu'ils leur procurent, à ces sobres festins où ne paraît ordinairement qu'une eau limpide, ils joignent quelques brocs du vin qui croît chez leurs voisins, et se consolent ainsi, peut-être avec trop peu de tempérance, au sein de leur famille, des fatigues de la semaine.

Les chefs de famille sont, en quelque sorte, des patriarches qui dirigent l'éducation et les travaux, non-seulement des hommes, mais des animaux qui, à coup sûr, sont élevés avec la même sobriété que les colons eux-mêmes, car les bœufs ne sont nourris, l'hiver, que d'un peu de paille, et errent, dans la belle saison, des journées entières, pour trouver des pâturages. Hommes et femmes, tout est aussi simplement habillé que frugalement alimenté. Un gilet à manches longues, sur lequel ils mettent une veste à manches courtes, des pantalons et des sandales, et dans l'hiver, une peau de mouton jetée sur les épaules en guise de manteau : tel est le vêtement des premiers. Quant aux femmes, rien n'est moins élégant que leur coiffure. Elle consiste en plusieurs linges qu'elles mettent sur leur tête pour se garantir de l'ardeur du soleil. Le dimanche, elles garnissent leurs bonnets de franges ou de barbes bordées de rouge. Le costume des bergers est modifié d'après leurs occupations, qui les exposent davantage aux intempéries de l'air : ils mettent par-dessus tout cet informe accoutrement un grand manteau d'un drap gris très-grossier, dont le capuchon est attaché sous le menton.

Et comme dans les pays les plus pauvres il est toujours des gens qui, par plus d'habileté, de conduite ou de bonheur, deviennent plus riches que les autres, ceux des paysans qui jouissent d'une sorte d'opulence portent un berret semblable à ceux des Béarnais, mais de diverses couleurs. Jalouses de disputer avec eux, les femmes les plus riches portent, aux jours de fêtes, des chapeaux à bords larges, garnis de rubans noirs, et de fleurs qu'on ne leur envoie ni de Bordeaux ni de Paris, mais que la nature leur fournit, quoique peu abondamment, dans la belle saison.

Mais voici un usage sans contredit le plus surprenant de tous ceux des Landais, qui les distingue de toutes les autres populations de la France, et l'on pourrait dire de l'Europe, car je ne sache pas qu'il soit pratiqué ailleurs que chez eux : ils se servent d'une espèce de monture très-singulière, non-seulement pour marcher dans leurs sables profonds, si difficiles à parcourir lorsqu'on est à pied, mais pour franchir rapidement de grandes distances. Cette monture n'est ni un animal quelconque, ni une voiture allant sans coursier : ce sont tout simplement deux bâtons de cinq à six pieds, auxquels ils fixent un os de bœuf sur lequel ils posent les pieds. Ces échasses s'appellent, dans le pays, *changuées*, et avec leur aide ils vont très-commodément et avec la plus grande célérité, franchissant les fossés, les ruisseaux et les marécages : invention aussi économique qu'elle est utile. Rien ne produit un effet plus singulier, et l'on pourrait même dire plus bizarre, quand, pour la première fois, on apperçoit, au détour d'un chemin ou dans une plaine de sables, à quelque distance de soi, un groupe de ces piétons aériens que l'on ne dirait pas marcher, mais voler. Comme on ne distingue pas d'abord sur quoi ils sont exhaussés, ils semblent autant de fantômes errans ; rappelant on ne peut mieux ceux dont les auteurs de romans ou de mélodrames peuplent aujourd'hui nos bibliothèques, nos théâtres ; et avec lesquels ils effraient si délicieusement les enfans et les femmes.

Mais la surprise s'accroît lorsqu'on les voit se baisser en courant, et ramasser tout ce qu'ils trouvent à terre, même de la plus petite dimension, avec une célérité non moins grande que celle que nous admirons dans les écuyers de Franconi et d'Astley, qui, sans descendre du cheval, saisissent, lorsqu'il est au galop, des mouchoirs et des monnaies. Un autre bâton, plus grand encore que ceux avec lesquels ces voyageurs pédestres se passent si facilement de coursiers et de voitures, leur sert particulièrement lorsqu'ils veulent s'arrêter en s'appuyant sur lui par derrière.

On m'a assuré qu'ils marchent plus vite qu'un cheval dans ces sables; qu'un cheval aurait de la peine à les suivre, et ne pourrait même passer, comme eux, dans plusieurs endroits.

Mais l'intelligence et l'industrie chez les hommes n'excluent pas, comme vous savez, l'erreur et la superstition. Le voyageur qui parcourt les Landes se croirait dans les États romains, à la quantité de signes superstitieux dont les Landais décorent leurs portes, leurs fenêtres et l'intérieur de leurs maisons. Ils invoquent ces différentes représentations de la déité, comme la Divinité elle-même; et comme ils se croient malheureux, ils implorent avec plus de ferveur le ciel, afin qu'il adoucisse leur sort, et certes il n'y a pas de quoi les blâmer.

L'agriculture n'est pas dans un état florissant dans les grandes Landes; on en attribue généralement la cause, sans parler des sables, aux étangs dont les eaux gonflées par les pluies inondent les terrains. Les chevaux ont aussi dégénéré sur cette terre, qui a si puissamment besoin de l'homme. Dans les petites Landes, l'agriculture est beaucoup mieux soignée ; le commerce dans les unes et les autres consiste en planches de pin, en goudron, en résine, en brai, en un peu de froment et en bestiaux. Le gibier y abonde, et l'on y trouve ces eaux salutaires que recherchent avec tant d'empressement les malades. Il y a surtout des boues précieuses, propres à la guérison des rhumatismes.

Ce département a 468 lieues carrées. Tout indigens qu'ils sont, ses habitans donnent plus d'un million de contributions à la France, les dépenses fiscales payées, qui elles-mêmes se montent à plus de trois cent mille francs.

Voilà, en abrégé, l'histoire de ces fameuses Landes qui, si elles attristent les regards du Voyageur, ne laissent pas d'intéresser son esprit, parce qu'il se convainc de cette vérité toujours consolante, qu'un génie providentiel préside, dans les lieux les moins fertiles et sous les cieux les plus inclémens, à la conservation, au bonheur des hommes, et que, secondé par leurs vertus et leurs travaux, il les rend heureux et satisfaits partout, pour peu qu'il trouve des mains laborieuses, et qui veuillent se livrer à la culture.

LETTRE XXIV.

Roquefort-de-Marsan. — Aire. — Pau, son château, ses monumens, etc.

On n'avance que lentement dans les Landes; à peine sent-on le mouvement de la voiture. Au lieu de la belle route que nous avions quittée, nous ne trouvâmes que des rondins, encore fort mal entretenus. Jugez de l'ennui de se faire traîner ainsi : n'ayant rien qui arrête la vue jusqu'à l'horizon, on n'aperçoit que des sables qui ne sont rafraîchis par aucune eau; l'œil erre comme dans les steps; mais il n'y trouve ni ces gras et magnifiques pâturages, ni ces bienfaisans ruisseaux, ni ces herbes si hautes, qui dénotent la richesse et la fertilité du sol. On arrive, exténué de fatigue, à Roquefort-de-Marsan, petite ville sale, mal bâtie, plus mal pavée encore, située dans un vallon rocailleux qu'arrosent deux ruisseaux.

On traverse ensuite Ville-Neuve-de-Marsan, qui n'a pour maisons que celle de la poste et quelques misérables cabanes. Enfin on arrive à Aire, cité de peu d'importance aujourd'hui, mais qui fut autrefois considérable. Le roi le plus redoutable qu'eurent les Goths, Alaric, la choisit pour sa résidence; elle ferme, pour ainsi dire, le pays de la tristesse, et se trouve aux confins d'un pays plus fertile et plus agréable. Située sur les bords de l'Adour, dont le nom harmonieux rappelle des souvenirs poétiques, elle porta d'abord celui d'*Atures*, nom qui, comme nous dit Sidonius Apollinarius, dérivait d'*Atur*, qui désignait l'Adour. Au temps de Gontran et de Caribert, cette ville s'appelait *Vicus Julii*, et fut ainsi nommée pendant le concile d'Agde, qui eut lieu dans le commencement du sixième siècle, ce qui prouve qu'elle existait du temps des Romains. Affranchie du joug des Visigoths, elle tomba au pouvoir des Francs, et les Gascons devinrent ses maîtres vers la fin du sixième siècle; mais plus tard, elle fut ravagée par les Normands. Les guerres de religion mirent le comble à la détresse de ses habitans : il n'est pas étonnant qu'après tant de maux soufferts, elle soit à peine reconnaissable. Il en est des villes, en effet, comme des individus : lorsque tous les fléaux les ont frappés, ils périssent, et tandis que les uns n'offrent plus que des ossemens, les autres ne présentent plus que des ruines. Telle est à peu de chose près aujourd'hui l'antique ville d'Aire.

Attendez-vous maintenant à des descriptions, à des détails plus agréables que ceux que je viens de vous présenter. C'est en arrivant dans un pays où a voyagé, s'il n'y est né, l'auteur du livre des Compensations, que je me convaincs que la nature n'a pas moins les siennes que les hommes. Je laisse un pays mélancolique, et j'entre dans un pays riant; je quitte un sol stérile, et j'en foule un fertile. Enfin je ne vois plus des paysages pâles et monotones, et déjà s'ouvrent devant moi les vues les plus imposantes, les plus pittoresques tableaux: j'aperçois les Pyrénées.

En effet, à peine a-t-on quitté l'endroit appelé Gaslin, que l'on entre dans le département qui porte le nom des plus basses de ces montagnes. Un chemin bien entretenu, quoique tortueux, bordé de châtaigniers, inséparables amis des lieux escarpés, et qui nous couvrent de leur ombre fraîche et salutaire, voilà quelle est maintenant la route que je parcours jusqu'au lieu appelé Tourniquet, dont le nom dit assez que j'atteins la région des montagnes. Je monte et je descends sans cesse, en admirant à ma droite, à ma gauche, devant et derrière moi, tantôt des montagnes couronnées de bois et des coteaux couverts de vignobles, tantôt des vallées fécondes, bien cultivées et abondamment peuplées, jusqu'à ce que j'arrive, charmé de la vue de cette brillante galerie de paysages, dans la patrie de Henri IV.

Oui, me voici dans l'ancienne capitale du Béarn; me voici dans Pau. Vous, qui n'êtes pas moins sensible qu'éclairée, les souvenirs doivent se presser en foule autour de votre cœur, comme ils se pressent autour du mien. L'ombre du premier des héros et des monarques français, vous apparaît, comme à moi, brillante de bonté, de valeur, de loyauté et d'honneur. Certes, il ne faut pas connaître l'histoire et la France pour ne point tressaillir de respect et d'allégresse à l'aspect du berceau d'un tel prince; mais avant que de vous parler de lui, il faut vous donner une idée de l'heureuse cité dans laquelle il reçut le jour.

Chef-lieu du département des Basses-Pyrénées, cette ville était autrefois la capitale du Béarn, de ce petit empire si fécond en héros, et la résidence de ses princes et des rois de Navarre. Située sur de rians coteaux, elle est entourée de toute la magnificence de la nature; et c'est ce qui la distingue beaucoup plus que les monumens des arts. Cependant, suffisamment grande et assez régulièrement bâtie, rien n'annonce qu'elle fût indigne d'être le séjour d'un souverain, et tout trahit sa noble origine. Aux richesses de l'agriculture qu'étale son territoire, viennent s'unir celles de l'industrie, renfermées dans ses murs. Elle a des manufactures de draps, de toiles (1), de mouchoirs, de bonnets, et des fabriques de papeterie, de tannerie et de teinturerie; enfin tout ce qui atteste que, si elle eut une cour, elle ne fut l'amie ni de l'oisiveté, ni de la mol-

---

(1) C'est en grande partie des environs de Lourdes, que l'on tire la plus grande partie du lin que l'on fabrique à Pau. On compte dans la ville même jusqu'à 500 métiers, et autant dans les villages voisins. L'identité des prix, l'uniformité du travail et la conformité du dessin, font que tous ces ouvriers sont considérés comme appartenant au même atelier. La manufacture des berrets et bonnets des montagnards a beaucoup diminué depuis l'abandon du costume national : presque tous les habitans riches, même dans les campagnes, préfèrent le chapeau. — Les jambons et les cuisses d'oie de Pau sont très-recherchés.

lesse. D'excellens vins sont surtout le principal objet de son commerce (1).

A ses pieds coule un gave ou torrent qui, dans sa rapide course, produit une de ces merveilles recherchées et admirées des voyageurs amis de la nature; je veux parler de la cascade de Gavarnie, qui, tombant écumante d'une hauteur immense, est la digne rivale de celles de l'Italie et de l'Helvétie. C'est des Hautes-Pyrénées que se précipitent ses eaux limpides, qui, grossies par d'autres torrens, et coulant, tantôt calmes, tantôt furieuses et agitées, vont se perdre dans l'Adour.

Telle est la ville de Pau, ne contenant, malgré ses manufactures, que neuf à dix mille habitans, parce que ses campagnes sont abondamment peuplées.

Maintenant, parlons du bon Henri dont on ne saurait trop s'entretenir. Dans la ville même de Pau, au bord du Gave et sur une élévation, on voit le château, témoin de sa naissance, et dès-lors, son vénérable et au-

---

(1) Le vin connu sous le nom de Jurançon, est le plus estimé. Il abreuva le héros Béarnais à sa naissance, après que son grand-père eut pris soin de lui frotter les lèvres avec une gousse d'ail.

guste berceau. Vous pensez bien qu'admirateur avec toute l'Europe de cet incomparable prince, je n'ai pas différé d'aller visiter cet héroïque séjour. Quelle a été ma douleur lorsque je l'ai vu moins détérioré par le temps que par les hommes! Presque détruit pendant la hideuse anarchie, il fut plus tard converti en caserne. Mais maintenant il retourne à ses destinées primitives : on le rappelle à ses grandeurs passées, et la main des arts le rend à sa première splendeur. Applaudissez avec moi à l'heureuse idée des restaurateurs de cet édifice. On reverra les mêmes salles, les mêmes appartemens, et surtout la chambre où est né Henri IV, le lieu où pour la première fois il ouvrit les yeux au jour, où sa grande ame, si remplie de sensibilité, de bonté et de clémence, respira le premier souffle de la vie.....
A coup sûr, celle du trône des rois de Navarre, qu'on rétablira pareillement, n'intéressera pas autant que celle-là. Mais j'ai un regret que je ne puis dissimuler : pourquoi, en restaurant ces appartemens, ne les orne-t-on pas dans leur ancien goût; pourquoi ne les rétablit-on pas dans leur ancien style? Ces ornemens d'une architecture moderne, d'un goût nouveau, forment un contraste désagréable avec

l'antiquité de cet édifice, et l'on voudrait le revoir tel qu'il était dans sa noble origine, tel qu'il était habité par ses hôtes illustres.

On éprouve un sentiment plus pénible encore de voir, dans l'enceinte de ce château, des scélérats qui y sont détenus pour des crimes ou des vices. Oui, vous saurez qu'à côté des casernes qu'on y avait faites, on a placé une prison. Une prison, des cachots, sous le toit de Henri! Lui, l'ami de la vertu, de la liberté, de la vaillance et de tout ce qu'il y a de généreux chez les hommes! On a considérablement erré dans l'emploi que des autorités, qui ne peuvent avoir que la nécessité pour excuse, ont fait de ces lieux; et l'on est en droit de leur dire, avec la plus austère franchise, qu'elles les auraient souillés s'ils pouvaient l'être, tandis qu'il faudrait à jamais les respecter.

J'apprends avec un vif plaisir cependant, qu'un nouveau bâtiment, qu'une nouvelle prison se prépare, et que dans peu le temple de la vertu ne sera plus le réceptacle du crime.

Je pénètre dans cet intéressant édifice. Dès le premier étage, j'y trouve dans une espèce d'antichambre le berceau du héros, qui n'y est placé que provisoirement. C'est une vaste carapace de tortue de mer. Oui, c'est là que le grand Henri fut déposé lorsque la courageuse Jeanne d'Albret, sa digne et royale mère, lui donna le jour. Le croiriez-vous! ce monument qui peint si bien l'éducation toute mâle, toute héroïque que reçut celui qui l'a consacré, faillit être anéanti, dans la révolution, par des hommes qui, ivres d'une espèce de liberté qui ne pouvait s'implanter dans la vieille Europe, qui, zélés démocrates, ne voulaient pas même entendre parler, dans leur civique délire, d'un roi qui était le père de son peuple. Voici comment son précieux berceau fut sauvé.

Un des bons citoyens de Pau (1) (car son action prouve tout son attachement à sa patrie), possédait heureusement une coquille à peu près pareille à la carapace qui était dans le château. Les révolutionnaires connaissaient cette dernière, mais ne connaissaient point l'autre. Que fait M. Beauregard? Il imagine de substituer la coquille qu'il possédait à celle qu'ils veulent détruire, et de la leur livrer après l'avoir furtivement introduite dans le château. Il fait part de son ingénieuse supercherie au concierge. Le temps presse: celui-

---

(1) Son nom est Beauregard.

ci accepte; on fait l'heureuse substitution, et le faux berceau est livré aux flammes dans la place publique, tandis que l'on conserve avec un soin religieux le véritable, qui sera au premier jour replacé dans la chambre même où naquit Henri. Il y a, dans tout ce qui a appartenu aux grands hommes, comme dans toutes les circonstances de leur vie, une espèce d'empreinte d'eux-mêmes, qui nous rend ces monumens d'autant plus précieux que rien ne rappelle plus vivement leur souvenir; et c'est pourquoi je me suis plu à vous parler longuement du berceau du grand Béarnais.

Je ne vous en dirai pas autant malheureusement du lit où Jeanne donna le jour à son fils, et qui, témoin de son courage, l'entendit chanter une chanson béarnaise, sans que les douleurs de l'enfantement pussent lui arracher un seul cri. Ce lit a disparu, ainsi que la table sur laquelle était posée la boîte avec la chaîne d'or dont son père crut devoir récompenser son courage et sa tendresse, et qu'il échangea contre le royal enfant aussitôt qu'il fut né (1). L'appartement de la reine

---

(1) Henri d'Albret, voyant Jeanne près d'accoucher,

Jeanne, qui était au second étage, n'est pas encore rétabli. Je n'y parvins qu'avec peine sur un plancher non encore terminé, et que l'on fabrique au-dessus de la grande salle où jadis se rassemblaient les États du Béarn. Ni grande, ni petite, la chambre où couchait cette princesse est intéressante par les souvenirs seuls qu'elle rappelle. Au premier étage, on fait voir les appartemens qu'occupait l'aimable reine Marguerite, déjà restaurés, mais, comme je l'ai dit plus haut, dans le goût moderne.

---

lui montra une grosse boîte d'or, dans laquelle était renfermé le testament de ce roi, et qui était entourée d'une longue chaîne du même métal. Jeanne, curieuse de voir ce testament, lui demanda la boîte. « Elle sera la tienne, ré» pondit-il, dès que tu m'auras montré l'enfant que tu » portes; et afin que tu ne fasses pas une pleureuse ou un » rechigné, je te promets le tout pourvu qu'en accouchant » tu chantes une chanson béarnaise. » Entre minuit et une heure, 1553, Jeanne sentit les douleurs de l'enfantement; elle entendit venir son père, et se mit à chanter: *Nostre Donne den cap deon pon adjouda me in aquesta houra.* Aussitôt qu'elle fut délivrée, le roi lui mit la chaîne d'or au cou, lui donna la boîte promise, et lui dit : « Voici qui t'appartient ; mais ceci est à moi, » ajouta-t-il en désignant l'enfant ; et il l'emporta aussitôt dans sa chambre où il lui fit avaler du vin de Jurançon, et lui frotta les lèvres avec de l'ail, comme je vous l'ait dit plus haut.

Quant au château, il est antérieur à la fondation de la ville de Pau même. Les princes souverains du Béarn faisaient, avant que de l'habiter, leur résidence à Morlans. Obligés de se défendre contre les Sarrasins qui venaient fréquemment de l'Espagne, faire des incursions dans ce pays, l'un d'eux imagina de bâtir, pour les contenir, un château à l'extrémité de la plaine connue sous le nom de Pont-Long, et marqua à cet effet, par trois pieux, le point le plus favorable à son projet. C'est de ce nom de pieu, qui se dit *paou* en béarnais, que vient non-seulement celui du château qui fut bâti dans le dixième siècle, mais celui de la ville qui fut construite après.

Le château de Pau est dans une situation on ne peut plus en harmonie avec les souvenirs qu'il rappelle. Le Gaspar et le Lorrain n'eussent pas mieux dessiné le paysage que la nature elle-même. L'édifice en est le premier plan; les campagnes riantes arrosées par le Gave et bordées de collines fertiles, le deuxième; et dans le troisième, enfin, s'élèvent les vastes et superbes Pyrénées dont quelques têtes, blanchies par des neiges éternelles, réfléchissent, le jour, les feux dorés du soleil, et la nuit l'éclat argenté de la lune.

Vous conviendrez que jamais plus beau cadre ne fut donné à un plus riche tableau, et que la nature est bien supérieure toujours aux peintres les plus sublimes. Lorsque j'ai dit que les deux paysagistes qui ont montré le plus de génie dans l'imitation des plus beaux sites, n'auraient pas mieux dessiné ceux qui s'offrent à mes yeux enchantés, j'ai voulu exprimer par-là mon admiration pour l'étonnante régularité que la nature a su ajouter ici à ses grâces.

Je me suis cru, en conscience, obligé d'aller, à une demi-lieue de Pau, faire le plus saint et le plus doux pélerinage : j'ai voulu voir le village de Billen, où Henri fut mis en nourrice comme le fils d'un simple paysan, et sans autre distinction que sa beauté, sa santé et ses grâces. J'ai vu le toit rustique où il fut allaité, simple comme les mœurs dans lesquelles son aïeul voulut qu'il fût élevé. Cette chaumière est conservée ; elle existe, et ce sont encore des descendans de la mère nourricière du grand prince qui l'habitent, circonstance qui la rend doublement intéressante.

En revenant de Billen, je passai par le parc où Henri, dans son adolescence, s'amusait à la chasse et à des exercices de cheval. La plus grande partie a été sauvée comme par miracle pendant la révolution. La ville l'acheta lorsque les domaines royaux furent mis en vente ; et au retour du roi, elle lui en a fait hommage. Les différentes vues que l'on découvre, de ce parc, sont magnifiques, et les arbres qui l'ornent attestent son antiquité.

Je ne puis quitter Pau sans vous conter une anecdote qui prouve bien l'attachement que les Béarnais ont conservé au bon Henri. Sous le règne de Louis XV, ils voulurent lui ériger une statue, et en demandèrent la permission aux ministres du roi. Ils reçurent pour réponse que, puisqu'ils avaient de l'argent, ils devaient plutôt ériger une statue au roi régnant. Les Béarnais se soumirent à cette décision, mais il mirent au bas de la statue l'inscription suivante :

A Louis XV, petit-fils du bon Henri.

LETTRE XXV.

Coup-d'œil historique sur le Béarn.

Quoique je vous aie long-temps entretenue de l'histoire de Bordeaux dans l'ancien et moderne âge, je suis persuadé que vous parler de celle du Béarn ne peut que vous intéresser. Indépendamment de l'agrément qu'on éprouve de connaître les principaux événemens d'un pays que l'on visite, leur récit anime et varie un voyage. D'ailleurs ces contrées sont, après l'Italie, le pays qui rappelle le plus d'imposans et de grands souvenirs.

Le Béarn est aux Pyrénées ce que l'Helvétie est à la Lombardie. Il avoisine l'Espagne, et vous savez de quel intérêt est dans l'histoire de nos temps, comme dans celle des temps anciens, cette péninsule qui enfanta le peuple qui, depuis les Romains, est un de ceux qui ont montré le plus de courage et de caractère ; peuple auquel l'Europe doit deux bienfaits tels que ne lui en a rendu aucun autre : celui d'avoir expulsé de son sein les Arabes qui menaçaient de la rendre musulmane, et celui d'avoir découvert le Nouveau-Monde. D'un autre côté, les annales du Béarn se lient naturellement à celles du Bordelais. Vous voyez donc que ce n'est que la continuation du tableau historique que j'ai cru devoir mettre sous vos yeux, afin de rendre plus intéressans et moins uniformes les tableaux d'un autre genre que je contemple dans mes diverses courses.

Sans remonter à une époque plus reculée que celle de l'entrée des Romains dans les Gaules et de leur conquête par César, nous trouvons que le Béarn faisait partie de l'Aquitaine déclarée une des provinces consulaires, et partagée en trois départemens dont l'un, nommé Novempopulanie, comptait, parmi neuf peuples différens, les habitans du Béarn.

Les Vascons, dont la patrie était la Navarre, après avoir combattu d'abord sous les drapeaux d'Annibal, ensuite sous ceux des Romains, et sous ceux de Pompée lorsqu'il défit l'héroïque Sertorius, furent obligés lors de l'invasion des Barbares, pour conserver leur liberté, de quitter le sol de la patrie, et de se faire, les armes à la main, un passage pour franchir les Pyrénées. Ils vinrent former avec les Béarnais et les peuples voisins, cette confédération redoutable et sainte dont l'objet fut de s'opposer au joug des Barbares; et sous le nom général de *Vascons*, ces alliés prirent ensemble la part la plus active aux guerres longues et sanglantes de l'Aquitaine.

Réuni à l'empire pendant quatre siècles, le Béarn fut ravagé par les Vandales, et séparé enfin de l'empire par les Goths. On le voit figurer, dès ces temps, dans des ouvrages et sur des cartes géographiques publiées sous le règne des empereurs du Bas-Empire, avec la ville d'Oléron, ainsi que l'on voit dans l'Itinéraire d'Antonin les noms de *Benearnum* et d'*Illuro*, villes placées sur la grande route des Gaules en Espagne par la vallée d'Aspe.

Au commencement du sixième siècle, le Béarn passa au pouvoir de Clovis, vainqueur des Goths ; mais sous les faibles successeurs de ce prince, les Vascons descendant en torrens de la Navarre, d'alliés qu'ils étaient autrefois, devinrent ses maîtres. Cette injuste conquête entre des voisins naguère amis, produisit les fruits qu'on devait en attendre, c'est-à-dire une guerre de deux siècles faite aux vainqueurs par les souverains français.

C'est par le Béarn que, dans le milieu du huitième siècle, les Sarrasins, conquérans de l'Espagne, entrèrent dans la France, mais pour être bientôt repoussés par l'un de ses rois et de ses héros. Charlemagne suivit les traces sanglantes imprimées par leur défaite, pour conduire une armée qui alla attaquer ces Barbares.

Un demi-siècle plus tard, soulevés sans doute par la mauvaise administration des descendans de ce grand homme, les Béarnais, oubliant que leur pays avait été l'héroïque théâtre des exploits des Roland et des Renaud, dont ils partagèrent la gloire, se révoltèrent contre leurs dominateurs, et payèrent par des désastres l'erreur ou le crime de la rébellion. Enfin pour mettre le comble à leur misère, les pirates du Nord, succédant aux Français et aux ravages commis par eux, vinrent piller leurs villes, dévaster leurs campagnes, et ne laissèrent pour témoin de leur affreux séjour qu'un vaste désert, après s'être retirés d'un des plus fertiles pays. Les cités de Béarn et d'Oléron furent incendiées; la première même disparut sans qu'il en restât les moindres vestiges, et c'est sur ses ruines que, selon le calcul fait par Scaliger sur l'Itinéraire d'Antonin, on croit que la ville d'Orthez a succédé à Benearnum, tandis que d'autres savans disent que c'est celle de Lescar.

On sait que les Vascons conservèrent sous le gouvernement des Romains leur idiôme ou langue locale. Ils y étaient appelés du nom d'*Escoualdon* dont les Grecs firent celui d'*Ouasco*, les Romains *Vascus*, et les Français ont fait *Basque*, appellation devenue depuis le nom propre de ces montagnards agiles et intrépides qui peuplent les pays du Labour, de la Soule et de la Basse-Navarre, inaltérables conservateurs de leurs usages et de leurs mœurs antiques, et qui n'ont vu changer, depuis ces temps jusqu'aux nôtres, qu'une lettre de leur nom, car de Vascons on les nomma Gascons, selon l'usage établi dès le cinquième siècle de substituer le *g* au *v*. Leur langue natale, mêlée avec celle des vainqueurs du monde, forma ce langage singulier qui tient à la fois du languedocien et du provençal, et qui dès-lors fait partie intégrante de cette langue appelée *romane*, qui est au moyen âge ce que le latin est à l'ancien, source à la fois féconde d'où sont sorties, comme des fleuves majestueux, les langues admirables de l'Italie et de la France.

Du mélange des langues résulte toujours celui des lois et des coutumes, et c'est d'une telle agglomération que l'on vit se former parmi les peuples du Béarn une législation isolée, mais pourtant régulière, qui devança pendant bien long-temps celle des plus grands États.

Quoique les annales de l'histoire de ce pays aient été presque en entier détruites par les Barbares, surtout pour ce qui concerne le neuvième siècle, temps si malheureux et si plein de calamités, il lui reste un de ses plus précieux documens, oublié pendant plusieurs siècles et retrouvé heureusement pour nous faire connaître l'histoire du Béarn de ces temps: c'est l'intéressante charte donnée par Charles-le-Chauve, conservée au monastère d'Alaon. Cet indolent monarque, en confirmant la fondation de cet opulent bénéfice, nous apprend que les princes de Gascogne, loin d'être des rebelles contre la France, comme le publiaient leurs ennemis, étaient les descendans légitimes de ses souverains. On y voit même figurer Centulfe Ier comme premier vicomte du Béarn.

D'autres chartes, données également à d'autres monastères et à d'autres églises, portent les noms d'autres princes qui régnèrent sur ce pays jusqu'à la fin du dixième siècle, mais que l'obscurité de ces temps ne permet pas de classer chronologiquement : époque tristement remarquable, où ces princes et une foule de nobles multipliaient les donations de territoires en faveur de l'Église, et dépouillaient les peuples pour enrichir des moines fainéans. On y voit aussi jusqu'à l'évidence les divers anneaux de la féodalité qui rattachaient les petits vassaux aux seigneurs suzerains, et les grands au monarque. La cour de Gascogne était formée des mêmes élémens que celle de la couronne. Les comtes étaient les premiers pairs du duché. La dignité de vicomte de Béarn était héréditaire et hautement considérée, puisque ceux qui en étaient revêtus tenaient le premier rang parmi les seigneurs de la Gascogne, ainsi que le prouve la charte de Saint-Pé.

Le onzième siècle vit éclore une ère nouvelle pour le Béarn. Centulle, son souverain, est heureusement affranchi des droits que prétendaient encore avoir sur lui le comte d'Armagnac et les vainqueurs de ce dernier, les ducs d'Aquitaine; il devient non-seulement indépendant de leur propre aveu, mais épousant Béatrix, la riche héritière du Bigorre, il devient maître de nouveaux États qu'il unit aux siens.

Comme il n'est rien qui n'intéresse dans le pays de Henri IV, je poursuis mes investigations dans les temps qui l'ont devancé, et je vois dans Centulle IV un souverain digne de briller sur la scène de l'histoire et parmi les fondateurs d'un État.

Un des ouvrages recommandables de ce prince fut le rétablissement de la cité d'Oléron, détruite par les Normands. Il fit briller aux yeux des peuples, pour en renouveler les habitans, l'attrait auquel ils étaient le plus sensibles, celui des priviléges et des franchises propres à émanciper le commerce des liens dont il est si souvent enchaîné, priviléges qui furent tous garantis par des chartes octroyées par le souverain et rédigées dans l'idiôme béarnais.

Centulle rendit des services plus importans encore au pays qui l'avait vu naître, et à ses concitoyens dont sa naissance, sa valeur et son génie l'avaient rendu digne d'être le chef suprême; il en rendit à l'Espagne, à l'Europe entière, lorsque, se mettant à la tête de l'armée rassemblée sous les drapeaux unis, depuis près d'un siècle, du Béarn et de l'Aragon contre les Maures, il combattit victorieusement cette nation qui avait planté l'étendard du Croissant sur un continent appelé à l'honneur d'être le dépositaire et le conservateur des lumières.

Grand dans l'art de diriger les peuples par le frein des lois, comme dans celui qui leur fait aimer la gloire, ce prince que l'on doit considérer comme le véritable fondateur de ce pays, donna au Béarn des lois paternelles, et le rendit, le premier, indépendant de la France.

Mais, comme s'il était de la destinée des bons princes de périr de la main des méchans, il succomba, après ces glorieux travaux, sous le poignard d'un obscur assassin, dans la vallée de Tena, pendant un voyage qu'il fit en Aragon. C'est ainsi que l'on vit, cinq siècles après lui, succomber dans Paris, ce prince dont la mort priva la France d'un héros, et les Français d'un père.

LETTRE XXVI.

Suite du coup-d'œil historique sur le Béarn.

Je me suis arrêté, dans ma dernière lettre, à la mort de Centulle.

La fin d'un grand prince, d'un sage et d'un héros, ne frappe pas moins le lecteur que l'écrivain. L'un n'a pas moins besoin que l'autre de repos et d'intervalle entre un tel événement et ceux qui doivent lui succéder; vous ne me blâmerez donc pas d'avoir suspendu ma narration pour donner un libre essor à vos réflexions ainsi qu'aux miennes. Maintenant je vais continuer mon récit.

Le régime féodal pesa sur le Béarn comme il pesa sur la France. La perpétuité des fiefs donna lieu aux prérogatives de la primogéniture, et au droit de succéder, accordé aux filles au défaut d'enfans mâles; et c'est ainsi que cet État eut des femmes pour maîtres, comme dans la plupart des États où la loi salique n'est pas en usage. Si le Béarn peut proclamer Jeanne comme une grande souveraine, n'est-ce pas à nous de nous glorifier d'avoir eu l'immortelle Catherine, dont le souvenir se perpétuera dans les postérités les plus reculées, et dont la bonté, la noblesse, la générosité, et les grandes et sublimes qualités, ne s'effaceront jamais de la mémoire d'aucun Russe?

Telle est, ma belle cousine, l'origine du Béarn. Il fut séparé de la France dès le onzième siècle, et nous le voyons jusqu'à Henri IV former un État séparé, ayant sa propre monnaie, ses lois, ses coutumes, son code, cités dans la charte d'Oléron (1), et Gaston IV, à son avénement, confirma ses lois nationales.

Bernard, frère de ce prince, fit peu de temps après rédiger par écrit les us et coutumes de la Bigorre, en leur donnant force de lois. Elles se sont conservées jusqu'à nos jours, et sont remarquables par la sagesse qui a présidé à leur rédaction.

Gaston agrandit le Béarn du vicomté de Montaner par son mariage avec l'héritière de ce fief. Ce prince compte parmi les brillans souverains de l'Europe; il suivit, il est vrai, l'impulsion de

---

(1) Cette charte a été publiée en 1080.

son siècle, et fut poussé par la puissance des idées religieuses à dépeupler l'Europe pour couvrir l'Asie d'ossemens humains. Émule de Tancrède, il combattit à ses côtés dans la Palestine, et sembla vouloir à son retour racheter l'erreur d'avoir abandonné son pays en le comblant de biens, c'est-à-dire en le soulageant du poids des redevances féodales qu'il diminua, et dont il consacra l'abolition par des chartes octroyées à ses peuples. Il joignit encore le pays et la ville d'Orthez au Béarn, en combattant le vicomte d'Acqs, qui mourut sur le champ de bataille. Mais bientôt, jugeant qu'il était plus glorieux de combattre les ennemis des Chrétiens en Europe que dans l'Idumée, il porte ses armes victorieuses en Espagne, devient le puissant auxiliaire d'Alphonse de Castille, et défait successivement avec ce prince onze rois Maures; succès qu'attribuent à ce héros les historiens espagnols eux-mêmes.

Cependant de tels combats lui coûtèrent la vie: lorsqu'il voulut en renouveler les lauriers dans une nouvelle guerre en Espagne, il y périt honoré par tous les braves de la Castille.

Grand dans la guerre, il ne le fut pas moins dans l'administration de ses États. Il fonda des hôpitaux, et fut le premier qui donna des règlemens concernant les Lépreux ou Cagoths (1). Suivant l'impulsion du temps où il vivait, il bâtit des églises et les dota de grands biens.

---

(1) Je me bornerai, pour le moment, à vous dire quelques mots sur les Cagoths; car j'aurai occasion de vous en parler plus en détail lorsque nous visiterons les Pyrénées.

L'origine de la maladie dont ils étaient attaqués, est encore inconnue, et les savans ne peuvent pas s'accorder sur la solution de ce problème. Le fait est que la lèpre pénétra dans le Béarn, et on assure qu'au retour de Gaston, les Croisés rapportèrent un nouveau genre de cette affreuse maladie. Les mesures que l'on prit dans le Béarn, consistèrent à les séparer de la société, à leur faire construire, dans chaque commune, des maisons isolées, leur permettant seulement d'assister à l'office divin, en entrant dans les églises par une porte particulière; ils n'étaient pas même enterrés dans le cimetière des autres chrétiens, et il faut avouer qu'à cet égard c'était porter les précautions un peu trop loin. On fit plus; l'église, jalouse de signaler en ces temps de crédulité un pouvoir souvent funeste, confisquait en sa faveur, après leur trépas, les biens de ces victimes. Vivans, ils ne pouvaient s'allier qu'entre eux; morts, leur postérité restait sans fortune; et comme les Juifs, ces malheureux devinrent étrangers à la société, même plus méprisés et plus avilis qu'eux. L'influence d'un climat salutaire, le temps et l'introduction de l'usage du linge, qui paraîtrait avoir été ignoré, ont fait progressivement disparaître cette maladie; mais ses funestes résultats sont restés indélébiles au moral, dans ces hommes

Centulle V, héritier de Gaston (1), se signale comme lui dans la guerre, et comme lui meurt les armes à la main en combattant avec Alphonse, le compagnon de son père, qui ne lui survécut que peu de jours. Sa sœur Guiscarde, veuve du vicomte de Gabaret, lui succède avec son fils Pierre I, qui continue cette succession de guerres véritablement patriotiques faites alors aux Maures menaçant sans cesse d'envahir le territoire de la chrétienté. Il meurt, laissant deux enfans jeunes encore, dont l'un, Gaston, mort à vingt ans, et dont l'autre, Marie, élevée comme lui à la cour d'Espagne, est contrainte par Alphonse d'Aragon de signer, en sa qualité d'héritière, un traité par lequel elle s'engage à lui prêter foi et hommage, et de déclarer que le Béarn relève de lui et de ses successeurs, s'obligeant encore d'obtenir la confirmation de cet acte, des barons (2); après

---

qu'on voit traîner, dans les campagnes, une vie languissante dans un corps chétif, privé presque en entier de la sensibilité et de l'intelligence de notre espèce, et n'ayant, on pourrait dire, que l'irritabilité de certains végétaux et la faculté locomotive des brutes.

(1) En 1130.

(2) *Voyez* le traité original conclu entre Alphonse et Marie.

quoi l'oppresseur lui donne en mariage Guillaume de Moncade, à condition de renouveler le même hommage pour tout ce qu'il pourrait acquérir à l'avenir dans le Béarn, tant lui que ses enfans.

Les Béarnais protestèrent contre un acte qu'ils considéraient hautement comme un acte d'abdication ; ils élurent courageusement un descendant de leur prince. Mais il périt, ainsi que le chevalier d'Auvergne qui le remplaça et qui périt aussi par la propre main des Béarnais, parce que ces deux princes refusèrent tour à tour de maintenir leurs lois et priviléges. Enfin leur choix se dirigea sur un des fils d'un seigneur catalonais, nommé Moncade, que tout fait présager être celui de l'époux de Marie.

C'est Gaston VI qu'on vit ensuite figurer sur le théâtre où plusieurs de ses prédécesseurs s'étaient illustrés, qui fut reconnu souverain du Béarn dès l'âge de trois ans (1). A seize ans, reconnu majeur en vertu d'une charte, il prit les rênes du gouvernement (2). Obligé

---

(1) En 1177.

(2) Cette charte est fort importante, car elle peint les mœurs de ce temps et contient les règlemens que ce prince donna pour l'administration de la justice.

de céder à un ennemi puissant, il reconnut, mais secrètement, les prétendus droits que s'arrogeait la maison d'Aragon; il pensait avec raison qu'il ne devait pas indisposer ses sujets contre lui. Il épousa la comtesse de Bigorre, et ajouta ses États aux siens. Surnommé le Bon, ce prince mérita ce nom, le premier de tous, lorsque, comme lui, on sait allier les vertus à la fermeté. Trop libéral, si un prince peut l'être, il eut lieu de s'en repentir à l'égard de l'Église, qui ne le mit point à l'abri de l'excommunication. Il eut part à celle qui fut lancée contre les malheureux Albigeois, et ce ne fut qu'à force de dons nouveaux qu'il parvint à acheter son absolution et la révocation de la sentence qui le frappait. Raymond, son frère, lui succéda à défaut d'une postérité qui lui fut refusée par la nature; mais violent autant que Gaston était doux, emporté autant qu'il était bon, ce prince se laissa entraîner aux mouvemens impétueux de son caractère irascible. Il avait tué dans sa jeunesse l'archevêque de Tarragone ; devenu vicomte de Béarn, il attaqua le comte de Roussillon, qui fut défendu par le roi d'Aragon, ce qui occasiona la conquête du Béarn. Mais une paix heureuse termina ces différends.

Malgré ses torts, et l'on pourrait dire ses crimes, Raymond est considéré comme un des législateurs du Béarn. La justice fleurit sous son règne, soit qu'il se repentît de ses erreurs, soit que son esprit ne fût dépourvu ni d'équité ni de raison. Il fit rédiger des lois et des règlemens particuliers, adaptés aux coutumes de chacune des villes et des vallées ; c'étaient autant de phares protecteurs pour éclairer les peuples ignorans. Mais l'acte le plus important de son administration est celui (1) par lequel il sépara le pouvoir législatif du pouvoir judiciaire, et annula l'ancien mode de juger dans les assemblées qui avaient en même temps le pouvoir législatif (2).

---

(1) Je crois devoir vous faire textuellement connaître cet acte important ; il est conçu en ces termes :

« L'an 1220, lorsque messire Guillaume Raymond fit serment à ses peuples avec le conseil de messire Raymond, évêque de Lescar, et de toute la cour de Béarn, a créé par l'autorité de ses peuples pour eux et leur race douze jurats. Il est établi qu'avec eux le seigneur faira cour, et que leurs jugemens auront valeur en Béarn, et que désormais il n'y aura appel à aucun seigneur ; car ainsi le veulent et l'ordonnent les peuples, afin que des jurés fixés leur fassent jugement. »

(2) Plusieurs auteurs prétendent que ce ne fut pas

N'est-il pas étonnant de voir un tel exemple de sagesse dans le treizième siècle, offert par un petit pays, tandis que nous, qui vivons dans le dix-neuvième, nous ne le voyons pas encore partout établi parmi nous?

Raymond qui accorda cette charte, mais que les Béarnais qui ne voulaient pas de lui, la lui imposèrent.

LETTRE XXVII.

Suite de l'Histoire du Béarn.

Il paraît que les destinées du Béarn dépendirent plus souvent de l'Aragon que de la France, dans ces temps (les XIIIe et XIVe siècles) sur lesquels je voudrais continuer de jeter un coup-d'œil. En effet Guillaume, fils de Raymond, non content d'être l'allié de celui qui était roi du premier de ces deux royaumes, alla résider dans ses États, combattit avec lui contre les Maures, et ne revint dans les siens que pour repasser encore en Aragon, y combattre ces fléaux du nom chrétien : conduite qui lui mérita de la part de son allié, lorsqu'il lui prêta foi et hommage, des avantages dont le résultat était de rendre moins pesantes ses redevances envers ce souverain. Ce prince mourut glorieusement dans une expédition contre l'île de Majorque ; son fils lui succéda sous le nom de Gaston VII, sous la tutèle de sa mère Garsende. Le règne de ce prince n'est ni sans gloire ni sans taches ; il est un témoignage des désordres attachés partout à la féodalité. Jeune, il obtint, comme récompense de la valeur de son père, une partie du territoire de Majorque, et son règne s'ouvre par une guerre avec ses voisins, qui fut bientôt suivie de quelques autres qu'il entreprit en Gascogne, tantôt en faveur des Anglais quand ils lui donnaient des subsides, tantôt contre eux quand ils ne lui en donnaient pas.

La succession de la Bigorre lui suscita d'autres sanglans démêlés dans lesquels il fut plus heureux que dans les premiers, puisqu'ils se terminèrent par la médiation du comte de Foix, qui donna à Gaston une moitié de cette province; l'autre devint le partage de ses enfans quand son possesseur, le comte d'Esquidat, son adversaire, mourut.

Valeureux, bouillant comme ses aïeux, Gaston ne craignit point, dans des différends élevés de nouveau entre lui et les Anglais, de défier le roi, alors Édouard III, à un combat singulier auquel il fut sommé de se présenter par le parlement (1); mais le roi de France intervint assez heureusement dans cette affaire pour rétablir, entre les princes rivaux,

(1) En 1274.

une harmonie dont l'absence eût rallumé la guerre.

Triste destin des États sous la féodalité qui non-seulement leur ravit leur repos par des guerres éternelles, mais qui les morcèle, les divise sans cesse. Ceux de Gaston, après sa mort, furent partagés, d'après son testament, entre quatre filles, les seuls enfans qu'il eût. Constance eut le Béarn, et Marguerite devait lui être substituée si elle mourait sans enfans. L'époux de cette dernière, Roger, comte de Foix, par les droits de sa femme, succéda à Gaston. On prévoit bien qu'un tel héritage ne pouvait être que la semence des plus sanglantes querelles. Mathe (1), sa troisième fille, mécontente de la part qui lui était désignée, n'adhéra pas à cet acte et refusa de reconnaître le testament de son père. Mariée au comte d'Armagnac, ce dernier réclama le Marsan, destiné à Constance. Philippe-le-Bel intervint dans ce sanglant procès, et en fit citer les auteurs devant le parlement de Paris. Vaine précaution de ce prince! Accusé par le comte d'Armagnac d'avoir falsifié le testament de Gaston, le comte

---

(1) Guillelme, sa quatrième fille, eut toutes ses possessions dans l'Aragonais et la Castille.

de Foix dut nécessairement prouver son innocence par un combat singulier. Le champ clos s'ouvre ; les champions y entrent et sont prêts à s'arracher la vie, lorsque Philippe-le-Bel, présent lui-même à un tel combat, ordonne de se séparer, et leur commande de tourner leurs armes contre les Anglais, les ennemis de la patrie. Ils obéirent, et le comte de Foix se signala en héros dans les guerres qui, comme vous l'avez vu, ont désolé si long-temps la Gascogne. Il battit les Anglais, et fut appelé par le roi de France à gouverner les pays que sa valeur avait conquis. Mais s'entre-déchirer n'était pas seulement la sanglante et stérile gloire des princes, à la fois les appuis et les victimes de la féodalité ; c'était un besoin, et ce besoin féroce faisait partie de leur existence. A peine la guerre des Anglais est-elle terminée, que les épées des comtes d'Armagnac et de Foix sont de nouveau tirées; et cette fois leurs sujets sont appelés au triste honneur de prendre part à leur querelle et de s'égorger pour leur ambition, lorsque Philippe, de nouveau, s'interposa entre eux, maria Gaston, le fils du comte de Foix, à Jeanne d'Artois, nièce de Saint-Louis, et brisa ainsi, par l'alliance du souverain du

Béarn avec celui de France, le glaive du comte d'Armagnac.

Le règne de Gaston (1) n'a de remarquable que la valeur de ce prince, qui suivit le roi de France et combattit avec lui dans les guerres de Flandre. Gaston IX lui succéda. Sa mère, Jeanne d'Artois, pendant sa minorité, dirigea ses Etats, et préserva, par sa prudence comme par son nom et son autorité, ce pays de toute agression funeste.

A quinze ans, Gaston épousa Éléonore de Comminges, d'un âge bien plus avancé que le sien, et qui signala sa tendresse pour lui en disant : « Si le comte de Foix n'était pas né, » et que je fusse certaine de l'avoir pour époux, » j'attendrais qu'il naquît; » ce qui présageait le plus heureux hymen, et ce que le sort ne démentit point. C'est sous ces fortunés auspices que les différends de la maison d'Armagnac et de Foix furent terminés par l'entremise de Philippe, roi de Navarre, et que le Gabardan fut conservé au comte de Foix.

Gaston fut l'un des plus fidèles alliés de Philippe de Valois. Il le servit de son épée, de son conseil et de son argent, et, pour le suivre,

---

(1) Gaston VIII mourut en 1316.

resta long-temps éloigné de ses États. Cette absence motiva la création d'un sénéchal pour présider, au lieu du prince, les jurats dans les cours de justice, espèce de cours d'assises de ces temps, et qui, ambulantes comme elles, parcouraient le Béarn pour y maintenir l'ordre et la sécurité. Après avoir combattu les Anglais avec le monarque français, Gaston, à peine de retour dans son pays, alla combattre les Maures en Espagne. En vain les états du Béarn s'opposèrent à son départ; il courut chercher de nouveaux lauriers et le trépas, en laissant Éléonore régente et tutrice de son fils unique, Gaston Phœbus qui, à la mort de son père, lui succéda sous le nom de Gaston X.

LETTRE XXVIII.

Suite de l'Histoire du Béarn.

Nous venons de voir devenir souverain du Béarn, un prince qui porte le même nom que les poëtes ont donné à celui de tous les dieux qu'ils aiment et encensent le plus, un dieu qui, comme eux, fit des vers.

Un nom pareil ne pouvait qu'annoncer un poëte; et en effet, dans le temps de la brillante chevalerie, le laurier de ce dieu devait s'unir dans un prince à celui de Mars. Dès l'âge de quinze ans, marchant sur les belliqueuses traces de son père, Gaston-Phœbus courut combattre les Maures. Il mêla à ces sanglans exercices, les jeux plus doux des lettres, et cueillit d'une même main la palme des vainqueurs dans les champs de Bellone, et dans le temple des Muses celle de la poésie. Si la chevalerie inspirait la guerre, la galanterie, sa compagne inséparable, inspirait les vers; les troubadours se montraient de toutes parts sous un ciel qui inspirait l'amour. En fallait-il davantage pour que Gaston, poëte comme eux, fît de tendres romances béarnaises? Plus tard il composa, même en langue française, un poëme sur la chasse, la première occupation des héros, et l'art à l'école duquel ils apprennent à vaincre leurs ennemis, après avoir vaincu, souvent au péril de leurs jours, les bêtes féroces.

Il épousa Agnès de Navarre, sœur de Charles-le-Mauvais, roi de Navarre, de ce prince dont le génie pervers causa tant de maux. Mais les liens du sang l'unissant à ce tyran, à peine apprend-il qu'il est dans les fers, qu'il ne voit en lui qu'un frère. Il vole à Paris pour solliciter sa liberté; mais arrêté lui-même, on exige qu'avant de recouvrer la sienne, il porte foi et hommage du Béarn au monarque français: on connaît la réponse de ce jeune prince, admirée de son temps et par la postérité: *Qu'il ne devait hommage du Béarn à oncques fors Dieu.*

La guerre avec l'Angleterre ayant éclaté, Gaston fut mis en liberté par le roi Jean, afin qu'il pût défendre lui-même son pays; et Gaston sut le faire respecter par les vainqueurs de la France.

Gaston ne réussit pas moins à réprimer les troubles excités par la révolte des paysans contre leurs seigneurs; il fut aussi obligé de reprendre les armes contre son infatigable ennemi, le comte d'Armagnac, qui lui-même fut fait prisonnier. Il obtint la paix, après avoir payé une rançon de 200,000 francs; mais pour cimenter un pacte aussi tutélaire qu'il était désiré, la fille du comte, jeune princesse que son enjouement avait fait surnommer la *gaye Armagnaise*, fut donnée en mariage au fils unique de Gaston.

Sans doute vous ne vous attendez pas, en lisant cette succession d'événemens, tour à tour heureux ou malheureux, à celui de tous qui est le plus surprenant et le plus tragique; mais on croit lire les plus noirs mélodrames de nos jours, en parcourant les annales de la féodalité : c'est, en effet, la mine la plus féconde du genre romantique. Le trait que je vais vous rapporter, pourrait servir de sujet au plus déchirant comme au plus historique des drames.

Le jeune Gaston voulut, avant de célébrer l'hymen qui l'allait unir à une des plus admirables princesses, voir sa mère qui, séparée de son époux, vivait à la cour de Charles-le-Mauvais, en Navarre; et son père, approuvant des sentimens qui montraient toute la tendresse d'un fils pour l'un des auteurs de ses jours, non-seulement lui permit ce voyage, mais lui témoigna combien, par une pareille attention, il acquérait des droits de plus à sa tendresse. Il part; il se rend auprès de sa mère, et accueilli par Charles comme Néron accueillait ses victimes, qu'il embrassait pour mieux les étouffer, ainsi qu'il s'en vantait lui-même, Gaston passe dix jours dans le sein d'une cour corrompue sans que rien puisse altérer sa candeur, ni lui donner le moindre soupçon du crime qui se prépare. Enfin il dit adieu au tyran pour retourner auprès de son père. Charles le comble de présens, l'embrasse et en lui remettant un sachet rempli de poudres lui dit : *Cette poudre répandue sur les mets qu'on présente à votre père, lui rendra son amour pour votre mère.* Le jeune prince le croit; il était sur le point d'exécuter le conseil de Charles, à son retour chez son père, lorsqu'il fut découvert avant d'exécuter un crime que sa crédulité lui faisait prendre pour une bonne action : la poudre fut reconnue pour être du poison, et lui fut jeté dans les fers.

Les états sont rassemblés, et le père outragé leur demande vengeance et la punition d'un tel crime. Les états demandent sa grâce, et ne peuvent se décider à prononcer l'arrêt fatal contre l'héritier de leur souverain.

Le jeune prince lui-même, devançant la sévérité du jugement, inconsolable d'avoir, même involontairement, pu attenter aux jours de son père, refuse non-seulement de se justifier, mais ne veut prendre aucun aliment, et ne voit qu'avec horreur qu'il respire encore.... Son père, qui reconnaît son innocence, va dans son cachot le prier de vivre ; mais par une des plus malheureuses fatalités, ce prince avait à sa main, en entrant dans la prison, un couteau. Soit que le jeune prince en voyant son père et en se précipitant à ses pieds, se blesse lui-même, soit que le père le blesse par mégarde, le coup est porté; il meurt bientôt après cet événement, qui ajouta à la prévention du crime de parricide dont on l'accusait, la probabilité de la vengeance d'un père.

La mort de ce jeune prince fut la cause de nouvelles calamités. Son père avait encore deux fils, mais tous deux illégitimes, et qui par conséquent n'étaient point aptes à lui succéder. C'était donc le vicomte de Castelbon qui était son héritier présomptif pour le Béarn.

Gaston, jaloux de transmettre l'État à ses

fils, s'empressa d'aller voir Charles VI à Toulouse pour solliciter de lui une sanction du projet qu'il avait de donner après sa mort le comté de Foix à Yvain, et la cité d'Air et Montmarsan à Gratien. Il n'obtint cette faveur du monarque français que moyennant l'hommage lige qu'il consentit à prêter à ce prince, hommage qu'il avait refusé de prêter dans sa jeunesse au roi Jean, étant même dans les fers. Exemple mémorable, qui prouve combien sont dangereuses pour les cœurs les plus nobles, les passions et les faiblesses qui nous dominent!

Cet hommage fut reçu du monarque français à des conditions dont tout annonçait le danger; et il y répondit en ces termes : « S'il » advient de notre temps que la terre de Foix » vaque par le décès de notre cousin, nous » en déterminerons de manière à contenter » Yvain et tous les hommes de Foix. »

Gaston survécut peu à cette transaction, qui faisait d'un enfant illégitime un souverain reconnu légalement; transaction d'autant plus étrange qu'elle était faite dans des temps où, si la nature conservait en secret ses droits dans le cœur des hommes, les lois se plaçaient entre eux et la nature : aussi verrons-nous le Béarn agité par plus d'une secousse civile, résultat d'un tel événement. Mais il est temps, je crois, de vous laisser respirer, et de vous faire suspendre le cours d'une lecture qui, si elle vous offre quelques roses semées çà et là, ne vous fait ce présent qu'environné d'une abondante et cruelle moisson d'épines.

LETTRE XXIX.

Continuation de la même Histoire.

Quelle qu'ait été la tyrannie de la féodalité, il semble qu'elle se soit tempérée dans l'Occident de l'Europe, au temps même de sa plus grande puissance. Les provinces de la France situées de ce côté semblent l'attester, puisqu'elles se donnèrent des institutions lorsque la plupart des États croupissaient dans la fange de l'ignorance politique. Quant au Béarn, non-seulement plusieurs de ses souverains lui donnèrent des lois qui le classent dans le petit nombre des Etats qui ont des institutions civiles et politiques, mais leurs successeurs à leur avénement s'occupaient de rétablir les atteintes portées à la constitution; chaque ordre stipulait de nouveau ses droits, et les abus étaient réformés.

A la mort de Gaston, le comte Mathieu de Castelbon, son héritier présomptif, se présenta pour recueillir sa succession. Les états du Béarn le reconnurent; mais connaissant aussi les promesses de Charles VI, en faveur des enfans naturels de Gaston, ils craignirent une opposition de la part du monarque français, et voulurent avoir son assentiment. Ils députèrent Mathieu lui-même auprès de lui, afin qu'il obtînt son agrément; et par cette déférence qui flattait la vanité du monarque, ou par d'autres considérations plus fortes, Mathieu eut sans peine son assentiment, et fut admis à prêter au roi son hommage lige. Mais au lieu d'aller exercer au sein d'une douce paix sa puissance sur ses nouveaux États, Mathieu fut obligé de courir aussitôt aux armes, pour aller, comme allié de l'Espagne, attaquer les Maures; et ce ne fut qu'à son retour, après une absence de trois années, qu'il voulut se faire reconnaître par ses États assemblés dans la cité d'Orthez. C'est là que se soumettant sans peine au serment solennel exigé du prince envers ses sujets, il jura non-seulement de maintenir dans toute leur intégrité les institutions du Béarn et ses priviléges, mais de les étendre et de les assurer; surtout d'abolir tous ceux des abus onéreux qui auraient pu se glisser pendant le laps de temps, et s'introduire dans la constitution de cette souveraineté. Enfin les règlemens auxquels ce prince se mit à travailler sans relâche aussitôt qu'il put donner tous ses soins au bien des Béarnais, sont les plus judicieux et les mieux pondérés de tous ceux qu'on remarque dans l'intéressante histoire de la législation de ce peuple. On y voit surtout les tribunaux ecclésiastiques, dont le pouvoir devint si fatal dans ces temps à l'humanité, sagement contenus jusqu'à ce qu'ils pussent être supprimés, et la justice civile de toutes parts assurée et garantie; et le prince, limité lui-même dans son autorité, ne pouvoir nommer le sénéchal qui le représente auprès des divers tribunaux et qui doit les posséder, qu'avec le consentement des barons et des prélats.

Mathieu était beau-fils du roi d'Aragon; ce dernier meurt, et ce trépas lui donne des prétentions à son trône. Les Aragonais se refusent à ce qu'un prince étranger vienne régner sur eux; ils élisent le frère de leur dernier monarque, et le préfèrent à sa fille, qui mourut elle-même peu de temps après sans laisser d'enfans.

Mathieu ne tarda pas aussi à la suivre au tombeau (1), et laissa pour héritière sa fille

---

(1) Mathieu de Castelbon mourut en 1399.

Élisabeth, mariée au captal de Buch, Archambaud de Grailly.

Ces deux époux sont reconnus par les états dont ils reconnaissent réciproquement les droits, et meurent ensuite presque le même jour, heureux d'une postérité de cinq fils (1).

L'aîné d'entre eux, Jean, succéda à ses parens, et se distingua comme un des plus vaillans chevaliers d'un temps où ces héros embellissaient chaque page de l'histoire par leur vaillance et leurs vertus; et signalant surtout sa valeur contre les Anglais dans les guerres de la France, il leur enleva la ville de Lourde, et joignit à ses titres celui de comte de Bigorre. Il eut la gloire de faire prisonnier le pape Benoît XIII qui mourut dans le château de Foix. Il épousa en troisièmes noces Jeanne d'Aragon, mais mourut peu de temps après son mariage.

Gaston XI succéda, en bas âge, sous la tutèle du comte de Comminge, son oncle, à ce prince belliqueux.

Ils signèrent sous les yeux des états, pour

---

(1) On fixe la mort de ces deux époux à l'ouverture du concile de Constance.

satisfaire à leurs besoins comme à leurs vœux, trente-quatre articles d'une charte qui devait servir de base à l'administration, et que le prince s'obligea par serment de ratifier à sa majorité.

Ces articles étaient en grande partie la récapitulation des priviléges, droits et usages que ses prédécesseurs avaient garantis à la nation, ainsi que de plusieurs autres qui y avaient été nouvellement ajoutés. On remarque, parmi ces articles, celui par lequel il s'engage à réparer les torts que son père a pu faire à ses sujets.

Le nouveau prince hérita de la valeur de son père, et comme lui servit la France. L'année même où, dégagé de toute dépendance et d'une rigide tutèle, il fut appelé à exercer dans leur plénitude ses droits de souverain sur le Béarn, était celle qui vit fuir de Paris les Anglais assez long-temps possesseurs de cette capitale. Mais ils restaient encore en France; et pour les en chasser, Charles VII recourut au bras jeune, mais sûr, de Gaston. Il appela ce prince aux honneurs de partager cette glorieuse entreprise. Gaston attaqua les Anglais en Guienne, tandis que d'un autre côté on les poursuivait dans l'Ile-de-France et la Neustrie (1). Une trêve signée entre les combattans vint suspendre les coups que portait déjà le prince béarnais, et sa valeur n'eut d'autre dédommagement que l'avantage de briller dans des tournois ouverts dans Paris, autant pour célébrer le jour heureux de sa délivrance, que pour tenir en haleine l'audace belliqueuse d'une foule de chevaliers. Gaston se distingua dans ces imitations fidèles de la guerre, qui souvent ne causaient pas moins qu'elle des pertes et des regrets à l'État.

La trêve à peine rompue (2), Gaston est nommé gouverneur de la Gascogne, et reprend les armes. La guerre se prolonge pendant trois ans avec des succès partagés. De nouveaux efforts sont nécessaires pour délivrer le Midi de la présence des Anglais. Gaston court dans ses États, où il lève un nouveau corps de troupes et fait un emprunt forcé. Il enlève Bayonne aux Anglais, et joint à cette gloire celle d'avoir eu sous ses ordres, pendant ce siége, celui que la France a placé dans le rang des Duguesclin et des Bayard, l'intrépide et héroïque Dunois.

---

(1) En 1444.
(2) En 1448.

Gaston, vainqueur, vole rejoindre le roi de France, occupé du siége de Bordeaux. Le fort de Cadillac s'oppose à sa marche victorieuse, et il faillit y périr de la main d'un traître, du commandant du fort, qui était Béarnais ainsi que la garnison; mais le fort ne tarda pas d'être pris, et la garnison fut passée au fil de l'épée.

Bordeaux pris aux Anglais, Gaston se retire dans ses états, accablé de douleur, malgré les lauriers qui couronnent son front, par la mort de Lautrec, son frère, et de sa femme. S'il éprouve quelque adoucissement à ses chagrins, c'est dans les soins constans qu'il met à s'occuper du bonheur de ses sujets : il réunit les États, leur ordonne d'examiner les abus qui se sont introduits dans l'administration; il trouve qu'il n'est point en effet d'occupation plus consolante pour un prince que d'assurer la prospérité de son peuple : aussi s'empresse-t-il de confirmer les représentations que lui font les États et les remèdes qu'ils lui proposent (1).

Mais l'ambition est souvent la première passion comme le premier tourment des prin-

---

(1) *Voyez* l'acte des États rédigé dans le lieu et chapelle de Pau, le 20 juin 1455.

ces. Gaston aspira, lorsqu'il approchait de la fin d'une carrière glorieuse, au trône de Navarre; et comme toute ambition a besoin de raisons qui lui servent de prétexte ou de droits réels, voici ceux sur lesquels il fondait ses prétentions.

Blanche, héritière de ce royaume, l'ayant apporté en dot au roi d'Aragon, était morte, laissant deux filles, dont l'une, Blanche, avait épousé Henri, roi de Castille, et l'autre, Éléonore, était femme de Gaston. Mais elle avait eu aussi un enfant mâle qui devait lui succéder au trône de Navarre, sous le nom de Charles.

Ce dernier réclamait ce trône dont le roi d'Aragon ne voulait point se dessaisir quoiqu'il n'eût plus droit de le retenir, surtout depuis qu'il avait pris une nouvelle épouse; il répond à son fils qu'il ne cessera d'être roi de Navarre qu'à sa mort. Vainement les États de Navarre reconnaissent le jeune prince. Gaston s'unit à son beau-père pour le dépouiller; et, battant les Navarrais qui s'arment pour leur souverain légitime, il fait Charles prisonnier : ce jeune prince meurt bientôt dans Barcelone, non sans soupçon qu'une marâtre attenta à ses jours par le poison. Cet événement ranime plus que jamais les torches de la guerre; mais, cette fois, entre le roi d'Aragon et Gaston, qui exige la cession de la Navarre en vertu des droits de sa femme.

Louis XI intervient, comme médiateur, dans cette querelle sanglante, exige que la Navarre se soumette à Gaston et à son épouse, qui la gouvernent paisiblement pendant plusieurs années, jusqu'à ce que le roi d'Aragon, qui était irrité de cette décision, renouvelle la guerre. Enfin la paix se conclut, et ce monarque est reconnu, pendant sa vie, roi de Navarre, tandis que Gaston n'en doit être avec son épouse que gouverneur; mais il est stipulé qu'à la mort du souverain de l'Aragon, tous deux en deviendront les légitimes possesseurs. Tel est le traité que les États rassemblés du royaume de Navarre revêtirent de leur garantie et de leur signature, en reconnaissant Gaston et Éléonore pour leurs souverains futurs.

Mais le deuil étendit bientôt son crêpe funèbre sur la postérité de Gaston. Son fils aîné, sa plus douce espérance, périt comme tant d'autres princes, comme plusieurs rois, dans un tournoi à Libourne, événement qui change en des jours de douleur des jours de fête et d'allégresse. Ce jeune prince laissait deux enfans en bas âge : François Phœbus, qui devenait, par la mort de son père, héritier de Gaston, et sa sœur Catherine. Leur aïeul s'empressa de les recommander aux soins et à la protection de Louis XI, et les confia à la tutèle de leur mère, Madeleine de France.

Gaston voulait achever ses jours dans le Béarn; des troubles qui éclatèrent en Navarre l'obligent de s'y porter lui-même pour les apaiser. Mais la mort s'y oppose; il termine, comme Roland, ses jours à Roncevaux, et est inhumé à Orthez. Il fut pleuré des peuples qui lui avaient donné le surnom honorable de *Droiturier*.

Gaston laissa après lui une postérité aussi florissante que nombreuse. Son second fils, qui reçut le vicomté de Narbonne, devint le gendre du vertueux Louis XII, et donna des preuves de sa valeur en Italie; mais il fut aussi le père d'un des plus brillans et des plus vertueux héros français, l'ami et le rival de Bayard, Gaston de Foix, duc de Nemours, qui, le front ombragé des lauriers cueillis dans les champs de Ravenne, périt âgé seulement de vingt-trois ans, et rougit de son sang la terre des héros ses modèles (1).

---

(1) Le père du peuple, Louis XII, s'écria en appre-

Quoique je ne veuille pas vous donner des détails fastidieux, je ne puis cependant omettre de vous dire qu'un des fils de Gaston, nommé Jacques, s'illustra aussi dans les guerres d'Italie, et que l'une de ses filles, Marie, qui épousa le duc de Bretagne, l'un des plus puissans vassaux de la France, devint la mère d'Anne de Bretagne, qui fut deux fois reine de France.

---

nant par l'ami de Gaston, le brave La Palisse, la mort de ce neveu qu'il idolâtrait : « Je voudrais n'avoir plus un » pouce de terre en Italie, et pouvoir à ce prix faire re- » vivre mon cher Gaston de Foix, et tous les braves qui » ont péri avec lui. Dieu nous garde de remporter jamais » de pareilles victoires! » Ce monarque avait souvent dit de ce prince : « Gaston est mon ouvrage; c'est moi qui » l'ai formé aux vertus qu'on admire en lui...... » Quel éloge de l'oncle et du neveu! c'est à la fois le panégyrique du héros et du roi !

LETTRE XXX.

Suite de l'Histoire du Béarn.

François Phœbus n'avait que quatre ans lorsqu'il fut appelé à la souveraineté de son aïeul, à défaut de son père. Le roi de France envoya une ambassade solennelle, composée de trois ambassadeurs, pour recommander aux États les intérêts de son neveu, et demander leur avis sur le meilleur mode d'administration, en promettant son appui et sa protection. Mais changeant subitement de conduite, Louis XI déclara ne vouloir se mêler en rien des affaires du Béarn (1).

Madeleine, mère du jeune prince, vint avec lui dans ce pays, et fut déclarée tutrice de son fils et régente du Béarn.

Le roi d'Aragon étant mort, sa fille Éléonore qui, comme nous l'avons vu, gouver-

---

(1) *Voyez* la lettre du roi du 7 août 1472, datée de la Guerche.

naît le royaume de Navarre, fut couronnée (1), mais mourut quinze jours après. François Phœbus était son héritier direct et légitime, mais il fallut, avant qu'il pût jouir de ses droits, deux ans de guerre civile et toutes les horreurs de l'anarchie, qu'elle traîne ordinairement à sa suite, jusqu'à ce qu'enfin, par l'intervention et les menaces de la France, le calme se rétablit; les États furent rassemblés, et François reconnu pour roi de Navarre (2). Mais à peine arrivé à sa majorité, ce prince périt tout-à-coup en tombant roide mort pendant qu'il se livrait à des jeux qui l'occupaient dans un âge jeune encore. On le crut frappé par une main ennemie qui avait eu recours au poison, mais rien ne confirma ces soupçons qui s'évanouirent (3).

Vous allez voir, dans les événemens que causa la mort de François Phœbus, la maison d'Albret passer par une alliance à jamais mémorable dans celle de Bourbon.

La sœur de Phœbus, Catherine, fut recon-

(1) En 1479.
(2) François Phœbus fut couronné à Pampelune, en 1481.
(3) Ce prince mourut à Pau, dont il s'occupait à embellir et orner le château: il fut enterré à Lescar.

nue, par les États assemblés, souveraine de tous les pays que possédait son frère, et reine de Navarre. C'est à ces titres que le roi de Castille s'empressa de la demander en mariage pour son fils encore enfant.

Madeleine, remplie de déférence pour son frère, le roi de France, moins peut-être par amour que par crainte, s'empressa d'assembler les États pour leur déclarer que sa fille la reine, ayant atteint l'âge nécessaire pour unir sa destinée à celle d'un prince digne d'elle, elle croyait devoir les consulter afin qu'ils décidassent dans leur sagesse quel était celui qui lui convenait le plus, autant pour le bonheur de leur pays que pour le sien. Le roi de Castille proposait son fils, et le roi de France quatre partis différens (1). Les États, ayant successivement pesé les avantages de chacun de ces partis, crurent devoir préférer le fils du seigneur d'Albret, qui possédait des biens considérables voisins du Béarn; et cette maison étant moins puissante que celle des ducs d'Alençon et d'Angoulême, Louis XI et sa sœur préférèrent aussi

---

(1) Les quatre partis proposés par le roi de France étaient : le duc d'Alençon, le comte d'Angoulême, le fils du seigneur d'Albret, et celui du comte de Boulogne.

ce choix fait par la noblesse et le clergé; mais la majorité du tiers-état forma une forte opposition, attendu que Jean d'Albret était encore plus jeune que la reine, et qu'il fallait à celle-ci pour époux un homme plus mûr, qui pût à la fois l'aider de ses conseils et défendre ses États. Le mariage fut arrêté nonobstant cette opposition; mais il fut retardé par des événemens que je vais rapporter.

Jean de Foix, comte de Narbonne, voyant que Louis XI, protecteur naturel de sa nièce, venait de mourir, s'empressa de manifester des prétentions sur le Béarn, prétentions qu'il fondait sur la loi salique; et quelque faibles que fussent à cet égard et ses droits et les raisons dont il les étayait, il eut cependant un parti qui, quoique faible, se déclara pour lui dans la haute noblesse, tandis que les États, réunis par la régente, persistèrent à ne reconnaître pour légitime souveraine que Catherine. Le vicomte de Narbonne fut près d'être arrêté, mais il s'échappa, et parvint à armer les mécontens, à soudoyer des troupes avec lesquelles il obtint même des succès; et non content de se frayer, les armes à la main, un chemin à la souveraineté, il employa des mesures infâmes et secrètes, des complots et des crimes, pour parvenir plus sûrement et plus promptement à son but. Il tenta de faire empoisonner à la fois et la jeune reine et la régente, sa mère. La trame de ce double forfait fut heureusement découverte; mais, ainsi qu'on ne le voit que trop souvent, ce fut moins celui qui l'avait ourdi dans l'ombre qui paya de sa tête son crime, que ses serviles et crédules instrumens. Le seigneur de Garderest, l'un d'entre eux, périt du dernier supplice, ainsi que deux officiers, ses complices.

Enfin lorsque, par l'intervention de Charles VIII, la régente eut conclu la paix avec celui-là même qui avait osé attenter à ses jours et à ceux de sa fille, et lorsqu'elle fut descendue au tombeau, car elle survécut peu aux peines que lui avait causées l'ambition du vicomte de Narbonne, l'hymen si désiré de Jean d'Albret eut lieu. Le prince prêta le serment d'usage, et les peuples le reconnurent pour souverain, mais seulement pour le temps de la vie de la reine.

Les jeunes époux se hâtèrent d'aller visiter la Navarre qui, secrètement agitée par les intrigues de Ferdinand de Castille, était livrée à des désordres, et où s'était élevée une guerre civile dirigée par deux factions opposées. Jean quitta sa jeune épouse, se rendit lui-même à la cour de Castille, et conclut avec le roi un arrangement qui fit cesser les troubles en Navarre : les deux époux furent couronnés à Pampelune.

Mais comme les factions une fois formées sont lentes et difficiles à se dissiper, celle des Grammont et celle des Beaumont, qui divisaient ce royaume, ne cessaient de le troubler encore. Soit qu'ils fussent mal conseillés, ou soit que la tâche qu'ils entreprirent fût au-dessus de leurs forces, le prince et la princesse tentèrent, pour parvenir à ramener la paix, de réaliser l'axiome mis en pratique par la plupart des souverains, et qui pour ceux qui joignent la patience à l'astuce, et la dissimulation à la souplesse, est leur constante devise, en un mot l'axiome *divide et impera*. La reine se déclara pour la faction des Beaumont, et le roi pour celle des Grammont. Mais d'Albret, que l'histoire nous signale comme un prince faible, laissa le connétable de Bourbon s'emparer de sa confiance, dont ce dernier abusa pour persécuter la faction protégée par la princesse, pour braver même son maître lorsqu'il voulut arrêter une main sacrilége qui de nouveau soulevait contre lui son peuple.

Albret se réveilla sur le bord du précipice : il livra au châtiment des lois outragées, le favori qui avait abusé de sa puissance. Bourbon fut condamné à la mort, qu'il évita en se réfugiant auprès du roi de Castille (1), auquel il livra plusieurs places qui étaient en son pouvoir en Navarre.

Mais quoique nous touchions au seizième siècle qui, en ramenant les arts en Europe, annonçait le retour de la civilisation, les Etats n'avaient pas pour ennemis la féodalité seule, encore puissante. Le pouvoir de l'Église pesait plus que jamais sur eux, et Jules II, un des pontifes romains qui eut le moins le caractère conciliant et paisible que devrait toujours avoir le sacerdoce, ne cessait de développer le génie des Hildebrand et des Boniface. Jules s'arme tout-à-coup des foudres de l'Eglise, contre le malheureux roi de Navarre, met son royaume en interdit, parce qu'au lieu d'appeler aux fonctions d'évêque de Pampelune un prélat désigné par le pontife, ce roi avait nommé son frère à cet évêché; et telles étaient les prétentions de la cour de Rome, qu'un roi ne pouvait revêtir son propre frère de la

---

(1) En 1506.

mitre et de la crosse. D'Albret, épouvanté, chercha un appui dans le roi de France. Jules, alors en démêlé avec ce monarque, lança aussitôt une bulle qui excommunie le roi de Navarre comme allié de la France, et annonce à toute la chrétienté que la Navarre est au *premier occupant*. Comme le roi de Castille brûlait du désir de posséder ce royaume, c'en fut assez pour qu'il fût dès ce moment ravi à ses légitimes possesseurs.

Faible dans la guerre comme il l'était dans la paix, et nul dans les combats, l'indolent d'Albret ne sut que faire, et perdit, sans le disputer, un des plus beaux États qui composaient sa couronne. La reine était indignée de sa faiblesse, mais elle fut obligée de le suivre quelques jours plus tard. Le duc d'Albe, général du monarque castillan, se rendit maître de la Navarre, malgré l'armée qu'envoya le roi de France et que commandait La Palisse. Louis XII fit une trêve avec Ferdinand, mais sacrifia les intérêts de celui pour qui il avait levé l'étendard de la guerre. Par cet accord, la Navarre fut perdue à jamais, tant pour la maison de Foix que pour la France, et Jules fut vengé.

Je ne vous parlerai que brièvement, ma cousine, des efforts que, tandis que le malheureux d'Albret tâchait de conserver la Navarre, les seigneurs de Coaraze et de Carmaing, ses vassaux, tentèrent, pour lui faire perdre encore le Béarn; et de l'appui que leur prêta le parlement de Toulouse, devant lequel ils défendirent leur cause, et qui ne craignit pas de seconder la révolte par la voix de Thémis, en déclarant le roi et la reine de Navarre rebelles envers le roi de France, et en ordonnant la confiscation du Béarn. Il vous suffira de savoir que Louis XII, dont on reconnaît la sagesse à de pareilles décisions, cassa l'arrêt sacrilége d'un tribunal, le soutien des rebelles, et vengea ainsi la justice légalement outragée, en conservant le Béarn à ses légitimes souverains.

Jean voulut, quelle que fût l'impuissance de son caractère, tenter de réparer ses malheurs en s'efforçant de recouvrer la Navarre; et comme s'il ignorait que des États perdus ne se recouvrent que par l'épée, il envoya des ambassadeurs à Ferdinand pour se les faire rendre par des moyens pacifiques. Il ne fut point écouté. Mais le monarque castillan mourut, et des troubles suscités, selon toute apparence, par d'Albret lui-même, lui auraient frayé un chemin au trône pour peu qu'il eût su aider les mouvemens de l'armée, à la tête de laquelle il s'était mis. Mais le malheur qui poursuivait ce prince dans ses entreprises, lui fit perdre un temps précieux au siége de plusieurs places au pied des Pyrénées. Ximénès eut le temps de pourvoir à la défense de la Navarre; et tous les efforts de Jean furent vains. Son ame en ressentit bientôt un chagrin qui, malgré son impassibilité ordinaire, altéra les sources de sa vie et le conduisit au tombeau.

Quant à la digne épouse de ce prince, tant qu'elle lui survécut, elle continua ses efforts pour se faire rendre une couronne injustement ravie. Douée d'autant de caractère que Jean en avait peu, elle ne cessa jamais de prouver, par ses conseils et sa conduite, combien il avait eu raison de lui dire un jour qu'*il aurait fallu qu'il fût Catherine et qu'elle fût Jean.* Elle obtint du congrès assemblé à Noyon la restitution de la Navarre, promise en effet par Charles-Quint, mais éludée, comme ne le sont que trop souvent les promesses des souverains d'un tel caractère. Non moins affligée de l'inutilité de ses efforts que son époux l'avait été des siens, elle ne tarda pas d'être atteinte d'une maladie grave; elle mourut, et la bonté jointe à la fermeté, deux des premières qualités des souverains, et qui ornaient le plus son mâle caractère, l'ayant fait adorer des peuples, leurs larmes abondantes et sincères furent le plus bel ornement de ses obsèques. Elle tourna, en mourant, ses regards vers un royaume objet de ses plus amers regrets, et dont elle eût voulu faire le bonheur. Elle demanda pour faveur que sa dépouille mortelle, jointe à celle de son époux, fût inhumée dans la capitale de cet État qui lui appartenait bien, quoiqu'elle ne le possédât pas ; mais la politique, toujours insensible et souvent impitoyable, se refusa à ses derniers vœux; et tous deux furent ensevelis à Lescar.

LETTRE XXXI.

Suite de l'Histoire du Béarn. — Henri d'Albret.

Si je me suis complu naguères à vous retracer l'histoire de Bordeaux, c'est que je me sentais entraîné par l'intérêt éminemment puissant qu'elle inspire, et par son importance dans les destinées de la France, et par la foule de caractères et de traits originaux qu'elle présente; si je m'étends aujourd'hui sur celle du Béarn, c'est pour vous rappeler comme à moi-même les souvenirs non moins brillans et non moins mémorables de ses princes, leur renommée, leur valeur, et leurs faiblesses même. Vous sentez que le bon Henri a la plus grande part à cet hommage, et vous vous résignerez sans doute avec moi à supporter, en faveur de ce nom, tout ce que cette histoire peut offrir de fastidieux, lorsqu'elle languit privée de faits éclatans, ou lorsqu'elle ne nous en retrace que d'odieux et d'affligeans. Il n'est point de sacrifice qu'on ne soit glorieux de faire en effet à la mémoire de ce prince, du règne duquel nous approchons. Avec quel plaisir j'en vais dérouler à vos yeux les fastes ! mais il ne saurait surpasser, je l'espère, celui que vous mettrez à les lire ; et c'est sous de tels auspices que je passe du règne de Jean et de Catherine à celui de leur successenr, Henri d'Albret.

Ce prince fut, par la mort de sa mère, appelé à lui succéder à l'âge de quatorze ans. Mais la Providence ayant placé auprès de lui Alain d'Albret, chargé du double soin de diriger son éducation et l'État, pendant sa minorité, cet homme dont le Béarn révère encore la mémoire et les vertus, créa d'abord, d'après le vœu des États, un conseil au jeune prince, qui, composé de sept officiers et du chancelier, ne pouvait rendre la justice que selon les lois fondamentales. La formation de ce tribunal ne tarda pas à devenir, tant ses arrêtés étaient dictés par la sagesse, une des époques les plus remarquables par le perfectionnement du droit public du pays. Bientôt après, les circonstances favorisant l'espoir de s'emparer de la Navarre, vu les troubles et les factions qui régnaient en Espagne, et qu'avait occasionés la longue absence de Charles-Quint, Henri d'Albret songea à en profiter pour reconquérir son royaume. François Ier, son ami et son allié, rival, autant par nécessité que par gloire, de l'Empereur, ne manqua pas d'appuyer d'une armée les efforts du jeune souverain du Béarn, son parent. Le succès couronna leurs efforts. Pampelune (1), ainsi que d'autres villes, tombèrent au pouvoir des vain-

(1) C'est à ce siége que fut blessé le fameux Ignace Loyola, dont tout le monde connaît la singulière aventure. Devenu invalide par cette blessure, le serviteur du dieu de la guerre voulut devenir celui du dieu de la paix, et fut, comme on sait, le fondateur de l'ordre des Jésuites, que le pontife romain, Paul III, confirma en 1540, sous le nom de *Compagnie de Jésus*. Cet ordre exista jusque vers la fin du dix-huitième siècle; mais supprimé successivement dans divers Etats, il le fut en France en 1764 par un édit *perpétuel* et *irrévocable* du roi Louis XV, qui fut enregistré au parlement.

Rome enfin donna aussi sa sanction à l'extinction de cette société en 1773, le 21 juillet, en prononçant, dans une bulle mémorable, son abolition définitive. Ayant ainsi provoqué le ressentiment du Saint-Siége et des monarques de l'Europe, bannis, chassés de tous les Etats, ce n'est que dans notre patrie que les Jésuites trouvèrent un asile et des établissemens dignes de la munificence du souverain. Mais infidèles à leurs promesses et aux engagemens qu'ils avaient contractés avec le gouvernement, et qu'ils n'acquittèrent point, ils ont éprouvé le juste châtiment qu'ils provoquèrent eux-mêmes, et ont été forcés de quitter la Russie, qui les avait accueillis lorsqu'ils étaient repoussés de toutes parts.

queurs, et la Navarre fut reconquise dans un mois de temps. Mais ces succès furent bientôt suivis de défaites. L'armée espagnole accourt, fait lever le siége de Logrogne, livre bataille à l'armée française, la défait, et reconquiert la haute Navarre.

L'orgueilleux monarque castillan, rappelé en Espagne par de tels événemens, se met lui-même à la tête de ses troupes, oblige l'amiral Bonivet, général des Français, de quitter de nouveau la Navarre, et tente avec succès une invasion dans le Béarn.

Attaqué, pressé jusque dans le sein de ses États, pour avoir voulu reconquérir ceux qui lui avaient été si injustement enlevés, Henri a recours à des emprunts qu'il jure solennellement de ne jamais plus renouveler, et parvient enfin à voir le Béarn délivré des troupes espagnoles. Aussitôt, pour mieux assurer sa juste vengeance contre leur empereur, il vole en Italie le combattre avec François Ier, son fidèle appui; et partageant le sort aussi malheureux qu'héroïque de ce prince, il est fait prisonnier avec lui dans les champs de Pavie.

Détenu dans une tour élevée à Pavie, Henri s'en sauve pendant l'obscurité d'une nuit avec des échelles de cordes. Un jeune page (1), par son dévouement, facilite son évasion.

Henri ne rentra dans ses États que lorsque François Ier rentra dans les siens. Son retour fut immédiatement suivi d'un événement d'une grande importance. Son dévouement au roi de France, autant que l'amour qu'il éprouva pour sa sœur, Marguerite de Valois, veuve du duc d'Alençon, lui mérita la main et la tendresse de cette princesse; et pour que cet hymen fût pour lui aussi avantageux qu'il était honorable, on céda à Henri les duchés de Nemours et d'Alençon, et le comté d'Armagnac.

Mais ce mariage eut pour le pays même des résultats non moins précieux. Les arts, que Marguerite aimait autant que son frère, vinrent, avec elle, s'acclimater dans le Béarn; Marguerite les introduisit dans sa cour, comme François Ier les avait introduits dans la sienne; et ces premiers législateurs des États, ces pères de la civilisation, virent s'étendre leur empire jusqu'au pied des Pyrénées; et l'une des

---

(1) Il est juste de vous faire connaître le nom de cet intéressant jeune homme. Il s'appelait Rochefort, et en prenant la place du roi dans son lit, il trompa ainsi ses gardiens.

Muses fit retentir de ses accens l'écho de ces monts, comme elle avait fait retentir, en émigrant de l'Italie, les échos des Alpes.

Marguerite ne se borna point, comme on sait, à être leur Mécène; elle les cultiva avec gloire elle-même : les fameux Contes si connus sous son nom, et qui sont incontestablement son ouvrage, bien que trop libres quelquefois, et blessant l'austère morale, n'en sont pas moins un des plus précoces et des plus précieux monumens qui aient signalé l'essor prochain du génie en France.

Henri marqua son retour en s'appliquant à perfectionner l'administration publique. Il joignit à ces nobles soins un soin plus généreux encore ; il offrit un asile aux malheureux qui étaient persécutés pour leurs opinions religieuses : et soit que cette conduite lui ait été dictée par une juste vengeance ou par l'humanité, elle n'en doit pas paraître moins louable au tribunal de la sagesse et de la nature. Dans ces temps dont nous parlons, on pouvait déjà remarquer combien avaient été rapides les progrès de la réforme religieuse opérée par les opinions et les doctrines de Calvin, de Luther et de Melanchton. Henri et son épouse saisirent avec sagacité l'occasion de se venger de l'oppression de la cour de Rome, à laquelle ils devaient la perte de la Navarre. Tous les proscrits que l'intolérance de cette cour faisait en France, où elle trouvait, à la honte de la raison, un persécuteur dans un roi, l'ami des arts, furent dès ce moment accueillis dans le Béarn; et par eux il acquit un surcroît de richesses industrielles, qui vint se joindre à son opulence rustique. C'est ainsi que, tandis que des bûchers consumaient ailleurs les malheureuses victimes de la superstition et du despotisme, elles étaient ici, par une compensation aussi bienfaisante que tutélaire, mises à l'abri de tout outrage.

Voyons maintenant si Henri fut aussi heureux dans ses relations avec les États voisins que dans les siens. Jeanne d'Albret est son seul enfant. Charles-Quint et le roi de France la lui demandent, le premier pour son fils, et le second pour le prince de Clèves. Les États, consultés dans une circonstance qui peut influer sur le bonheur et la gloire des Béarnais, et fidèles aux sentimens d'indignation et de fierté que réveille en eux le souvenir des maux que leur a faits l'Espagne, répondent au monarque : « La France a causé la » perte du royaume de Navarre; c'est la France

» qui doit vous aider à le recouvrer. Resserrez
» votre alliance avec elle par le mariage
» de votre fille; que François Ier vous donne
» un prince de son sang pour votre gen-
» dre, etc., etc. » Ils terminent enfin leur
adresse au roi en lui rappelant qu'il ne lui est
pas permis de marier son héritière, leur princesse, sans leur consentement.

Mais François, qui avait à sa cour cette
jeune et intéressante princesse, s'étant cru
autorisé à faire célébrer cet hymen prématuré,
car elle n'avait alors que douze ans, avec celui auquel il la destinait, cette jeune princesse,
précoce pour la raison, protesta elle-même,
au sortir du temple, contre la violence du roi
de France. Henri et son épouse, irrités avec
raison contre François, firent casser ce mariage qui n'avait pas été consommé; et Jeanne
revint avec son père à Pau, après avoir vu
rompre des nœuds aussi précipités que con-
traires à ses vœux.

En attendant qu'elle contracte ceux auxquels la nature et l'intérêt la destinent, son
père redouble d'application et de soins pour
rendre le sort des peuples du Béarn heureux.
Il améliore successivement les finances par

un impôt mieux réparti; le commerce, par les rapports, qu'il rend aussi libres que sûrs, entre l'Espagne et la France, ses Etats formant entre ces deux puissances un intermédiaire utile; le clergé, par un code de lois qui limite le pouvoir de ses tribunaux dans les causes purement ecclésiastiques; enfin il établit avec des manufactures importantes, l'imprimerie dans le Béarn, découverte qui, comme on sait, donne à notre âge une supériorité décidée sur l'ancien, à l'avantage de la raison humaine, et qui a tant contribué au bonheur comme à la gloire de l'humanité.

Enfin l'époque aussi mémorable qu'heureuse où Jeanne doit épouser Antoine de Bourbon, duc de Vendôme et père de Henri IV, luit à la fois pour la gloire de la France et du Béarn, et rien ne trouble dans ce moment la félicité de Henri et de ses deux enfans, que la mort de Marguerite qui, acquittant la dette infaillible de la nature, jeta par son trépas sur ce jour éclatant la pâleur des ténèbres et l'affliction des plus amers regrets.

En attendant que je célèbre avec vous l'époque plus heureuse qu'aucun nuage n'obscurcit, où Jeanne donne le jour au modèle des souverains des Français, permettez-moi de clore cette lettre : car il ne faut pas moins reprendre haleine pour exprimer un grand plaisir qu'une grande douleur.

LETTRE XXXII.

Suite de l'Histoire du Béarn. — Antoine de Bourbon, et Henri IV.

Je vous ai dit, dans la lettre où je vous annonçais que j'étais entré dans le Béarn et que je m'avançais vers sa capitale, plusieurs des intéressantes particularités qui signalèrent la naissance de celui qui fut sans contredit le premier de ses princes. Il serait donc inutile de les répéter ici. Nous laisserons dès-lors Henri ouvrir les yeux à la lumière, tandis que son illustre aïeul va fermer pour jamais les siens. Ce prince, en effet, ne tarda pas à descendre dans la tombe; mais ses derniers momens furent embellis par la douceur de se voir reproduire dans son petit-fils, et par ce sentiment prophétique qui lui faisait entrevoir que cet enfant illustrerait un jour son pays. Pour honorer la mémoire de ce digne aïeul du grand Henri, il suffit de citer ce que dit, à son sujet, Charles-Quint, qui se connaissait en hommes :

« Je n'ai vu qu'un homme en France, c'est le roi de Navarre. »

Jeanne, enfant unique de ce monarque, hérita de ses États, et s'appliqua à les bien gouverner ; femme aussi éclairée qu'elle était spirituelle, possédant plusieurs langues classiques et usuelles, elle fut la digne mère du héros auquel elle venait de donner le jour. Son premier soin fut de confier son éducation à des mains pures et dignes de le former à la vertu ; mais elle-même, tendre mère, veilla aux premiers pas de cet enfant chéri. Eh ! quels soins peuvent égaler ceux d'un tel gardien !

Jeanne se rendit d'abord à Pau avec son époux, où ce prince prêta serment aux États assemblés.

Jamais circonstances ne furent plus remarquables que celles de ces temps, où déjà avaient commencé des troubles sérieux, à l'occasion de cette réforme religieuse à laquelle avait donné lieu le désordre des mœurs du clergé catholique. Antoine avait eu le courage de protéger le culte dissident. Une faveur aussi manifeste envers les réformés ne pouvait qu'amasser l'orage sur le souverain du Béarn, et déjà la cour de Rome préparait ses foudres pour les lancer sur lui ; mais le cardinal d'Armagnac, qui se trouvait auprès du pontife, était parvenu à détourner la tempête. Bien différent de Henri d'Albret, Henri II, roi de France, montra pendant la durée de son règne la plus grande déférence aux volontés de la cour de Rome; et loin de voir d'un œil tolérant la protection accordée à la réforme dans le Béarn, il en témoigna hautement son mécontentement au roi de Navarre.

Parmi tant d'intérêts et d'animosités naissantes, comment protéger contre toute atteinte le jeune Henri, qui déjà suçait avec le lait cet amour de l'indépendance, premier besoin des ames fortes ? Il ne fut pourtant pas négligé ; et lorsque l'Espagne, après une longue et sanglante guerre, conclut enfin avec la France une paix de toutes parts désirée, et qu'Antoine et Jeanne furent tous deux obligés de se transporter à la cour de France pour y veiller aux intérêts de leur pays, qui n'était pas moins l'objet de ce traité que ceux de la France, ils confièrent pendant leur absence à Suzanne de Bourbon, épouse de Jean d'Albret, baron de Miossins, ce tendre fruit de leur espoir et de celui des peuples. C'est alors que Henri fut conduit au château de Coaraze. C'est là que sa tutrice, loin de déroger aux principes mâles et sévères que Henri son aïeul avait appliqués à l'éducation de son petit-fils, et d'amollir en rien son caractère, elle écarta de lui le luxe, ce poison des cours, et l'orgueil qui le nourrit et l'augmente. Elle le laissait courir dans les champs avec de jeunes enfans de paysans, et formait ainsi son ame à des sentimens d'affection et d'intimité, qui sont loin de nuire aux princes, soumis, comme les autres hommes, au malheur et à l'adversité. Tandis qu'il fortifiait son corps en gravissant les sommets des montagnes, en franchissant les torrens et les vallées, elle ne fortifiait pas moins son esprit par de sages leçons. Admirable éducation, propre à faire des héros, de grands monarques et des serviteurs utiles à l'État, et qui, si elle était plus souvent pratiquée, les rendrait plus nombreux qu'ils ne le sont pour le bonheur des hommes, et reproduirait plus souvent des princes aussi humains, aussi généreux que le devint bientôt Henri !

Vous allez voir, ma cousine, les dissensions des États causées par les opinions religieuses, figurer dans les annales du Béarn, et entourer le berceau de ce prince et son adolescence.

Tout jeune qu'il était, Henri fut nommé lieutenant-général du royaume en l'absence de son père, et en présida les États deux fois ;

ayant pour collègue le cardinal d'Armagnac, ce sage prélat qui à Rome avait si bien plaidé la cause de son pays.

Mais Antoine, mal reçu à la cour de France, y avait vu ses intérêts sacrifiés dans les négociations avec le cabinet de Madrid. Il s'indigna, s'irrita contre une politique égoïste et versatile. Se confiant dans des intelligences plus vaines que réelles, qu'il avait en Espagne, ce prince crut pouvoir déclarer la guerre à cette puissance; et fort de ses droits sur la Navarre, l'héritage de ses ancêtres, dont elle l'avait si injustement dépouillé, il arma ouvertement contre elle, afin de ravir par la force du glaive ce qu'il n'avait pu obtenir de la justice. Vains efforts: la nature et l'intrigue lui opposent, l'une le débordement des fleuves, qui empêchent son armée d'agir; et l'autre, la trahison et la défection qui en est la suite. Le prince, qui avait quitté Paris pour se mettre lui-même à la tête de ses soldats, voit l'impossibilité de conquérir son royaume, et il est contraint de se retirer, justement affligé de son impuissance.

A cette disgrâce de la fortune, s'en joint une autre; car, comme dit un adage aussi vrai qu'ancien, un malheur n'arrive jamais seul. François II, qui sembla ne paraître sur le trône que pour en descendre, n'eut le temps d'y montrer ni des vertus ni des vices; il meurt, et, premier prince du sang, Antoine avait droit d'occuper le premier rang dans la cour de France. Mais, prompt à former les desseins qui demandent le plus de réflexions, il se montre, comme tous les hommes dont le caractère est inégal, lent à exécuter ceux qui exigent de la célérité: ne reparaissant que tard à la cour de France, il laisse non-seulement le temps aux Guise de s'emparer du pouvoir, mais celui de le mettre dans l'impossibilité de jamais les écarter; en un mot, ces princes ambitieux savent prudemment l'éloigner, et pour mieux se débarrasser de sa personne, ils parviennent à le faire charger, ainsi que le cardinal son frère, du stérile honneur de conduire à Philippe II la malheureuse princesse qui, en devenant l'épouse de ce tyran, ne tarda pas d'être la victime de sa jalousie, et la cause innocente autant qu'infortunée de la mort de don Carlos.

De retour dans ses États, Antoine y professa ouvertement la religion protestante. La conspiration d'Amboise éclata. Le prince de Condé, considéré comme le chef de ce complot, fuit pour dérober sa tête aux vengeances des Guise, et se retire auprès de son frère, le roi de Navarre. Les états-généraux sont convoqués à Orléans, par suite des représentations faites, au nom des calvinistes, par Coligni, l'un des héros de la nouvelle secte. Antoine et son frère y sont appelés par le roi de France, et s'y rendent malgré les prières de Jeanne. A peine étaient-ils arrivés à Orléans avec une faible escorte, qu'on les reçoit comme des criminels, sous le prétexte d'une nouvelle conspiration que l'on suppose avoir été découverte par un agent du prince de Condé : ce dernier est arrêté, et les Guise osent méditer la mort même du roi de Navarre.

Tout présageait la perte de ce prince : on voulait l'assassiner sous les yeux du roi de France lui-même, qui devait feindre une maladie, appeler auprès de lui Antoine, et l'exciter à la colère en lui tenant les propos les plus outrageans : c'est alors que les Guise cachés devaient lui porter le coup de la mort ; et cela au moment même où, excité par le roi, il lui serait échappé quelque réponse injurieuse. Tout était prêt ; Antoine allait entrer chez le roi, lorsque la duchesse de Montpensier lui révéla le danger qu'il courait : il se retire chez lui ; mais, appelé une seconde fois par le roi, il croit devoir s'y rendre, et dit à Renti, son

capitaine des gardes : « Je vais où on conjure
» ma mort, je vendrai chèrement ma vie. Dieu
» me sauvera peut-être ; mais si je meurs,
» prends ma chemise, porte-la toute sanglante
» à mon fils et à ma femme. Puisqu'il est trop
» jeune pour me venger, qu'ils l'envoient et
» la fassent porter dans toutes les cours de
» l'Europe (1). » On sait que par des réponses
prudentes et sages, ce prince évita toute querelle vive, que François II se borna à des menaces, et qu'Antoine fut sauvé au grand regret
des Guise.

Peu de jours après cet événement, Charles IX, encore dans l'âge de la minorité, succéda à François II ; et le roi de Navarre fut
proclamé lieutenant-général de la France.
Alors Jeanne vint le rejoindre à Paris, avec le
jeune Henri qui n'avait encore que huit ans.
Elle s'empressa de le faire entrer au collége
pour y être *institué en bonnes lettres*, selon le
langage de ces temps ; il y eut pour compagnons le duc d'Anjou et le jeune duc de Guise.

Pendant ce temps, les intrigues toujours
croissantes de la cour de Rome et de celle

---

(1) *Voyez* Oligarni, qui rapporte ce fait raconté par la reine Jeanne elle-même.

de Madrid, les menaces, les dangers, et l'ambition peut-être triomphèrent des résistances d'Antoine, qui abjura le protestantisme et devint catholique. Jeanne au contraire, qui avait combattu sa première conversion, choisit ce moment même pour abjurer le catholicisme : elle devint protestante très-prononcée, et retourna dans le Béarn avec son fils.

La guerre civile se déclara en France; les calvinistes s'emparèrent de Rouen, mais Jeanne éprouva le double malheur de voir son époux à la tête d'une armée catholique, leur enlever cette place importante, et d'apprendre en même temps qu'il était blessé mortellement. En effet ce prince mourut de sa blessure un mois après sa conquête.

Jeanne ne se consola de cette perte qu'en soignant plus que jamais l'éducation de son fils, qu'elle confia à des protestans aussi savans que vertueux; elle disait qu'*elle ne voulait pas que son fils soit un illustre ignorant.*

Elle établit l'exercice public du nouveau culte. Vingt ministres de l'évangile furent appelés de Genève pour en répandre les dogmes de toutes parts dans ses États. Des églises furent converties en temples, où l'on accourait pour les entendre prêcher. Les emplois furent donnés à ceux qui embrassaient ce culte ou qui le suivaient, et bientôt les grands de l'Etat et la noblesse elle-même furent calvinistes.

En vain le clergé catholique, en vain le légat du pape réclament contre tant d'audace et de fermeté : Jeanne répond que telles sont ses volontés ; mais qu'en introduisant le calvinisme dans ses États elle n'oublie point la tolérance, et qu'elle ne veut exercer aucune violence, moyen évidemment réprouvé par le Saint-Évangile. Cette réponse peint l'ame tout entière d'une princesse dans laquelle se trouvaient unies aux lumières, l'humanité et l'énergie.

Les affaires des Calvinistes ayant appelé la reine de Navarre à Paris, elle nomma pour son lieutenant-général le comte de Grammont.

En même temps le Saint-Office affichait au nom du pape à Rome, un arrêt qui déclarait Jeanne suspecte d'hérésie, la citait en personne à son sanglant tribunal, et prononçait à défaut son royaume en interdit.

La cour de France arrêta la publication de cet arrêt. Cependant il avait déjà excité quelques soulèvemens dans les États de Jeanne, dont le retour rétablit bientôt le calme.

Rarement les partis se tiennent dans de

justes limites, surtout s'ils sont triomphans. Les Calvinistes, qui exerçaient leur culte aussi librement que les catholiques, osèrent, assemblés à Pau, demander l'exercice exclusif de leur religion. Mais bien que Jeanne fût assez protestante pour sourire à une proposition qui flattait sa passion dominante, elle fut assez sage ou assez politique pour n'y point donner la sanction du pouvoir. Cependant elle crut devoir ordonner par un édit la suppression des images; et cet édit à peine publié causa de nouvelles alarmes, de nouveaux troubles : les États s'assemblèrent et proposèrent des modifications à l'édit. La princesse fut d'abord inflexible, et les États furent dissous sans être écoutés; mais devenue circonspecte à l'aspect des maux prêts à fondre sur ses peuples agités, elle défendit aux calvinistes d'abattre les autels des catholiques, et à ceux-ci de piller les temples protestans. Cette loi aussi sage qu'elle avait été tardive rétablit partout la paix et l'harmonie.

LETTRE XXXIII.

Toujours Henri IV et sa mère.

Instruite comme l'est mon aimable cousine, elle ne devait peut-être pas s'attendre à me voir lui rappeler, dans un voyage aux eaux de Barége, la foule de souvenirs historiques que j'ai mis sous ses yeux; mais, il faut le dire, de tous les pays que l'on parcourt dans la France, en faisant un pélerinage au temple d'Esculape, il n'en est point de plus intéressant, sous le rapport de l'histoire, que ceux que j'ai parcourus. Ils offrent, dès que l'on quitte Paris, les contrées sur lesquelles l'histoire a laissé les traces les plus marquées et les plus éclatantes, et, en même temps, les paysages les plus riants comme les champs les plus fertiles; de sorte que tout les rend remarquables, la nature et les hommes.

Quant au Béarn, le moment est venu où, quittant les jeux de l'enfance, Henri, revêtu d'une pesante armure, va signaler, dès les premières années de son adolescence, son courage dans les combats et sa bonté dans la victoire : époque mémorable sans doute, où l'on voit déjà se développer en lui les plus héroïques vertus.

Quelques seigneurs excités par la France, avaient produit un soulèvement dans la partie de la Navarre qui était restée à la reine Jeanne. Mais à peine ces attentats furent-ils connus, que le jeune prince assembla des troupes et marcha à leur tête contre les révoltés. A son approche, ils se dispersèrent ; et Henri, en sommant les Navarrais de se soumettre au pouvoir légitime, déclara en même temps, au nom de sa mère, *la liberté de conscience* dans tous ses Etats. Dès-lors il vit les factions se calmer : un beau jour parut à la suite de l'orage.

Quelque temps après cet événement, la cour de Rome (et la cour de France suivait alors toutes ses suggestions), inquiète et même irritée de voir Jeanne persister dans le calvinisme, et en devenir, par les espérances qu'offrait déjà son fils, le rempart le plus redoutable, pensa qu'il fallait envoyer auprès d'elle un homme capable, par l'autorité des talens et des vertus, de l'amener à des sentimens qu'elle jugeait plus sages et plus profitables, c'est-à-dire au catholicisme. C'est alors que parut à la cour de Jeanne un des ancêtres du vertueux Fénélon (1), et qui déjà honorait ce nom, devenu synonyme de la vertu. Le nouvel envoyé s'acquitta de sa commission avec tout le talent qu'on lui connaissait; mais telle était la fermeté du caractère de Jeanne, et l'énergique précocité de son fils, qu'il ne put rien obtenir.

Mais, digne interprète de l'humanité, si

---

(1) Bertrand de Salignac, marquis de Fénélon, auteur de la relation du siége de Metz, du voyage de Henri II aux Pays-Bas, et des négociations en Angleterre pendant qu'il y était ambassadeur. Charles IX voulut l'engager à écrire, à la reine Élisabeth, les raisons qu'il avait eues pour ordonner le massacre de la Saint-Barthélemy. « Sire, répondit-il, je deviendrais complice de cette ter-
» rible exécution si je tâchais de la pallier. Votre Ma-
» jesté peut s'adresser à ceux qui la lui ont conseillée. »
Voilà quels furent les ancêtres du vénérable archevêque de Cambray : ils étaient aussi courageux, aussi humains qu'il se le montra lui-même. On voit que la vertu leur était naturelle autant que la véritable religion leur était chère. Il en est de certaines familles comme de certains individus : elles sont tout entières bien nées, et la vertu leur est aussi facile, aussi familière qu'à d'autres les crimes. Heureuses tiges! dont, pour le bonheur de l'humanité, les rameaux devraient être plus abondans et plus épais.

Salignac n'obtint pas de Jeanne une renonciation à des dogmes qu'elle avait irrévocablement adoptés ; s'il ne parvint pas à l'entraîner à la cour de France, il s'efforça de parler à son cœur et de le rendre à la clémence, en demandant et obtenant la grâce des chefs des révoltés, grâces qu'elle accorda du moment qu'ils vinrent eux-mêmes implorer sa clémence.

Le refus de la reine fait aisément apercevoir qu'elle redoutait des attentats contre elle, et qu'elle voyait la nécessité où elle était de se préparer à une guerre qui lui paraissait inévitable. Elle s'y résolut avec courage ; mais, pour sa propre sûreté, crut devoir s'éloigner, et elle partit. Suivie de quelques gardes seulement, elle traversa clandestinement la Gascogne et le Périgord ; et se dérobant à la vigilance, quelque active qu'elle fût, de Montluc chargé de l'arrêter (1), elle arriva à Co-

---

(1) Blaise de Lasserau Massoncome, seigneur de Montluc, bien différent du vertueux Salignac dont nous venons de parler, était aussi cruel que l'autre était humain. Il ne marchait qu'accompagné de bourreaux, comme il le dit lui-même dans ses Mémoires, malheureusement devenus la Bible du soldat, et qui ne lui enseignaient qu'à être cruel, comme il l'était lui-même. Il se vantait d'avoir manqué à sa parole, d'avoir acquis beau-

gnac où Condé la reçut. Elle lui remit toutes ses pierreries, pour qu'il les engageât, afin d'avoir l'argent nécessaire à la guerre. De-là elle se rendit à La Rochelle, qu'elle avait choisie pour sa retraite et celle de ses enfans.

Le déplorable fauteur de la Saint-Barthélemy, Charles IX, connaissant la résolution, l'intrépidité de la reine de Navarre, et la situation éloignée de ses États, ordonne à l'une de ses armées de pénétrer dans le Béarn, de s'en emparer; et joignant en même temps la politique astucieuse de sa cour à cet ordre rigoureux, il adresse, en même temps une déclaration au parlement de Toulouse, où il dit que cette reine ayant été forcée par la violence des calvinistes à la fuite, la mesure que prend le gouvernement français n'a d'autre objet que de lui conserver ses États. Le lieutenant de la princesse veut prévenir une invasion toujours funeste, et assemble les États afin qu'ils l'aident à la défense du pays. Mais l'orage éclate,

---

coup de biens des protestans, et d'en avoir fait passer par le couteau et par la corde, plus qu'aucun autre catholique en France. Montluc eût été un guerrier digne d'estime, s'il n'eût brigué l'emploi d'un vil bourreau; mais que sa mémoire doit paraître odieuse quand on compare sa conduite à celle de Salignac!

le Bigorre se soulève, le parlement de Bordeaux déclare Jeanne rebelle, et charge le furieux Montluc de s'emparer de ses biens. Des seigneurs puissans du Béarn se révoltent; le duc d'Anjou paraît avec une armée; les villes se rendent, celle de Navarre seule se défend, résiste, et repousse les agresseurs, et tous les États de Jeanne sont, à l'exception de cette place, au pouvoir des Français. Les États rassemblés à Lescar, effrayés par de tels progrès, déclarent, qu'attendu les forces puissantes et les offres du roi très-chrétien, ce pays passait sous sa protection sans renoncer à l'autorité ni au pouvoir de *leur dame souveraine* et de sa postérité, conciliant ainsi, par un tel acte, ce qu'exigeait la fidélité et ce que commandait la prudence.

Jeanne ne s'endort point pendant de tels désastres. Elle charge le comte de Montgoméry de rétablir sa puissance dans ses États. Ce guerrier, après avoir rassemblé des troupes dans le comté de Foix, marche à l'ennemi; et tels sont ses succès, qu'il reprend, dans le court espace de quinze jours, tout ce qu'ont enlevé les Français et les rebelles. La victoire reste constante à ses drapeaux; il fait prisonniers les principaux généraux, met le reste en fuite, traverse rapidement le Béarn, et remet la Navarre et le Bigorre, ainsi que tous les États de Jeanne, sous le pouvoir légitime.

Montgoméry est le héros de ces temps si féconds en généraux, autant qu'en malheureux souvenirs (1). A peine a-t-il pacifié les États de la reine de Navarre, qu'il court, après avoir remis ses pouvoirs aux délégués de Jeanne, avec sa petite armée, au secours des princes calvinistes échappés aux désastres de la journée de Montcontour.

---

(1) Gabriel de Montgoméry, dont le fief était en Normandie, après avoir tué involontairement dans un tournois Henri II, qui défendit en expirant *qu'il fût inquiété ni recherché pour ce fait en aucune manière*, devint un des boucliers du calvinisme. Il défendit Rouen contre les catholiques, et obligé de céder cette ville, se retira au Havre jusqu'au moment où il fut envoyé au secours du Béarn, qu'il reprit, et où il se couvrit de gloire. Il échappa miraculeusement à la Saint-Barthélemy, en faisant d'une seule traite 30 lieues dans un jour, sur une jument qui sauva la vie de son maître. Il s'échappa aussi, lors de la reprise des hostilités, non moins miraculeusement de Saint-Lô, capitula honorablement après avoir combattu comme un lion sur la brèche de Domfront, et mourut exécuté à Paris comme un traître, lorsqu'il avait toujours vécu en héros. Tels sont les fruits des guerres civiles.

Jeanne, mettant à profit ces premiers succès, croit, en voyant de toutes parts les catholiques devenus odieux par leur révolte, que le moment est arrivé de leur porter le dernier coup. Du sein de la Rochelle, sa retraite, elle abolit l'exercice public de leur religion; et devenue intolérante lorsqu'elle croit n'être que juste, elle fait mettre les biens ecclésiastiques en régie, afin que le produit en soit affecté aux besoins de l'État, et interdit de leurs fonctions les catholiques qui siégeaient dans le conseil. Ses divers édits furent solennellement publiés et exécutés dans le Béarn, et toutefois elle pardonna par une amnistie, qui n'admet nulle exception, à tous ceux qui avaient porté les armes contre elle, tempérant par cet acte de clémence les rigueurs qu'elle déployait. Ses efforts, et l'on pourrait dire même sa mâle témérité, furent couronnés d'un succès d'autant plus heureux qu'ils coïncidèrent avec la paix générale que fit la France. Elle rentra dans ses Etats, et fit bientôt après décréter que l'année qui jusque-là commençait le 25 de mars, commencerait à l'avenir le 1er de janvier; circonstance qui, n'étant pas étrangère aux dogmes, mérite dès-lors d'être rapportée.

Ici les événemens, ma belle cousine, prennent de jour en jour un caractère plus hautement historique, par rapport au jeune Henri, qui bien que nous ne l'ayons pas encore vu figurer, comme guerrier, dans les dissensions qui viennent d'être étouffées, n'en fut ni l'insensible ni l'impuissant témoin. Précieux rejeton des Bourbons, et roi d'un État qui, pour être borné, n'en était ni moins important par sa situation, ni moins précieux par ses productions et par ses habitans, Henri était l'espérance du parti, plus que jamais puissant du calvinisme; et l'on voit dès-lors de quelle importance il était pour la cour de France de se l'attacher : c'est ce qui ne pouvait être ni prompt ni facile. Cependant Catherine de Médicis, ne s'écartant jamais de la politique astucieuse de son pays, s'efforça de nouveau d'attirer, auprès d'elle à Paris, Jeanne, et lui proposa l'hymen de son fils avec sa fille. La reine se rendit à des invitations réitérées, dont l'objet ne pouvait être rejeté par elle, tant pour la gloire de son fils que pour l'intérêt des protestans. Mais douée d'une ame que l'adversité avait fortifiée de concert avec la nature, elle fut révoltée du dérèglement des mœurs de la cour; et elle écrivit à son fils, dans son langage naïf et vrai, que la princesse à laquelle on désirait de l'unir, était belle, de bonne grâce; mais elle ne lui cacha pas qu'elle vivait dans la compagnie la plus détestable et la plus corrompue.

Malheureusement Jeanne tomba malade: elle écrivit alors à son fils une seconde lettre, dont le contenu est trop important et les expressions trop remarquables pour n'être pas rappelée; elle l'achève en disant : « Je ne me sens pas
» bien..... Je vous envoie un bouquet pour
» mettre sur l'oreille, puisque vous êtes à ven-
» dre..... Je demeure en ma première opinion
» qu'il faut que vous retourniez en Béarn.
» Mon fils, on ne tâche que de vous séparer
» de Dieu et de moi..... »

Les sinistres pressentimens de cette illustre princesse ne se vérifièrent que trop promptement; elle mourut peu de jours après avoir écrit cette lettre, et d'Aubigné ne balance pas de dire qu'il croit qu'elle a été empoisonnée. Il la peint en ces termes : « N'ayant de femme
» que le sexe, l'ame entière aux choses viriles,
» l'esprit puissant aux grandes adversités, le
» cœur invincible aux grandes affaires. » Il est impossible de rien ajouter à ce mâle éloge, si digne de celle pour laquelle il est fait, si ce n'est que Jeanne redoutée de la cour

de France, chérie des protestans, estimée des deux partis, avait toutes les qualités qui font les grands politiques, et n'ignorait que les petits artifices de la cabale et de l'intrigue. Elle mourut peu de temps avant la journée sanglante où son parti fut aussi inhumainement qu'injustement immolé. Mais sa mort ne peut paraître naturelle, et ne le fut peut-être point. En effet elle venait d'acheter des gants et des collets parfumés que l'on croit avoir été empoisonnés : événement qui n'est nullement improbable, si l'on réfléchit à l'époque, à la cour, aux princes avec lesquels elle traitait du mariage de son fils, et surtout à son énergique et invariable caractère.

On peut juger de la douleur de Henri lorsqu'il apprit la mort si imprévue et si précipitée de sa mère. Héritier de ses États, il monte sur le trône de ses pères, baigné des pleurs qu'arrache de ses yeux la tendresse filiale. Jamais en effet on ne vit un homme plus sensible et plus courageux. Il s'assied sur ce trône ébranlé par un genre de dissensions au milieu desquelles les caractères les plus fermes fléchissent souvent et perdent toute leur vigueur ; et ce trône, il était appelé non-seulement à le consolider par son courage comme par sa sagesse, mais à conquérir celui de France, dont il ne devint pas moins le légitime héritier.

Comment, jeune encore et privé d'une longue expérience, triompha-t-il, dans un siècle de troubles et de crimes, de tant d'obstacles? C'est un problème que son épée autant que sa clémence, sa bravoure autant que sa bonté surent très-bien résoudre. Il n'est plus de mon sujet ici de vous parler de Henri. Ce prince devenant roi de France, son histoire devient celle du pays entier; c'est à ces sources qu'il faut désormais puiser pour voir se développer et briller le caractère sublime de ce héros. Quant à moi, je vais continuer, ma chère cousine, mon voyage sur la terre qui le vit naître; et je ne vous occuperai plus de la politique, mais de la nature; non des hommes, mais des monts et des vallées qui vont offrir à mes yeux tant de phénomènes et tant de charmes.

FIN DU PREMIER VOLUME.

TABLE

DU PREMIER VOLUME.

Pages.

LETTRE PREMIÈRE. — Départ de Paris. — Environs de la capitale : Mont-Rouge, Sceaux, Fontenay-aux-Roses, Longjumeau, Montlhéry, Étampes, etc. 1

LETTRE II. — Orléans. — Son commerce, ses monumens. 17

LETTRE III. — Suite de la lettre précédente. — Quelques traits de l'histoire d'Orléans. 25

LETTRE IV. — Beaugency. — Blois : ses monumens, etc. 32

LETTRE V. — Châteaux de Chaumont, Chanteloup, etc. — Amboise. 43

LETTRE VI. — Les rives de la Loire. — Navigation sur ce fleuve. — Tours. 52

LETTRE VII. — Le Poitou. — Richelieu. 67

LETTRE VIII. — Châtelleraut. — Poitiers. 74

LETTRE IX. — Départ de Poitiers. — Angoulême. . . 91

LETTRE X. — Bordeaux. — Ses monumens, etc. . . 106

LETTRE XI. — Châteaux de Breda et de Montaigne. — Talence, Phare, etc. — Phénomène de la Dordogne. 138

LETTRE XII. — Commerce de Bordeaux. 146

LETTRE XIII. — Esquisses de l'histoire de Bordeaux et de son origine. 157

Lettre XIV. — Continuation. 165

Lettre XV. — Domination des Anglais dans Bordeaux; guerres entre eux et les Français. — Bordeaux rentre sous la puissance des derniers. 176

Lettre XVI. — Révolte dans Bordeaux en faveur des Anglais. — Réprimée. — Soulèvement pour le nouvel impôt et la gabelle. — Troubles occasionés par la réforme. — Guerre civile, etc. 193

Lettre XVII. — Événement de la fronde qui succède à la ligue. — Bordeaux accorde asile à la princesse de Condé et à son fils. 207

Lettre XVIII. — Continuation. — Troubles dans Bordeaux. 212

Lettre XIX. — La guerre civile commence; l'armée royale est repoussée de Bordeaux. — La paix est accordée. — Nouveaux troubles. — Bordeaux se soumet. 218

Lettre XX. — Situation de Bordeaux jusqu'à la révolution. — Événemens de cette époque. 231

Lettre XXI. — Bordeaux à l'époque de la première restauration de Louis XVIII. 258

Lettre XXII. — Événemens à Bordeaux pendant les cent jours. — Séjour et départ de Madame la duchesse d'Angoulême. 273

Lettre XXIII. — Départ de Bordeaux. — Langon, les Landes, etc. 290

Lettre XXIV. — Roquefort de Marsan. — Aire. — Pau: son château, ses monumens, etc. 305

Lettre XXV. — Coup-d'œil historique sur le Béarn. . 319

Lettre XXVI. — Suite du coup-d'œil historique sur le Béarn. 328

Pages.

Lettre XXVII. — Suite de l'histoire du Béarn. . . . 337
Lettre XXVIII. — Suite de l'histoire du Béarn. . . 343
Lettre XXIX. — Continuation de la même histoire. . 350
Lettre XXX. — Suite de l'histoire du Béarn. . . . 361
Lettre XXXI. — Suite de l'histoire du Béarn. — Henri d'Albret. 372
Lettre XXXII. — Suite de l'histoire du Béarn. — Antoine de Bourbon et Henri IV. 382
Lettre XXXIII. — Toujours Henri IV et sa mère. . 393

FIN DE LA TABLE DU PREMIER VOLUME.

www.ingramcontent.com/pod-product-compliance
Lightning Source LLC
Chambersburg PA
CBHW071853230426
43671CB00010B/1327